47都道府県・くだもの百科

井上　繁 著

丸善出版

まえがき

　36年間の新聞記者生活のうち、3分の1は地方支局の記者として地域経済を取材した。直接、定点観測した都道府県は、栃木、千葉、愛知、山口の4県である。特産果実の収穫時期に農協や農家の庭先などで作柄などを聞き、写真とともに紹介するのは季節感のある仕事だった。今回、丸善出版から「47都道府県百科」シリーズの一冊として果物の相談を受け、二つ返事で引き受けたのも、こうした楽しい取材経験があったからである。

　ところが、改めて取材を進めるうちに果樹栽培を巡る厳しい現実を目の当たりにすることになった。果樹の栽培面積は40年間で半減近くになり、総生産量は半分以下に減少している。この10年間でみても栽培農家数は4分の3に減少している。後継者が少ないため、担い手の高齢化が急速に進んでいることが背景にある。一方、果物の消費をみると、1人当たりの果物摂取量の3年間の平均は10年前と比べ、1割以上減少している。世代別では、特に20歳代～40歳代で摂取量が少なく、摂取量の最も多い70歳以上の40％前後にとどまっている。

　西洋では「一日一個のリンゴは医者を遠ざける」、日本でも「ミカンが黄色くなると医者が青くなる」「カキが赤くなれば医者は青くなる」といったことわざがある。果物には、生活習慣病を予防する多様な栄養素が含まれており、健康にも影響を及ぼす。

　その生産や消費を活発にするにはどうしたらよいか。本書は、こうした問題意識でまとめた。果物の多様な食べ方を地域ごとに紹介しているのもそのためである。

　取り上げた果物は、あくまで47都道府県で生産している国産のそれに絞っている。また、農林水産省の統計では果実的野菜として野菜に入っているイチゴ、メロン、スイカについても他の果樹と同様に詳述している。

　本書の出版についてお世話になった丸善出版株式会社企画・編集部第2部部長の小林秀一郎氏、担当された小根山仁志氏に厚くお礼を申し上げたい。

2017年4月

井上　繁

凡例

* 世界の果物生産量は2013（平成25）年のデータである。
* 温州ミカンは単にミカン、オウトウはサクランボ、キウイフルーツはキウイ、プラムとプルーンはスモモに表記を統一した。
* デコポンは「不知火」に統一して表記した。デコポンは熊本県果実農協連合会の登録商標であり、日本園芸農協連合会傘下のJAに限って使用を許諾したものだからである。
* 第Ⅱ部の地勢と気候については、一般社団法人斜面防災対策技術協会、各気象台、都道府県など公的機関の公表情報に基づいている。
* 第Ⅱ部に掲載した政令指定品目である主要な果物の栽培面積の全国順位は農水省「耕地及び作付面積統計」、収穫量の全国順位は農林水産統計の「作物統計調査」による。ともに原則として2014（平成26）年産のデータに基づいている。2014（平成26）年は5年に一度の全国調査の年であり、全都道府県のデータがそろっているためである。
　これ以外の果物の全国順位は2013（平成25）年産特産果樹生産動態等調査に基づく。
* 果物の栽培面積は果樹が植栽されている面積であり、樹齢が若いため商品となる果実の実らない園地を含んでいる。
* 出荷時期は生産地のJAや都道府県が公表している出荷カレンダーなどと、東京青果など消費地の青果会社の産地カレンダーなどを照合して総合的に判断した。気象条件や栽培技術の進展などで変動することに留意したい。一部は収穫時期や旬の時期を示している。
* 果物の食べ方のカッコ内はレシピの公表団体である。
* 果物の食べ方のメニュー名の表記は原則として公表団体の原文どおりとした。このため、説明文の表記と異なることがある。

目　　　次

第Ⅰ部　果物の基礎知識

1. 果物の歴史 …………………………………………………… 2
   人間より古いギンナン　2

2. 国産果物の動向 ……………………………………………… 3
   減少傾向の果樹栽培　3／果樹の農業経済への貢献度が高い3県　5／新品種の開発　6／輸出に期待　7

3. 国産果物の品目 ……………………………………………… 8

4. 果物にもよきライバル ……………………………………… 35
   リンゴ VS ミカン 果実収穫量のトップ争い　35／香りを競うスダチ（徳島県）VS カボス（大分県）　37／栃木県 VS 福岡県のイチゴ対決　38

5. 果物の品目、品種を巡る話題 ……………………………… 39
   同じ品種でも場所が変われば　39／「ふじ」はリンゴ、「富士」はカキ　39／サマーオレンジはオレンジではない　40／「蓬莱柿」はカキではない　40

6. ユニークな果物 ……………………………………………… 40
   色　41／形　41／重さ　42／大きさ　43／名前　43

7. 果物と記念貨幣 ……………………………………………… 44

8. 果物とことわざ ……………………………………………… 45

9. 「毎日くだもの200グラム運動」と消費者意識 ……………… 50

第Ⅱ部　都道府県別 果物とその特色

北海道　54 /【東北地方】青森県　59 / 岩手県　64 / 宮城県　69 / 秋田県　74 / 山形県　79 / 福島県　84 /【関東地方】茨城県　89 / 栃木県　94 / 群馬県　99 / 埼玉県　104 / 千葉県　108 / 東京都　113 / 神奈川県　119 /【北陸地方】新潟県　125 / 富山県　130 / 石川県　135 / 福井県　141 /【甲信地方】山梨県　146 / 長野県　151 /【東海地方】岐阜県　157 / 静岡県　163 / 愛知県　168 /【近畿地方】三重県　173 / 滋賀県　178 / 京都府　183 / 大阪府　187 / 兵庫県　192 / 奈良県　197 / 和歌山県　202 /【中国地方】鳥取県　208 / 島根県　213 / 岡山県　218 / 広島県　223 / 山口県　229 /【四国地方】徳島県　234 / 香川県　239 / 愛媛県　244 / 高知県　251 /【九州・沖縄】福岡県　256 / 佐賀県　262 / 長崎県　267 / 熊本県　272 / 大分県　277 / 宮崎県　283 / 鹿児島県　288 / 沖縄県　295

付録　300

参考文献　309
索引　310

第Ⅰ部

果物の基礎知識

1 果物の歴史

人間より古いギンナン

「生きた化石」ともいわれるギンナンは、恐竜が栄えた紀元前1億年以上前から生き続け、人間より古い歴史をもつとされる。多くの生物が死滅した氷河期も乗り越えた生命力の強い果物である。

人間が栽培した果物で古いのはイチジクやブドウである。人類の始祖アダムとイブが住んだ楽園・エデンの園の善悪を知る知恵の木の実を取って食べたとき、裸であることを知り、腰を覆ったのはイチジクの葉とされる。

ブドウについては、5,000年以上前にカスピ海の南岸で栽培が始まった。聖書には、神が大洪水を起こしたとき、神から命じられて箱舟をつくり、家族や動物たちとともに難を逃れたノアが、洪水の後にブドウ園をつくり、ブドウ酒までつくった記述がある。

スイカは、紀元前4000年頃のエジプトの壁画に栽培の様子が描かれており、その頃、栽培されていたことがわかる。

日本では、弥生時代の環濠集落跡である滋賀県守山市の国史跡の下之郷遺跡で果皮や果肉の残ったメロンが2007（平成19）年に出土している。下之郷遺跡は紀元前2世紀～同1世紀の遺跡であり、メロンとして世界最古の遺物らしい。

桃、ウメ、カキ、ビワ、キウイ、スモモなど今日の主要な果物の多くは中国が原産地である。

桃は中国黄河上流部の高原地帯が原産地とされ、紀元前から食用として栽培されていた。中国では桃は古代から神聖なものとして扱われてきた。日本へは縄文時代末期～弥生時代頃に伝わったとされる。

ウメは奈良時代に遣唐使が中国から持ち帰ったようだ。ただ、当時は観賞用で、食用に実を採取する実梅は江戸時代に品種改良が行われてからである。

カキも中国が原産地である。奈良時代に桃、アンズ、クリなどとともに中国から渡来したという説が有力である。万葉歌人の柿本人麻呂は屋敷にカキの木があったため柿本と名乗ったという。各地に普及したのは、渋ガキを干し柿にして糖分を補給するためだった。甘ガキが出現したのは鎌倉時代である。

ビワも6世紀頃には中国で栽培されていた。現在食用にされているビワは江戸時代の1838（天保9）年頃、長崎の女性が唐通事から種をもらったのが始まりで、これも中国から長崎にもたらされた。

キウイの果樹としての経済栽培はニュージーランドで初めて試みられたが、原産地は中国の長江沿岸地方一帯である。

ニホンスモモ（プラム）も中国が原産地である。中国では桃と並ぶ古い栽培歴があり、5世紀には医薬、食用として利用されていた。日本では古事記や万葉集の時代から親しまれていたが、名前のスモモ（酢桃）のとおり酸っぱくて食用としての利用は少なかった。食用として普及したのは、明治時代に米国で品種改良され、それが日本に持ち込まれてからである。

このように私たちが日ごろ口にしている果物には長い歴史があり、時代とともに進化している。

2 国産果物の動向

減少傾向の果樹栽培

日本における果樹の栽培面積は1975（昭和50）年の43万haがピークで、その後は漸減し、2015（平成27）年は23万1,000haと、40年間で46.3％減少している。これに伴い、果実の生産量は1975（昭和50）年の669万トンが、2015（平成27）年は295万トンと40年で55.9％減り、果樹の栽培面積の減少率以上に大きく減少している。

これは、果樹農家の高齢化と担い手不足で栽培農家が減少したうえ、卸売価格の低迷、果実・果汁の完全自由化といった果樹を取り巻く情勢を反

映したものと思われる。平地農業地域での栽培が多いリンゴ以外の果樹は、一般に他の作物の栽培が困難な中山間地域での栽培が多い。果樹の栽培面積に占める中山間地域の比率はウメ67％、カキ48％、ブドウ46％、ミカンなどかんきつ類45％といった具合である。中山間地域には傾斜地も多く、収穫時などには平地での栽培とは違った苦労がある。

需要の減少も栽培面積減少につながっている。総務省の家計調査をもとに農水省のまとめた資料によると、2014（平成26）年の生鮮果実1人1年当たりの購入数量は、1993（平成5）年比18.3％減少している。

リンゴ、ミカン（温州ミカン）の2大果実の栽培面積、収穫量を1975（昭和50）年と比較すると、リンゴが栽培面積で26.4％減、収穫量で10.0％減なのに対し、ミカンの栽培面積は73.4％減、収穫量は78.7％減と著しく減少している。

特に、ミカンなどかんきつ類の栽培地は急傾斜地が多く、収穫など機械化に限界のある作業もあって高齢者にはきつい。それに加え、オレンジの自由化や、消費者の嗜好の変化、かんきつ類の新品目の登場などで他品目への転換の進んだことが背景にある。

近年、果樹全体の栽培面積の減少カーブはやや緩やかになってきているものの、2005（平成17）年と比較したこの10年間の減少率は12.8％である。収穫量は、果樹によっては裏年と表年があり増減を繰り返す傾向があるが、全体としてはこの10年で20.3％減と、栽培面積の減少幅を大きく上回っている。

2014（平成26）年の果実の産出額（果菜的野菜のメロン、スイカ、イチゴを除く）は7,628億円である。この果実産出額を品目別に多い順にみると、リンゴが全体の19.3％で最も多く、ミカン（18.3％）、ブドウ（14.4％）、日本ナシ（10.3％）、桃（6.6％）がベスト5である。これに、カキ（5.4％）、サクランボ（5.3％）、ウメ（2.6％）、不知火（デコポン）（2.0％）、キウイ（1.4％）と続く。

栽培面積でみると、多くの果物の面積が減少しているなかで、サクランボやキウイは増加傾向にある。かんきつ類では、1999（平成11）年に品種登録したハルミ、2001（平成13）年登録のセトカ、2004（平成16）年登録のハレヒメなど中晩生かんきつが順調に面積を広げている。

果樹の農業経済への貢献度が高い3県

　2015（平成27）年の果実の産出額（果実的野菜のメロン、スイカ、イチゴを除く）は7,838億円で対前年度比2.8％増加したとはいえ、農業産出額（8兆7,979億円）の8.9％にとどまっている。これに対してコメ産出額は52.3％、野菜産出額は32.8％を占めている。

　果実産出額を県ごとにみると、青森県が857億円で最も多く、全国の果実産出額の10.9％を占める。同県の果実産出額の96.3％はリンゴであり、ほかに産出額が10位までに入る果実の品目はない。これは青森県の農業経済がリンゴに大きく依存していることを示している。

　果実産出額の2位は山形県で673億円、全国の果実産出額に占める比率は8.6％である。山形県の果実産出額を品目ごとにみると、サクランボが50.1％で半分を占めているものの、リンゴ（17.1％）、ブドウ（16.5％）、西洋ナシ（8.2％）と続き、多様化していることがうかがえる。

　以下、3位は和歌山県627億円（全国の果実産出額に占める比率は8.0％）、4位長野県558億円（同7.1％）、5位愛媛県497億円（同6.3％）、6位愛媛県484億円（同6.2％）と続いている。

　果樹の当該都道府県の農業経済への貢献度を農業産出額構成比でみると、最も高いのは和歌山県で62.0％を占める。同県の場合、コメは7.5％、野菜は16.0％であり、全体の3分の2近くを占める果樹は突出している。同県の農業産出額の順位は、1位ミカン（同県の農業産出額の27.4％、以下同じ）、2位ウメ（10.2％）、3位カキ（8.5％）、5位桃（4.8％）、7位ハッサク（3.0％）と果樹がベスト10の半分を占めており、特にこれら5品目の貢献度が高い。

　果樹の貢献度の高い2番目は山梨県で59.4％を占める。同県の農業産出額の順位は、1位ブドウ（29.7％）、2位桃（20.4％）、5位スモモ（3.3％）、6位サクランボ（2.8％）である。

　果樹の貢献度の高い3番目は愛媛県で40.2％を占める。同県の農業産出額の順位は、1位ミカン（16.4％）、5位伊予カン（4.9％）、7位不知火（デコポン）（3.3％）、9位キウイ（2.2％）、10位清見（1.9％）で、かんきつ類が多いのが特徴である。ただ、これら5品目への集中度は30％未満であり、多様な果実が幅広く生産されていることを示している。

これら果樹の貢献度の高い県に共通しているのは、コメのウエートが相対的に低いことである。コメが1位の県が多いなかで、和歌山県では4位、山梨県で3位、愛媛県で2位といった具合である。
　農業産出額の上位10品目を都道府県ごとにみると、熊本県の場合、6位ミカン、7位イチゴ、8位スイカ、10位メロンとなっており、果樹の統計に入らない果実的野菜の3品目がいずれもランクインしている。

新品種の開発

　こうしたなかで、農業関係者が一段と力を入れているのが新品種の開発である。その中核を担っているのが国立研究開発法人農業・食品産業技術総合研究機構（以下、農研機構）果樹茶業研究部門である。
　農研機構が育成したブドウの「シャインマスカット」は皮ごと食べられる手軽さと優れた食味に特徴がある。長野県、岡山県はじめ東北から九州まで広く普及し、2008（平成20）年に57haだった栽培面積は2013（平成25）年に570haと5年間で10倍に増加している。
　クリの「ぽろたん」も同機構が育成した。クリは渋皮をむくのに苦労しがちだ。早生品種としては大果で、オーブントースターなどで加熱すれば簡単に渋皮をむくことができる。2013（平成25）年の栽培面積は172haに広がっている。
　リンゴでは、長野県が育成した「シナノゴールド」が好調だ。果皮は鮮やかな黄色で、市場占有率の高い「ふじ」が出荷される前の中生種である。長野県だけでなく、青森県、岩手県などに広がり、2001（平成13）年に36haだった栽培面積は2013（平成25）年には661haに広がっている。
　日本ナシでは、鳥取県が育成した「新甘泉」がユニークだ。赤ナシと青ナシを交配したため、赤ナシの濃厚な甘さと、青ナシのみずみずしさを併せもつ。2013（平成25）年の栽培面積は43haである。
　石川県の育成した大粒ブドウの「ルビーロマン」は「巨峰」の2倍近い大きさである。鮮やかな紅色で、果肉の皮離れがよく、食べやすい。2013（平成25）年の栽培面積は16haである。
　新産地形成に挑戦する動きも各地で活発になっている。マンゴーは熱帯産の果物で、インド、タイ、フィリピンなどでの生産が盛んだ。日本では、

平均気温が比較的高い沖縄県、宮崎県、鹿児島県、熊本県など沖縄、九州が主力産地である。近年は、北国の北海道が新産地として台頭してきた。栽培面積、収穫量とも、すでに福岡県、静岡県、和歌山県を上回り全国で5位である。西日本の出荷は夏までが中心だが、北海道の場合は冬場にビニールハウスを使って生産している。国産マンゴーが品薄になる冬に出荷することで一定の価格を維持する戦略である。

桃は、主産地の山梨県、福島県、長野県などが10月上旬で出荷を終える。秋田県鹿角市のJAかづのは主産県との競合を避け、「かづの北限の桃」のブランドでそれ以降も出荷を続ける作戦をとっている。北限の桃というネーミングには、ブランド化によって市場に出荷する時期が全国で最も遅いことを逆手にアピールするねらいがある。

JA鳥取中央が、鳥取県倉吉市などが主産地の「極実すいか」の出荷時期を9月までと他産地よりずらしているのも、北海道のマンゴーや秋田の桃などと同じ発想からである。

「森のバター」ともよばれるアボカドは栄養価が高く、健康志向の高まりから需要が伸びている。しかし、日本で出回っている大半は輸入物であり、日本での生産は少ない。こうしたなかで、愛媛県松山市はアボカドの産地形成に力を入れている。ミカンや伊予カンからの転換作物と位置づけ、2009（平成21）年から生産農家に苗を安く提供するなど支援を続けている。

アボカドは、中米が原産地で、熱帯、亜熱帯で生産されるため、寒さに弱く半数以上が枯死したこともあった。こうした試行錯誤を経て、現在は比較的寒さに強いとされる品種「ピンカートン」をハウスで栽培するよう指導している。

日本一のアボカド産地づくりを目指して、同市は2015（平成27）年に「日本アボカドサミット」を市内で開催している。

輸出に期待

農水省の推計によって果実の需給構造をみると、2013（平成25）年の果汁、カットフルーツなど加工品を含めた果実の国内需要のうち、国内生産分は全体の39％にとどまり、輸入が61％を占めている。つまり、果実の自給率は4割未満と低い。

ただ、国内生産の88％は生鮮用なのに対し、輸入品の60％は果汁などの加工品である。輸入加工品の構成比をみると、34％はオレンジ果汁、22％はリンゴ果汁である。前者はブラジルから、後者は中国からそれぞれ7割を輸入している。
　輸入の生鮮用のうち52％はバナナで、その9割はフィリピンからである。他の生鮮用果物の輸入構成比は、パインアップル10％、グレープフルーツ7％、オレンジ6％などである。バナナの輸入量（97万6,000トン）は、ミカン（温州ミカン）の国内生産量（81万4,000トン）を上回っている。熱帯果実や外国産の果物の輸入が伸びて国産果実が減っているのは、消費者の嗜好が変化していることとも関係がある。
　一方、国産果実の輸出額は2013（平成25）年からリンゴを中心に増加し、2015（平成27）年にはリンゴの輸出額が134億円となり、初めて100億円を突破した。これを含めた2015（平成27）年における生鮮果実の輸出額は2005（平成17）年の2.4倍の約180億円となった。同年には、生産者団体、商社、市場関係者などで構成する日本青果物輸出促進協議会が発足している。
　輸出額の75％を占めるリンゴの輸出先別割合は、台湾74.0％、香港18.5％、中国4.7％、タイ1.5％などである。ミカンの輸出先別割合は、カナダ44.3％、香港26.2％、台湾14.8％、シンガポール8.2％などである。日本ナシの輸出先別割合は、香港51.4％、台湾41.7％、米国2.8％、マレーシア1.4％などで、アジア以外にも徐々に広がっている。

3
国産果物の品目

○アケビ（第Ⅱ部山形県を参照）
　アケビ科アケビ属に属する。アケビは全国の山間部に自生している。他の植物などに巻き付いて成長し、9月～10月頃に実を付ける。実の長さは10cmほどで、薄紫である。完熟すると皮が裂ける。実の中の白いゼリー状の果肉は、ねっとりした食感がある。

○アセロラ（第Ⅱ部沖縄県を参照）

アセローラとも表記する。キントラノオ科ヒイラギトラノオ属に属する。原産地はカリブ海諸島である。国内での生産はまだ珍しい。酸味が強く、国内産果物の中でビタミンCを最も多く含み、レモンの17倍である。

○アテモヤ（第Ⅱ部沖縄県を参照）

バンレイシ科バンレイシ属に属する。チェリモヤ（マンゴー、マンゴスチンとともに世界3大美果の一つ）とバンレイシ（シャカトゥ、釈迦頭）の交配種で「森のアイスクリーム」といわれる。

○アドベリー（ボイセンベリーを参照）

○アマカ

農研機構が「清見」と「アンコール」を交配して育成し、1999（平成11）年に品種登録した。漢字では天香と書く。

○アマクサ

農研機構が「清見」と「興津早生」を交配して育成し、1995（平成7）年に品種登録した。漢字では天草と書く。成熟期は12月下旬～1月上旬である。

○甘夏（ナツミカンを参照）

○アロニア（第Ⅱ部北海道を参照）

バラ科アロニア属に属する落葉低木である。

○アンコール

タンゴール（ミカンとオレンジ類の交雑種）の「キング」と地中海マンダリンの交配種である。米国生まれの品種で日本には1969（昭和44）年に農水省によって導入された。アンコールオレンジともいう。

○アンズ

アンズはバラ科サクラ属に属する。別名はアプリコットである。中国北部の原産である。国内での栽培品種は、長野県原産で酸味が強い「平和」、新潟県原産で大玉の「新潟大実」、山形県原産で外観の良い「山形3号」、長野県で育成された「信州大実」などが中心である。

（栄養成分・機能）アンズはビタミンA（β-カロテン）を国産の果物では最も多く含む。特に、乾燥アンズは生食用の3.3倍のビタミンAを含む。カロテノイドの一種であるリコピンを多く含む。ビタミンPも含む。

○アンセイカン（第Ⅱ部広島県を参照）

○イチゴ

　果実的野菜で、バラ科の多年草である。イチゴの主産地は関東、東海、九州地方に多い。栽培用のイチゴは、18世紀にオランダで南米のチリ種と北米のバージニア種が交配され、大粒の品種が育成されたのが原型である。その後、英国などで品種改良されて米国に伝わった。

　日本には、江戸時代末期にオランダ人によって長崎に伝えられ、当時オランダイチゴとよばれた。しかし、あまりに大粒だったため、小粒の野生のイチゴを食べていた日本人には普及しなかった。

　日本での栽培は、明治になってからで、1899（明治32）年に福羽逸人がフランスの品種を改良し、これを「福羽」と命名したのが始まりである。「福羽」は大正時代には東京周辺に広まり、昭和初期に静岡県久能山の石垣栽培に導入された。

　イチゴは、本来、4月～5月に開花し、5月～6月に収穫期を迎えるが、出荷時期を早める促成栽培が普及しているため、寒い時期から楽しめる。イチゴは品種改良が盛んで、毎年のように新品種が生まれている。現在は、農研機構が育成した「さちのか」、北から栃木県オリジナル品種の「とちおとめ」、静岡県で誕生した「紅ほっぺ」、福岡県オリジナル品種の「あまおう」、佐賀県で誕生した「さがほのか」などが有力品種である。最近は大きくて、甘いものが増えている。ビタミンCの含有量はミカンの約2倍である。腸内で余分なコレステロールを吸着する食物繊維のペクチンなどを多く含む。

○イチジク（第Ⅱ部兵庫県を参照）

　イチジクはクワ科イチジク属に属する落葉高木である。6,000年前からアラビア半島で栽培されていたとされる。旧約聖書にもアダムとイブが身にまとった葉として登場する。

　日本には寛永年間（1624～44）にポルトガル人が伝えた。江戸時代は「蓬莱柿」が栽培された。現在日本で最も多く生産されているのは、明治時代に導入された「ドーフィン」（後に桝井ドーフィンとよぶ）である。

　一般にイチジクの実には、6月頃に熟する春果、8月中旬～10月にかけて熟する夏秋果、未成熟の果実が年を越して成熟する冬果がある。

　イチジクは漢字では無花果と書く。花は外から見えないが、果実の中にある。果実を割ったときに見える粒々の1つひとつがその小花（果）の

熟したものである。1つの果実に1,500〜3,000個程度入っている。

「イチジクは腹薬」といわれる。でんぷん分解酵素のアミラーゼや、脂肪分解酵素のリパーゼなどいろいろな酵素をもつため、消化、整腸、便通などに効果があるとされる。

○伊予カン

ミカン科ミカン属に属する常緑低木の果実である。原産地は山口県で、1886（明治19）年に同県阿武郡の中村正路の園で偶然実生として発見された。起源は不明だが、ミカン類とオレンジの自然交雑で生まれたとされる。山口県では、当時、穴門(あなど)ミカンとよんでいた。1889（明治22）年に松山市の三好保徳が山口県の萩から持ち帰って増殖に努め、伊予ミカンの名で出荷したところ好評だった。伊予ミカンという呼称は、愛媛産の温州ミカンと混同される恐れがあったため、現在の名前に落ち着いた。日本では温州ミカン、不知火に次いで多く生産されているかんきつ類である。

○ウメ（第Ⅱ部和歌山県を参照）

ウメはバラ科サクラ属に属する落葉高木である。ウメの原産地は中国中部である。日本へは、最初、薬用として伝来した。奈良時代以前にすでに植栽されていた。

奈良時代の万葉歌人・山上憶良に「春さればまづ咲く宿の烏梅(うめ)の花ひとり見つつや春日(はるひ)くらさむ」という歌がある。奈良時代や平安時代には、花見といえば、桜ではなく、ウメの花だった。当時は貴族や僧侶の間でウメの実が漢方薬としても珍重されていた。

平安時代の漢詩人であり政治家でもあった菅原道真は901（延喜元）年に左遷され、九州の大宰府に向けて京都を離れる際、「東風(こち)吹かば匂ひおこせよ梅の花あるじなしとて春を忘れそ」と詠み、自宅のウメの木に別れの歌を詠んでいる。

ウメは、花を観賞する花梅と、実を食用にする実梅に大別される。食用としての植栽が始まったのは江戸時代からである。梅酒やカリカリ梅用には実が青いうちに、梅干し用には、その少し後に実が黄色く色づいてから収穫する。

梅干しの漬け方として、「三日三晩の土用干し」といわれる。青ウメを塩漬けにして重石をし、梅酢が上がったら、塩でもんで赤しそを入れてさらに漬け込み、梅雨明けを待つ。土用の頃の晴天が続く日に、ざるなどに

広げて干し、夜は梅酢に戻す。これを3日繰り返すと、梅干しができあがるというわけである。

クエン酸を多く含む梅干しは健康食品であり、「ウメはその日の難のがれ」という言葉もある。梅干しだけでなく、梅酒、梅ジュースなど用途は広い。

○**オウゴンカン**（第Ⅱ部神奈川県を参照）

ミカン科ミカン属に属する常緑小高木の果実である。漢字では黄金柑と書く。ゴールデンオレンジともいう。

○**オウトウ**

サクランボの別名である。漢字では桜桃と書く。

○**オオイタカケン４ゴウ**（第Ⅱ部大分県を参照）

○**オオタチバナ**（第Ⅱ部熊本県を参照）

漢字では大橘と書く。

○**オオベニミカン**（第Ⅱ部沖縄県を参照）

○**オリーブ**（第Ⅱ部香川県を参照）

オリーブはモクセイ科オリーブ属の常緑低木または小高木である。原産地はトルコである。世界のオリーブ生産量は2,040万トンである。主な生産国はスペイン788万トン、イタリア294万トン、ギリシャ200万トン、トルコ168万トン、モロッコ118万トンなどである。

○**カキ**（第Ⅱ部奈良県を参照）

カキはカキノキ科カキノキ属の落葉高木または低木である。カキは中国が原産である。古事記や日本書紀にカキの名前が記されていることから、日本では奈良時代には知られていたとされる。日本の民話の「さるかに合戦」にも、カキの種が登場する。

海外では、そのまま「kaki」とよばれる。筆者は、キリスト教聖地の一つであるスペインのサンチアゴ・デ・コンポステーラの旧市街地の果物店の店頭で2017年に「kaki」のシールを付けて並んでいるのを確認した。

カキには、甘ガキと渋ガキがある。甘ガキは「富有」「御所」「次郎」「松本早生富有」「太秋」などである。「富有」は甘ガキの王様で、全国のカキ生産量の60％を占めている。渋ガキは「刀根早生」「平核無」「堂上蜂屋」「西条」などである。

「カキが赤くなれば医者が青くなる」といわれるのは、カキはビタミンC、

K、B_1、B_2、カロテン、タンニン、ミネラルなどを多く含み、栄養価が高いためである。アセロラに次いでビタミンCを多く含み、ビタミンCの含有量はミカンの2倍である。

干し柿には、干し方、製法によって、ころ柿、串柿、巻き柿、つるし柿、あんぽ柿といった種類がある。干し柿のビタミンA（β-カロテン）の含有量はアンズに次いで2位である。ビタミンB_6の含有量はすべての果物のなかで3位、葉酸の含有量は4位である。

カキは乾燥に弱く、実の生長には水分が多く必要なため、多雨の年によく実る。

「瓜の皮は大名にむかせよ、柿の皮は乞食にむかせよ」ということわざがある。カキは果頂部に近いところが甘く、種やへたに近づくほど甘みが弱くなるため、皮は薄くむいたほうがよいということをいっている。なお、カキの表面の白い粉を「果粉」という。果実が表皮を守るためにみずからつくりだすもので、自然の現象である。

○**カシス**（フサスグリ、第Ⅱ部青森県を参照）

○**カーブチー**（第Ⅱ部沖縄県を参照）

○**カノシズク**

○**カボス**（第Ⅱ部大分県を参照）

カボスは、ミカン科ミカン属に属する香酸かんきつである。約300年前に大分県臼杵市乙見で苗木を植えたのが始まりである。他のかんきつ類に比べ天候の変化や害虫に強い半面、表面に傷が付きやすい。果実が葉などで日光にさえぎられると鮮やかな緑に色づかない恐れがある。

○**カラ**（第Ⅱ部三重県を参照）

正式には、カラだが、カラマンダリンともいう。「温州ミカン」と「キングマンダリン」の交配で1935（昭和10）年に生まれた中・晩生かんきつである。

○**カリン**

カリンはバラ科カリン属の植物で、原産地は中国の湖北省、浙江省である。何千年もの昔から漢方の生薬として使われてきた。果実は黄色く、洋ナシのような形である。果肉が硬いうえに渋いため生食には適さない。果実酒やシロップ漬けなどに利用される。

○カワチバンカン

　ミカン科ミカン属に属する常緑小高木の果実である。漢字では河内晩柑と書く。原産地は熊本県である。国産のグレープフルーツといったかんきつ類である。

○カンペイ

　愛媛県立果樹試験場（現愛媛県農林水産研究所果樹研究センター）が「ニシノカオリ」と「ポンカン」を交配して育成し、2007（平成19）年に品種登録された。果実は250～300ｇ程度である。種はほとんどない。

○キイチゴ

　キイチゴはバラ科キイチゴ属に属する。落葉または常緑の低木が多い。主として北半球の温暖帯に分布している。

○キウイ

　キウイはマタタビ科マタタビ属に属するつる性の落葉果樹である。原産地は中国の長江沿岸地方一帯である。中国産の「シナサルナシ」がヨーロッパを経由してニュージーランドに渡った。ニュージーランドで改良が進み、多くの品種が育成された。茶色の粗毛で覆われた果実がニュージーランドの国鳥キウイと似ていることからキウイフルーツと命名された。本書ではキウイと表記している。

　キウイは国内で1年中出回っているが、国内産は12月～5月頃、店頭に並ぶ。1月19日は「いいキウイ」で国産キウイの日。この頃、流通がそれまでのニュージーランドからの輸入物が国産に切り替わる。

　キウイは、30～60日くらい追熟しないと甘みが出ないため、収穫と出荷にずれが生じる。国内産の場合、一般には収穫が10～11月、出荷は12月～翌年5月くらいになる。リンゴと一緒に保存すると、早く甘くなる。ビタミンＣの含有量はミカンの2倍である。

○キシュウミカン

　漢字では紀州ミカンと書く。小ミカンともいう。2016（平成28）年に農研機構が、DNA鑑定によってキシュウミカンが温州ミカンの親であることをつきとめ話題になった。キシュウミカンは西日本では小ミカンとよばれる。鹿児島県のサクラジマミカンも同一の品種である。

○キズ（第Ⅱ部福岡県を参照）

○清見(きよみ)
　ミカン科ミカン属に属する小高木の果実である。温州ミカンの「宮川早生」と「トロビタオレンジ」を交配して育成された。
○キンカン
　ミカン科キンカン属に属する常緑の果実である。原産地は中国である。皮ごと生食される。
○ギンナン
　ギンナンのなるイチョウはイチョウ科イチョウ属の落葉大高木である。
○グァバ
　バンジロウ、バンザクロともいう。フトモモ科バンジロウ属に属する。中南米が原産である。ビタミンCの含有量がアセロラに次いで多く、レモンの2.2倍である。
○グズベリー（第Ⅱ部北海道スグリを参照）
○クリ（第Ⅱ部大阪府を参照）
　クリはブナ科クリ属に属する落葉高木である。縄文時代の遺跡である青森県の三内丸山遺跡から野生種より大粒のクリの種子や果皮が出土しており、当時の人々がクリの木を植えて安定的な食料にしていたことが判明している。遺跡集落の中心で発掘された祭祀用の建物にはクリの大木が使われており、クリの木に対する感謝や畏敬の気持ちが、だんだん信仰の対象になっていったらしい。

　戦国時代には、保存食であった「かち栗」の栄養価や、「勝ち」につながる縁起の良さから、武将たちがクリの栽培を奨励した。出征する兵士にこれを持たせて、士気を鼓舞した。今日でも、季節の行事や祭事の際に、クリを食べて縁起をかつぐ風習が各地に残っている。

　今日の日本のクリは、野生のシバ栗を品種改良したものである。早生の「丹沢」、中生の「筑波」や「銀寄(よせ)」が代表品種である。日本で最も多く栽培されているのは「筑波」で、9月下旬頃から出荷される。「丹沢」はその前の9月上旬頃から出荷される。

　「雨柿日栗」という言葉のように、クリは開花期に雨が多いと受粉しやすく、逆に実りの時期に雨が多いと実が裂けてしまうため、日照りの年によく実る。梅雨入りのことを「ついり」ともいい、漢字では「栗花落」「堕栗花」と書く。クリの花が散って落ちる頃に梅雨入りするためである。

クリ5個のマグネシウム含有量は種実類で2位、クリ50gのマンガン含有量は種実類で1位である。

○クルミ（第Ⅱ部長野県を参照）

漢字では胡桃と書く。クルミ科クルミ属に属する落葉高木で、まれに低木もある。

○グレープフルーツ（第Ⅱ部静岡県を参照）

ミカン科ミカン属に属する常緑小高木の果実である。名前は果実がブドウのように数個、房状に結実することに由来する。日本では静岡県などで栽培されている。国内生産量は少ないため、ほとんどが米国、イスラエルなどから輸入される。

○クロシマミカン（第Ⅱ部鹿児島県を参照）

○ケラジミカン（第Ⅱ部鹿児島県を参照）

○ゴレンシ（第Ⅱ部沖縄県を参照）

スターフルーツともいう。カタバミ科ゴレンシ属に属する。原産地は東南アジアである。

○サクランボ

サクランボはバラ科サクラ属に属する落葉高木の果実で、オウトウともいう。世界のサクランボ生産量は229万トンである。主な生産国はトルコ49万トン、米国30万トン、イラン20万トン、イタリア13万トン、ウズベキスタン10万トンなどである。

サクランボは、明治の初期に欧州や米国から伝えられた。果実が大きくなる時期に雨が直接当たると水分を吸収して割れる恐れがあるため、ハウスの中で雨よけ栽培をするのが一般的である。

品種としては昔から「佐藤錦」「高砂」「ナポレオン」などが知られているが、最近は「紅秀峰」「紅きらり」「富士あかね」といった新品種も出回っている。「紅秀峰」は山形県園芸試験場が育成し、1991（平成3）年に種苗登録された。

国産サクランボの3分の2は「佐藤錦」である。山形県の佐藤栄助が1912（大正元）年に「ナポレオン」と「黄玉」を交配して育成し、1928（昭和3）年に命名された。だが、本格的に栽培されるようになったのは、パイプにビニールを張った雨よけハウスが普及してきた1975（昭和50）年頃からである。

女性トリオのスリー・キャッツが歌った「黄色いサクランボ」は1959（昭和34）年のヒット曲だが、「月山錦（がっさん）」などは黄色いサクランボである。
○サマーフレッシュ（第Ⅱ部三重県を参照）
○サルナシ
　マタタビ科サルナシ属に属するつる性落葉植物の果実である。サルが我を忘れて食べることから「サルナシ」と名付けられた。果実は「コクワ」ともよばれる。
○サンショウ
　サンショウはミカン科サンショウ属に属する落葉低木である。英語ではJapanese pepperといい、日本を代表する香辛料の一つである。果実や葉な料理に活用できる。その場合、「唐がらしは刻み、サンショウはたたく」とよいといわれる。つまり、サンショウの葉は手のひらで包むようにしてパンパンとたたくと、香りが出る。実をゆでてあくをとったものを冷凍保存しておくと、いつでも「ちりめん山椒」の材料にもなる。
○サンポウカン（第Ⅱ部和歌山県を参照）
　サンボウカンともいう。
○シークヮーサー（第Ⅱ部沖縄県を参照）
　ミカン科ミカン属に属する常緑低木または小高木の果実である。
○シーベリー
　シーベリーは中国やモンゴルで自生しているグミ科の植物である。アミノ酸などを多く含む。
○ジャバラ（第Ⅱ部和歌山県を参照）
　ミカン科ミカン属に属する香酸かんきつである。
○ジャボン
　農林統計では、別に扱っているが、ジャボンはブンタン、ボンタン、ザボンなどともいう。
○シュンコウカン（第Ⅱ部三重県、和歌山県を参照）
○湘南ゴールド（第Ⅱ部神奈川県を参照）
○不知火（しらぬひ）
　ミカン科ミカン属に属する常緑小高木の果実である。清見とポンカンを交配して育成された。種がない。かんきつ類としては、日本で温州ミカンに次いで多く栽培されている。

○**スイカ**（第Ⅱ部奈良県を参照）

スイカはウリ科スイカ属に属するつる性の一年草で、果実的野菜である。スイカは緑と黒の縞模様が特徴的である。スイカはアフリカのカラハリ砂漠付近が原産地である。スイカを食べた鳥などの糞に種が混じって広がったとみられている。鳥がよく目立つ縞模様のスイカを好んで食べるため、こうした模様のスイカが広まったらしい。

スイカの語源は、中国語で、「西域から伝わったウリ」である。西瓜の唐音である「サイカ」が変化した。中国語で西瓜（シークワ）といい、日本の呼称と似ている。スイカは、3世紀に中国に入り、日本には1579（天正7）年に伝来した。

子どもの頃、「スイカのメーサンチー」という歌を口ずさんだことがある。日本での実際のスイカの名産地は、熊本県、千葉県、山形県、新潟県、鳥取県などである。露地ものは、夏の初めの熊本県から、徳島県、鳥取県、山形県、秋田県とスイカ前線は北上を続け、夏の終わりの9月上旬に北海道に達する。

果肉は淡紅、紅、クリーム色などである。種は黒褐色で、昔は炒って食用にした。皮はぬか漬けにして食卓に並んだ。スイカの実の部分をくり抜き、皮に適当に穴を開けて、その中にろうそくの火を灯し、ひもで柄に結んでつくる「スイカ提灯」は夕方の子どもたちの遊び道具にもなった。

生果の果物ではアンズに次いでビタミンAが豊富で、果糖が多い。

○**スイートスプリング**

農研機構が「上田温州」と「ハッサク」を交配して育成した。

○**スグリ**

ユキノシタ科スグリ属に属する落葉低木の果実である。スグリ属は北半球の温帯域を中心に150種ほどが確認されている。

○**すずっこ**（第Ⅱ部宮崎県を参照）

○**スターフルーツ**（ゴレンシを参照）

○**スダチ**（第Ⅱ部徳島県を参照）

ミカン科ミカン属に属する香酸かんきつである。

○**スモモ**

スモモはバラ科サクラ属に属する落葉小高木の果実である。世界のスモモ生産量は1,153万トンである。主な生産国は中国610万トン、セルビア

74万トン、ルーマニア51万トン、チリ31万トン、トルコ31万トンなどである。

スモモは、中国原産のプラム（ニホンスモモ）と、欧州原産のプルーン（西洋スモモ）に分けられる。ハタンキョウはスモモの品種の一つである。本書では、西洋スモモについてはプルーンとして別建てにしている。

ニホンスモモは明治時代に米国に渡り、北米原産のアメリカスモモなどと掛け合わさり日本に逆輸入された。現在、日本で栽培されているものの多くは、これがルーツである。ニホンスモモはスーパーなどではプラムとして並んでいることも多い。

福島県の育種家、大石俊雄が育成した「大石早生」は、収穫後、追熟するとおいしさが増す。食卓で適熟になるように産地では果実の先端が着色し始めた頃に収穫する。常温で保存し、全体が赤く色づいた頃が食べごろである。「ソルダム」も、常温で保存して果皮全体が赤く色づいた頃が食べごろである。「貴陽」は通常のスモモの2～3倍の大きさで桃のような甘さがある。スモモには、葉酸、クエン酸、リンゴ酸が豊富に含まれている。

○西洋スモモ（プルーンを参照）

○西洋ナシ

バラ科ナシ属に属する落葉高木の果実である。日本で最も多く栽培されている西洋ナシは「ラ・フランス」で全体の65％を占めている。これに「ル・レクチェ」「バートレット」「オーロラ」「ゼネラル・レクラーク」「マルゲリット・マリーラ」「シルバーベル」などが続いている。

西洋ナシの国内の産地は限定的で、栽培面積では山形県が全体の58.5％を占め、圧倒的に多い。これに青森県（9.2％）、新潟県（6.7％）、長野県（6.3％）などが続いている。山形県は「ラ・フランス」、新潟県は「ル・レクチェ」、北海道は「ブランデーワイン」などそれぞれ得意の品種がある。収穫後、通常は15～40日程度寝かせて追熟させてから出荷する。一般には、果実の色が緑から明るい黄色に変わると食べごろである。西洋ナシは果糖が多く、食物繊維のリグニンを多く含む。

○セトカ

農研機構が「清見」と「アンコール」を交配した2世と「マーコット」を交配して育成し、2001（平成13）年に品種登録した。品種名は、育成

地である長崎県口之津町（現南島原市）から望む早崎瀬戸や、瀬戸内地方での栽培を期待して名付けた。

○**セトミ**（第Ⅱ部山口県を参照）

○**セミノール**

　ミカン科ミカン属に属する常緑小高木の果実である。ダンカングレープフルーツとダンシータンジェリンの交雑種である。日本には1955（昭和30）年に農学者の田中長三郎が米国カリフォルニア大学を通じて種子で導入した。

○**ダイダイ**（第Ⅱ部鹿児島県のヘツカダイダイを参照）

　ミカン科ミカン属に属する常緑小高木の果実である。主に食酢やマーマレードなどの材料に使われる。ダイダイは一度実がなると4～5年以上落果せず、1本の木に何代もの実がなる。「代々続く」と縁起をかつぎ、鏡もちなど正月の飾りに使われる。

○**タマミ**

　農研機構が育成した清見と、米国生まれのミカン類ウィルキングの交雑品種で2006（平成18）年に種苗法の登録を受けた。

○**タロッコ**（ブラッドオレンジを参照）

○**タンカン**（第Ⅱ部鹿児島県を参照）

　ミカン科ミカン属に属する常緑小高木の果実である。中国広東省の原産である。スィートオレンジとポンカン、またはマンダリンとの自然交配で生まれたらしい。

○**チェリモヤ**（第Ⅱ部和歌山県を参照）

○**ツノカガヤキ**

　漢字では津之輝と書く。農研機構が「清見」と「興津早生」を交配し、さらに「アンコール」を交配して育成した。タンゴール（ミカンとオレンジ類の交雑種）の一種で、2009（平成21）年に品種登録された。

○**ドラゴンフルーツ**

　ドラゴンフルーツはピタヤともいう。サボテン科ヒモサボテン属に属する。ドラゴンフルーツは、果肉が赤いものと白いものがある。食感がキウイフルーツに似ている。原産地はメキシコなどである。メキシコ、ベトナムなど熱帯地方を中心に生産されている。

○**ナガトユズキチ**（第Ⅱ部山口県を参照）

○ナツミ

　漢字では南津海と書く。山口県の育種家が「カラマンダリン」と「吉浦ポンカン」を交配して育成した。初夏においしく食べられるミカンということで「ナツミ」という名前を付けた。

○ナツミカン（第Ⅱ部山口県を参照）

　ミカン科ミカン属に属する常緑小高木の果実である。「ナツダイダイ」ともいう。原産地は山口県長門市である。1700年頃、同市の海岸に漂着したかんきつの種をまいたのが起源である。現在は「甘夏（カン）」とよばれる酸味の少ない品種が主流である。

　ビタミンB_6の含有量は果物中2位である。

○ナツメ

　クロウメモドキ科ナツメ属に属する落葉高木の果実である。果実は乾燥させて干しナツメとして食べることが多い。干しナツメは国内産果物では最も多くの葉酸を含む。

○ナルトオレンジ（第Ⅱ部兵庫県を参照）

○ナンコウ（第Ⅱ部宮崎県を参照）

　漢字では南香と書く。農研機構が1989（平成元）年に品種登録したかんきつである。

○ナンプウ（第Ⅱ部宮崎県を参照）

○日本ナシ

　バラ科ナシ属に属する落葉高木の果実である。ナシには、日本での分類では日本ナシ、西洋ナシ、中国ナシの3種類がある。世界のナシ生産量は2,520万トンである。主な生産国は中国1,730万トン、米国80万トン、イタリア74万トン、アルゼンチン72万トン、トルコ46万トンなどである。

　日本では、弥生時代に栽培が始まったといわれている。『日本国語大辞典』によると、正倉院文書には、「梨五斗二升」（東大寺写経所食口帳・大日本古文書13・天平宝字2年8月30日）といった記述がある。

　その後、江戸時代に栽培技術が発達し、さまざまな品種が登場した。「二十世紀」は、1888（明治21）年に、千葉県松戸市のごみ置き場に生えていた木が起源とされている。「新高（にいたか）」は、昭和初期に誕生した。新潟県と高知県の品種を掛け合わせたため、両県の頭文字をとって名前が付けられた。「幸水」は戦後に登場した。生産量は日本一で、日本ナシの王様といわれる。

栃木県の「にっこり」、長野県の「南水」など各県独自の開発も進んだ。

日本では歌舞伎界を梨園(りえん)という。中国の玄宗皇帝が音楽や舞踊を好み、自ら舞楽を教えた場所に多くのナシが植えられていたため、舞踊などを学ぶ者を「梨園の弟子」といい、転じて演劇のなかでも特に歌舞伎の世界をさすようになった。

「梨尻柿頭(なしじりかきあたま)」という言葉がある。つまり、ナシはお尻側、カキは頭側(へた)が甘いことをいう。ナシの場合、へたのある頭側よりお尻のほうが甘いため、お尻がふっくらして色むらのないものを選ぶとよい。さらに、食べる前に1時間くらい冷やすと甘味が増す。

○ニイヒメ（第Ⅱ部三重県を参照）

○ニシノカオリ

漢字では西之香と書く。農研機構が「清見」と「トロビタオレンジ」の交配で育成し、2000（平成12）年に品種登録した。

○ニューサマーオレンジ（ヒューガナツを参照）

ヒューガナツの主に静岡県での別称である。

○ネーブル（ネーブルオレンジを参照）

○ネーブルオレンジ

ミカン科ミカン属の常緑低木の果実である。単にネーブルともいう。果頂部にネーブル（へそ）がある。アセロラ、カキに次いでビタミンCを多く含む。

○ネクタリン（第Ⅱ部福島県を参照）

バラ科の落葉高木で、桃の変種である。

○ノバ（第Ⅱ部宮崎県を参照）

米国で育成された交雑のタンゼリンタンゼロである。

○パインアップル

パイナップルとも表記する。パインアップル科アナナス属に属する。原産地はブラジルなどである。世界のパインアップル生産量は2,479万トンである。主な生産国はコスタリカ269万トン、ブラジル248万トン、フィリピン246万トン、タイ221万トン、インドネシア184万トンなどである。

○ハスカップ（第Ⅱ部北海道を参照）

スイカズラ科スイカズラ属に属する。原産地は東アジアである。

○ハッサク（第Ⅱ部広島県を参照）

ミカン科ミカン属に属する常緑低木の果実である。漢字では八朔(はっさく)と書く。旧暦の8月1日頃から食べられるようになるということで命名されたといわれるが、実際の実りの時期とは異なり、そのいきさつは不明である。原産地は広島県因島である。

○パッションフルーツ

パッションフルーツは、トケイソウ科トケイソウ属に属するブラジル原産のつる性の果樹である。花が時計の文字盤に似ているため、「果物時計草」ともよばれる。皮の表面に皺が出来るくらいまで熟成させ、強い香りを発するようになったら食べごろである。ゼリー状の果肉をそのままスプーンですくって種ごと味わう。

さわやかな酸味があり、ビタミンAが豊富である。植え付け1年目に収穫できる。病害虫の発生も少ない。

パッションフルーツのパッションは「情熱」ではなく、「キリストの受難」を意味する。17世紀に宣教師が南米でこの果実の花を見て、キリストが十字架にかけられたことを思い名付けた。和名は時計草である。

国内産果物では葉酸の含有量が干しナツメ、ライチーに次いで多い。

○バナナ

バショウ科バショウ属に属する。原産地は東南アジアである。世界のバナナ生産量は1億671万トンである。主な生産国はインド2,758万トン、中国1,208万トン、フィリピン865万トン、ブラジル689万トン、エクアドル600万トンなどである。

バナナ（中1本）はビタミンB_6を果物では最も多く含む。乾燥バナナのカリウム含有量は国産果物で最も多い。カリウムは乾燥によって増加するが、乾燥ものを除いた生食で比べると、バナナはアボカドに次いで2位である。

○パパイア

パパイヤとも表記する。パパイア科パパイア属に属する常緑小高木の果実である。トロピカルフルーツで、青パパイアは料理の材料として使われる。メキシコ、ブラジルなどが原産で16世紀初頭にスペインの探検家によってパナマなどで発見された後、カリブ海一帯に広がり、世界各地に伝播した。

○ハヤカ

　漢字では早香と書く。農研機構が今村温州とポンカンを交雑して1990（平成2）年に品種登録した。

○ハルカ

　福岡県二丈町（現糸島市）の農家がヒュウガナツの実生(みしょう)を選抜して育成した中晩生かんきつである。1996（平成8）年に品種登録された。

○ハルミ

　ミカン科ミカン属に属する常緑小高木の果実である。農研機構が「清見」とポンカンを交配して育成した。1999（平成11）年に品種登録された。種がなく、内袋ごと食べられる。

○バレンシアオレンジ（第Ⅱ部和歌山県を参照）

　単にバレンシアともいう。ミカン科ミカン属に属する常緑小高木の果実である。名前はスペインのバレンシアに由来するが、バレンシア原産ではない。国産のバレンシアオレンジは生産量がわずかで、市場に出回ることは少ない。

○ハレヒメ

　農研機構が「清見」と「オセオラ」を交配して育成したものと「宮川早生」を交配して育成し、2004（平成16）年に品種登録された。

○バンジロウ（グァバを参照）

○バンペイユ（第Ⅱ部熊本県を参照）

　漢字では晩白柚と書く。ザボンの一品種である。直径20cmほどで皮は厚いが、香りが良い。

○ピタヤ（第Ⅱ部沖縄県を参照）

　ドラゴンフルーツのことである。

○ヒメノツキ

　「アンコール」と「ヒュウガナツ」を交配して育成し、2006（平成18）年にJA全農が品種登録した。

○ヒノユタカ（第Ⅱ部熊本県を参照）

　漢字では肥の豊と書く。熊本県が「不知火」と「マーコット」を交配して育成し、2003（平成15）年に品種登録された。

○ヒュウガナツ（第Ⅱ部宮崎県を参照）

　「ニューサマーオレンジ」「土佐小夏」「小夏ミカン」などともよばれる。

1820年代に宮崎県で発見された。

ヒュウガナツは、表皮とじょうのうの間の白いわたのような白皮に甘みがあり、これを捨てずに、ほどよい酸味のある果肉と一緒に食べると、独特の食感と風味が楽しめる。

○ビワ

バラ科ビワ属の常緑高木の果実である。漢字では枇杷と書く。ビワは中国が原産地だが、日本でも自生していたという説もある。冬に咲く花が寒さに弱いため、生産地は暖地に限られる。古くから身近な植物で、果実だけでなく、葉もお茶やセキ止めなどに利用されてきた。

日本での本格的な栽培は、江戸時代の中頃に長崎市茂木町で、ある女性が中国からもらった種をまいたことが始まりとされている。「茂木」の品種名はこの地名に由来している。「田中」は千葉県の房総半島で育成された。ビワは、1房ごとに袋掛けして、病害虫や風から守る。

ビワの皮はヘタのほうでなく、へそのほうからむくとよくむける。

○フサスグリ（第Ⅱ部青森県を参照）

ユキノシタ科スグリ属に属する。

○ブドウ（第Ⅱ部山梨県を参照）

ブドウはブドウ科ブドウ属に属するつる性の落葉低木の果実である。漢の武帝の頃、シルクロードを通って中国に伝わり、日本には中国から伝来した。今日、世界のブドウ生産量は7,718万トンである。生産量の多い国は中国1,155万トン、イタリア801万トン、米国775万トン、スペイン748万トン、フランス552万トンなどである。

ブドウを色で分類すると、黒系は「巨峰」「ピオーネ」「藤稔」など、赤系は「デラウェア」「安芸クイーン」「紅伊豆」など、緑系は「シャインマスカット」「ロザリオ・ビアンコ」などである。「巨峰」は1粒12～15gにもなる大粒ブドウで、ブドウの王様である。種ありと、種なしの栽培が行われている。「ピオーネ」は、「巨峰」に比べて果粒が一回り大きい。近年の消費者ニーズは「シャインマスカット」など皮ごと食べられる種無しブドウに移っている。

「クイーンニーナ」は農研機構果樹研究所が育成した新品種である。果皮は赤で、粒は「巨峰」や「ピオーネ」より大きくなる。

ブドウはワインの原料にもなる。世界のワインの産地はワインベルトと

よばれる北緯30〜50度、南緯20〜40度のゾーンの中に多くあり、日本もこの中に位置している。「甲州」「マスカット・ベリーA」は日本育成品種のワイン用ブドウである。

ブドウは摂りすぎた塩分の塩分の排泄や、夏バテにも効果があるとされるカリウムや、ブドウ糖などの糖分が主成分である。ブドウ糖は消化吸収されやすくエネルギーに早く変わる。果糖、ポリフェノールの一種であるアントシアニンも多く含む。ブドウに含まれるフラボノイドは、肝臓の働きを強化し、脂肪肝や肝炎を予防することが期待される。

ブドウは房の根元のほうが甘く、先（下方）に行くほど甘さが弱くなるため、下のほうから食べると徐々に甘みが強くなり、おいしく食べられる。干しブドウはレーズンともいう。

○ブラックベリー（第Ⅱ部滋賀県を参照）

バラ科キイチゴ属に属する。木イチゴの一種で、原産地は北米である。

○ブラッドオレンジ（第Ⅱ部愛媛県を参照）

ブラッドオレンジには、タロッコ種と、モロ種があり、「タロッコ」や「モロ」とよばれることもある。

○ブルーベリー

ツツジ科スノキ属に属す。原産国の米国で品種改良された。日本へは昭和中期に導入された。日本でも、北海道から鹿児島県まで各地で栽培され、国産のブルーベリーが出回っている。

青紫の色のもとになっているアントシアニン色素が目に効果があるとされる。

○プルーン

バラ科サクラ属に属し、西洋スモモともいう。プルーンには、果実が小さめの「サンプルーン」、大玉系で日持ちの良い「プレジデント」、酸味が強めの「アーリーリバー」、大玉系でジューシーな「パープルアイ」、甘さの強い「ベイラー」といった品種がある。産地は長野県や北海道などである。

○ブンタン（第Ⅱ部高知県を参照）

ミカン科ミカン属の常緑小高木の果実である。漢字では文旦と書く。「ザボン」「ボンタン」ともいう。カンキツ類の中では果実が大きい。生食のほか、厚い果皮はブンタン漬けなどに利用される。

○平成ミカン（第Ⅱ部三重県を参照）

「温州ミカン」と「清見」を交配して育成した。三重県御浜町などで生産している。

○ヘツカダイダイ（第Ⅱ部鹿児島県を参照）

○ベニマドカ（第Ⅱ部長崎県を参照）

紅マドカとも書く。「麻豆ブンタン」と「平戸ブンタン」を交配した品種である。

○紅まどんな

愛媛県立果樹試験場（現愛媛県農林水産研究所果樹研究センター）が「ナンコウ」と「アマクサ」を交配し、育成した。「紅まどんな」はJA全農えひめの登録商標で、品種名は「媛まどんな」である。

○ヘベス（第Ⅱ部宮崎県を参照）

○ボイセンベリー

ボイズンベリー、アドベリーともいう。

○ポポー（第Ⅱ部愛媛県を参照）

ポポーはバンレイシ科アシミア属に属する落葉高木の果実である。原産地は米国である。アケビガキともよばれる。

○ポンカン

ミカン科ミカン属の常緑小高木の果実である。マンダリンの代表品種でインド北部の原産である。ポンカンのポンはインドの地名である。日本には1896（明治29）年に導入され、鹿児島県南部を中心に栽培が広がった。ちょこっと飛び出た果頂部に特徴がある。

○ボンタン（ブンタンを参照）

○マイヤーレモン（第Ⅱ部三重県を参照）

○マリヒメ

クレメンチンと「南柑20号」を交配し、育成した。JA全農が2005（平成17）年に品種登録している。

○マルメロ（第Ⅱ部長野県を参照）

マルメロはバラ科マルメロ属の植物である。原産地は中央アジアである。カリンによく似ているが、カリンの果実の表面はつるつるしているのに対し、マルメロは表面に産毛が生えている。そのまま食べるより、果実酒などの原料になることが多い。

○マンゴー

マンゴーはウルシ科マンゴー属に属する。原産地はインド北部からマレー半島である。国内で生産されているマンゴーの大半は、赤系のアップルマンゴー（アーウィン種）である。緑色のキーツマンゴーは、高知県土佐清水市で加温ハウスで育てている。ただ、市場にはあまり流通していない。

マンゴーは、チェリモヤ、マンゴスチンとともに「世界三大美果」とされる。

○ミカン

ミカン科ミカン属に属する常緑低木の果実で、日本を代表するかんきつ類である。日本独自の品種で、温州ミカンともよばれる。約400年前に鹿児島県で生まれた。

一般に温州（うんしゅう）ミカンのことをミカンという。ミカンは出荷時期によって、9月～10月に出荷する極早生（ごくわせ）温州、11月～12月の早生温州、12月頃からの中生（なかて）温州、12月後半～3月頃の普通温州に分類される。普通温州には収穫後貯蔵して、主に年明けから出荷するものもある。

それぞれの代表的な品種は、極早生が「日南1号」「上野早生」、早生が「宮川早生」「興津早生」、中生が「南柑20号」、普通温州「青島温州」「大津4号」などである。時期、産地、品種によって少しずつ味が異なる。

地域別にみると、極早生や早生は九州、四国に多く、普通は近畿、東海、南関東に多い。南の地域ほど出荷時期が早い。和歌山県、愛媛県、静岡県、熊本県、長野県、佐賀県の6県で全国の7割のミカンを収穫している。

ミカンは、果実が多く実り、糖度も高い表年と、少なめの裏年が交互に発生する。西暦で奇数年が表年、偶数年が裏年である。

ミカンは食物繊維のペクチンなどを多く含む。ミカンの袋はじょうのう膜といい、食物繊維とフラボノイドに富んでいるため、そのまま食べるとよい。ビタミンA（β-カロテン）含有量は日常手にしやすい果物では最も多い。

○メロン

ウリ科キュウリ属に属する果実的野菜である。メロンの原産地については、アフリカやアジアなど諸説がある。古代エジプトの壁画にも描かれているほど古い歴史がある。日本でも縄文時代の遺跡からマクワウリの種が発見されている。

メロンは、日本で古くから栽培されてきたマクワウリに代表される東洋系と西洋系に分かれる。現在出回っているのは西洋系メロンである。西洋系の「マスクメロン」が伝来したのは明治になってからである。

西洋系メロンは、温室メロンと露地メロンに分かれる。露地メロンのうち、ビニールハウスで栽培するものはハウスメロンとよばれ、ハウスではなくトンネル栽培されるものもある。

温室メロンの代表は、「アールスメロン」で、メロンの最高級品種である。「アールスメロン」は、英国王室で品種改良されたネット型メロンである。ムスク（じゃ香）の香りがするということで「マスクメロン」ともよばれる。

ハウスメロンは「アムスメロン」「アンデスメロン」「クインシーメロン」「夕張メロン」などネット型メロンである。

「アンデスメロン」のアンデスは「安心です」、つまり虫害が少なく安心して栽培でき、はずれがなく安心して食べることができるということで名付けられた。南米のアンデス山脈とは無関係である。

トンネル栽培は「プリンスメロン」「ホームランメロン」「キンショーメロン」などノーネット型メロンである。

メロンは果肉の色によって分類される。赤肉系（赤色）は「クインシーメロン」「夕張メロン」など、青肉系（緑色）は「タカミメロン」「アールスメロン」など、青肉系（緑白色）は「オトメメロン」などである。

メロンは、4月〜5月は熊本県などを中心に、6月〜7月は茨城県、千葉県、静岡県、晩夏〜秋は東北、北海道を中心に収穫される。

昭和の中頃まで、メロンといえば、温室栽培の高級な「マスクメロン」か「マクワウリ」だった。その後の品種改良によって、栽培しやすく、糖度の高いものが次々に登場した。

メロンの網目は、表皮に比べて果肉の成長が早く、皮が弾けて表面がひび割れてしまうのを防ぐために組織が発達して模様になったものである。

○桃

バラ科モモ属に属する落葉小高木の果実である。桃の原産地は中国で、紀元前にはすでに食用として栽培されていた。世界の桃生産量は2,164万トンである。主な生産国は中国1,192万トン、イタリア140万トン、スペイン133万トン、米国97万トン、ギリシャ67万トンなどである。

日本では、観賞用や薬用として、古く中国から伝わり、さまざまな古典文学などに登場する。『日本国語大辞典』によると、「時に道の底に大なる桃の樹有り」（書紀ー神代上・兼方本訓）といった記述がある。
　食用として本格的に栽培されるようになったのは明治時代になってからである。今食べている桃は、明治時代に中国から導入した「水蜜桃（すいみつとう）」の品種群を品種改良したものである。
　白桃については、明治時代に岡山県で発見された品種「白桃」がルーツとなり、「白鳳（はくおう）」「あかつき」「川中島白桃」などの品種が生まれた。白桃は、俳句では、初秋の果物である。
　白桃の果皮は、薄い赤やピンクのものが多いが、乳白色のものもある。
　桃の中で表面にうぶ毛のないものをネクタリンとよぶ。アブラ桃、ズバイ桃ともよばれる。
　桃は昔から「邪気を払う」ものとして、不老長寿の言い伝えもある。
　桃という漢字は、木と兆から成る。兆は２つに割れるという意味。つまり、桃は２つに割れる果実である。明治から大正時代の少女の日本髪の結い方である桃割（われ）は、まげを２つに分け、丸く輪に結ったものである。
○モロ（ブラッドオレンジを参照）
　ブラッドオレンジの別称である。
○ヤマトタチバナ（第Ⅱ部三重県を参照）
○ヤマブドウ（第Ⅱ部岩手県を参照）
　ヤマブドウはブドウ科ブドウ属に属するつる性の落葉低木である。
○ヤマモモ（第Ⅱ部徳島県を参照）
　ヤマモモはヤマモモ科ヤマモモ属の常緑高木である。
○ユコウ（第Ⅱ部徳島県を参照）
　ミカン科ミカン属に属する。ユズとダイダイの自然交雑種といわれている。
○ユズ
　ミカン科ミカン属の常緑小高木の香酸かんきつである。原産地は中国である。ミカン属の中では寒さに強く、宮城県、福島県など東北地方でも栽培されている。香りがよく、料理のほか、ポン酢などの加工品にも使われる。
　「桃クリ３年、カキ８年、ユズの大ばか18年」といわれるように、ユズ

は実生(みしょう)から育てて実がなるまで年数がかかる。このため、現在はカラタチに接木して数年で実がなるようにすることが多い。

江戸時代から冬至の日にゆず湯に浸かると、風邪を防ぐといわれてきた。ユズの皮に含まれるリモネンなどの精油成分が湯に溶け出し、皮膚に皮膜をつくり保温効果を増して血の循環が良くなるためである。独特の心地よい香りによってリラックス効果も期待できる。ユズは強い香りが邪気を払うとされ、ゆず湯は厄払いの前のみそぎの意味がある。ユズは融通がきく、冬至は湯治に通じるという語呂合わせもあったという説がある。

ビタミンE（αトコフェノール）の含有量は、国内産果物では3番目に多い。ビタミンCの含有量はアセロラ、グァバに次いで多く、レモンの1.5倍である。

○ライチ（第Ⅱ部鹿児島県を参照）

ライチーと表記することもある。レイシともいう。ムクロジ科レイシ属に属する。葉酸の含有量は国内酸果物では干しナツメに次いで多い。

○ライム（第Ⅱ部愛媛県を参照）

ミカン科ミカン属の常緑低木である。レモンより高温が必要な熱帯・亜熱帯域で主に栽培されている。果肉は黄緑色で、特有の芳香がある。絞って果汁を飲用するほか、調味料などにも使われる。

特有の色素であるエリオシトリンを多く含む。

○ラズベリー

バラ科キイチゴ属に属する低木の果実である。製菓材料のほか、生食用としても需要が増えている。従来は輸入が中心だった。

○リンゴ

バラ科リンゴ属の落葉小高木または高木の果実である。世界で1万5,000、日本で2,000の品種があり、色、大きさ、味などはさまざまである。世界のリンゴ生産量は8,082万トンである。生産量の多い国は、中国3,968万トン、米国408万トン、トルコ313万トン、ポーランド309万トン、イタリア222万トンなどである。

リンゴは有史以前から存在し、その歴史は古い。栽培リンゴは、小アジア、コーカサス地域が起源とされる。古いだけにリンゴにまつわる古今東西の説話は多い。13世紀末からのスイス独立運動に活躍したウイリアム・テルは弓の名人でもあった。悪代官ゲスラーに強要されて愛する息子の頭

上のリンゴを射落とした。

　近世では、英国の物理学者で天文学者でもあったアイザック・ニュートンが17世紀に万有引力の法則を発見したのは、リンゴが落ちるのを見てひらめいたのがきっかけだった。

　日本には明治時代に導入され、日本の気候風土、消費者の嗜好の変化などに合わせて品種が改良され、新品種が次々に生まれている。最大産地の青森県では、①極早生種（8月20日頃までに収穫）、②早生種（9月20日頃までに収穫）、③中生種（10月20日頃までに収穫）、④晩生種（10月20日頃までに収穫）に分類している。

　出回り量の多い品種は次のとおりである。

〔極早生種〕
- 夏緑（なつみどり）　青森県りんご試験場（現地方独立行政法人青森県産業技術センターりんご研究所）が「きたかみ」と「メク10」を交配して育成し、1983（昭和58）年に品種登録された。果皮は緑黄色で淡紅のしまが入る。重さは150g程度である。

〔早生種〕
- つがる　青森県りんご試験場（現地方独立行政法人青森県産業技術センターりんご研究所）が「ゴールデンデリシャス」と「紅玉」を交配して育成し、1975（昭和50）年に品種登録された。果皮は紅色の地に鮮紅色のしまが入る。重さは300g程度である。
- きおう　岩手県園芸試験場が「王林」と「はつあき」を交配して育成し、1995（平成7）年に品種登録された。果皮は黄色で、重さは300g程度である。
- 未希ライフ　青森県弘前市の工藤清一が「千秋」と「つがる」を交配して育成し、1992（平成4）年に品種登録された。果皮は褐紅色にしまが入る。重さは250g程度である。
- 彩香　青森県りんご試験場（現地方独立行政法人青森県産業技術センターりんご研究所）が「あかね」と「王林」を交配して育成し、2001（平成13）年に品種登録された。果皮は鮮やかな紅色で、重さは300g程度である。

〔中生種〕
- ジョナゴールド　米国ニュージャージー州立農業試験場が「ゴールデン

デリシャス」と「紅玉」を交配して育成し、日本には1970（昭和45）年に秋田県果樹試験場が初導入した。果皮は黄色地に紅色が入る。重さは350ｇ程度である。
- **とき**　青森県五所川原市の土岐伝四郎が「王林」と「ふじ」を交配して育成し、2001（平成13）年に品種登録された。果皮は黄色で、重さは350ｇ程度である。
- **紅玉**（こうぎょく）　米国ニューヨーク州原産の自然交雑実生で、日本には1871（明治4）年に開拓使が導入した。果皮は鮮やかな濃い紅色で、重さは240ｇ程度である。
- **スターキング・デリシャス**　米国ニュージャージー州原産のデリシャスの枝がわりで、日本には1929（昭和4）年に青森県りんご試験場（現地方独立行政法人青森県産業技術センターりんご研究所）が導入した。果皮は黄色地に濃い紅色のしまが入る。重さは300ｇ程度である。
- **世界一**　青森県りんご試験場（現地方独立行政法人青森県産業技術センターりんご研究所）が「デリシャス」と「ゴールデンデリシャス」を交配して育成し、1974（昭和49）年に学会で発表した。果皮は鈍紅色に紅色のしまが入る。重さは500ｇ程度である。
- **北斗**　青森県りんご試験場（現地方独立行政法人青森県産業技術センターりんご研究所）が「ふじ」と「陸奥」を交配して育成し、1983（昭和58）年に品種登録された。果皮は黄色地に紅色のしまが入り、紫紅色となる。重さは400ｇ程度である。
- **早生ふじ**　「ふじ」の枝がわりや交雑実生で「ひろさきふじ」「紅将軍」「昂林」「涼香の季節」「ほのか」「やたか」などがある。「ふじ」より1か月程度早く収穫できる。
- **陸奥**　青森県りんご試験場（現地方独立行政法人青森県産業技術センターりんご研究所）が「ゴールデンデリシャス」と「印度」を交配して育成し、1949（昭和24）年に品種登録された。果皮は無袋が緑黄色、有袋が紅色で、重さは500ｇ程度である。
- **シナノゴールド**　長野県果樹試験場が「ゴールデンデリシャス」と「千秋」を交配して育成し、1999（平成11）年に品種登録された。果皮は黄色で、重さは360ｇ程度である。

〔晩生種〕
- ふじ　農林省園芸試験場東北支場が「国光」と「デリシャス」を交配して育成し、1962（昭和37）年に日本一のリンゴになってほしいという思いを込め、富士山にちなんで命名、登録された。果皮は褐紅色に鮮紅色のしまが入る。重さは350ｇ程度である。
- 王林　福島県桑折町の大槻只之助が「ゴールデンデリシャス」と「印度」を交配して育成し、1952（昭和27）年に命名された。果皮は緑黄色で、重さは300ｇ程度である。
- 金星　青森県弘前市の佐藤肇が「ゴールデンデリシャス」と「国光」を交配して育成し、1972（昭和47）年に品種登録された。果皮は無袋が緑黄色、有袋が黄色で、重さは350ｇ程度である。

収穫量を品種別にみると、「ふじ」が全体の53.1％を占めて圧倒的に多く、「つがる」（11.1％）、「王林」（7.6％）、「ジョナゴールド」（6.9％）の順で続いている。この4品種で全体の8割近くに及んでいる。「ふじ」は日本だけでなく、世界でも最も生産量の多い品種である。

果実に袋をかけないで育てた無袋リンゴは、太陽（サン）を多く当てるため「サンふじ」のように、品種の前にサンとつけて区別している。

みつ入りリンゴのみつは、太陽を浴びて、葉の光合成でできた成分が、実に溜まったものである。

「一日一個のリンゴは医者を遠ざける」ということわざがあるように、リンゴに含まれているプロシアニジンというポリフェノールが、抗酸化作用によって老化を予防するなど健康効果が期待される。リンゴ（半分）のリノール酸含有量は全果実で最も多い。

○レイコウ（かんきつ）
漢字では麗紅と書く。農研機構が「清見」と「アンコール」を交配して生まれた系統に「マーコット」を交配して育成したタンゴールである。2005（平成17）年に品種登録された。

○レイシ（ライチを参照）

○レモン
ミカン科ミカン属の常緑低木または小高木である。原産地はヒマラヤ東部である。収穫時は緑色だが、輸送性を高めるキュアリング処理を行うこ

とで黄色になる。

大航海時代に恐れられたのはビタミンCの不足から生じる壊血病だった。当時の英国海軍では予防のため、レモンジュースなどを飲ませた。

4
果物にもよきライバル

■リンゴVSミカン 果実収穫量のトップ争い

まだテレビがなかった戦後の日本で、今は"懐メロ"になってしまったヒット曲がラジオで流された。「みかんの花咲く丘」や「リンゴの唄」もその一つである。当時は、思いを果物に託した歌の全盛期だったのかもしれない。どちらも、その後、文化庁などが選定した日本の歌百選に選ばれている。

「みかんの花咲く丘」（作詩加藤省吾、作曲海沼実）は「みかんの花が咲いている　思い出の道　丘の道　はるかに見える青い海」で始まる。1946（昭和21）年のNHKラジオ番組の「空の劇場」で発表され、童謡歌手の川田正子が歌った。

「リンゴの唄」（作詞サトウハチロー、作曲万城目正）は「赤いリンゴにくちびる寄せて　だまって見ている　青い空」で始まる。1945（昭和20）年に公開された戦後映画の第1号『そよかぜ』の挿入歌として発表され、並木路子と霧島昇が歌った。

JASRAC 出 1704841-701

歌の世界はともかく、ミカンとリンゴは日本の果実の双璧である。2014年産の栽培面積はミカンが4万5,400ha、リンゴが3万8,900ha、収穫量はミカンが87万4,700トン、リンゴが81万6,300トンで、栽培面積、収穫量ともミカンに軍配が上がっている。寒い季節の果物といえば、ミカンかリンゴのイメージが強く、果物ではよきライバルであることは間違いない。

リンゴは寒さに強く、−30℃前後までは耐えられる。年平均気温が6〜14℃程度の土地が適地である。主産地は積雪の多い寒冷地が中心で、

第Ⅰ部　果物の基礎知識　35

青森県の収穫量が全国の収穫量の57.9％を占め圧倒的に多く、2位の長野県は19.4％である。リンゴの収穫量はこの両県で4分の3を超え、2強体制が続いている。

かつては茨城県北部が南限といわれたこともあったが、現在では、山口県にまとまった産地があり、宮崎県や熊本県の山間地でも一定の収穫量を確保している。ただ、農林統計によると、両県以北では三重県、大阪府、長崎県では栽培面積の記載がなく、44都道府県で生産している。

ミカンは常緑樹で、年間の平均気温が15℃以上で、冬の最低気温が－5℃以下にならず、8月〜10月の日照時間が長いことが条件になる。このため、主産地は和歌山県、愛媛県、静岡県など温暖な地域で、全国では36都府県で生産している。

ミカンの北限は現在は新潟県佐渡市で、東北6県と北海道は農林統計には登場しない。茨城県、栃木県など北関東でも栽培されているが、佐渡は北関東より緯度が高い。ただ、これ以南でも鳥取県、長野県、山梨県はミカンの栽培面積がゼロである。鳥取県はナシ、長野県はリンゴ、ブドウ、山梨県はブドウ、桃、スモモなどそれぞれ有力な栽培品目があるためである。

ミカンとリンゴをともに生産している県では、それぞれの産地自体は別々のことがほとんどである。ただ、日本海を臨む富山県氷見市灘浦地区は、暖流と寒流が交わる影響で、気温が比較的高い。このため、リンゴとミカンを同時に栽培している。

ミカンは温州ミカンをさす。温州ミカンは日本の在来品種であり、その親はこれまで明らかでなかったが、DNA鑑定により親はキシュウミカンとクネンボと推定したと農研機構が2016（平成28）年12月に発表した。キシュウミカンは中国から、クネンボはインドシナ原産で沖縄を経て伝わった。ともに江戸時代までは日本の主要なカンキツだった。

これに対して、リンゴの歴史は古い。リンゴが日本に渡来したのは平安時代中期の900年頃とされている。当時は粒の小さな野生種で鑑賞用だった。現在、食べているリンゴが日本に入ってきたのは、1871（明治4）年に開拓次官黒田清隆が米国から輸入した75種のリンゴの苗木を東京・青山の官園に植えたのがきっかけである。1874（明治7）年には内務省が苗木を全国に配布し、各地で試作が始まった。この頃、従来からのものは「和リンゴ」、米国からのものは「西洋リンゴ」とよんで区別した。その後、「和

リンゴ」の生産は大幅に縮小し、現在ではリンゴといえば「西洋リンゴ」の品種を改良したものをさしている。

ミカンとリンゴについて消費者はどうみているのだろうか。公益財団法人中央果実協会が2015（平成27）年にまとめた「果物の消費に関するアンケート調査報告書」から、ミカンとリンゴについての消費者イメージの分析結果を拾ってみよう。

温州ミカンについてのイメージでは、「糖度が高い（甘い）」が最も多く、「甘味と酸味のバランスがちょうどよい（甘すぎない・酸っぱすぎない）」、「果汁が多く、ジューシー」が続いている。

これに対して、リンゴでは、「甘味と酸味のバランスがちょうどよい（甘すぎない・酸っぱすぎない）」が最も多く、「糖度が高い（甘い）」、「その種類の果物の定番・代表格」と続いている。「その種類の果物の定番・代表格」という回答は、日本で収穫されるリンゴの過半数以上が「ふじ」に集中し、店頭で最も多く目につくという事情を反映していると思われる。

温州ミカンに期待していることをみると、「高糖度で甘い」、「皮がむきやすい」、「日持ちがよい」の順で、甘さに加え、果物の特性に応じた内容が上位になっている。リンゴに期待していることでは、「みつが多い」、「高糖度で甘い」、「歯ごたえ、歯ざわりが良い」の順で、甘さや食感を重視する傾向がうかがえた。

こうした消費者の意見を品種改良などにさらに反映させれば両者は今後もよきライバルであり続けるだろう。

香りを競うスダチ（徳島県）VS カボス（大分県）

スダチとカボスは姿形、用途が似ているため混同しやすい。ユズやレモンに代表される香酸かんきつの一つで、どちらも焼き魚やてんぷらなどにかけると、その香りと独特の酸味が料理を引き立てる。

スダチは、ゴルフボールより少し小さいくらいの大きさである。徳島県産が全国の9割以上を占めている。県花もスダチの花である。「すだちくん」は徳島県のマスコットキャラクターの一つである。

カボスは、テニスボールより少し小さいくらいの大きさである。大分県産が全国の9割以上を占めている。「カボたん」は大分県カボス振興協議

会のマスコットキャラクターである。

　似たような地域性の強い香酸かんきつとしては、スダチ、カボス以外にももキズ（福岡県）、ジャバラ（和歌山県）、ヘベス（宮崎県）などがある。

栃木県 VS 福岡県のイチゴ対決

　栃木県対福岡県のイチゴ対決は、2世代同士のそれに移っている。かつて栃木県のイチゴといえば「女峰」の全盛時代があり、福岡県では「とよのか」がわが世の春を謳歌していた。

　わが世の春といえば、今でこそ冬の果物として定着しているイチゴは、昭和年代までは春から初夏にかけての味覚の代表だった。「女峰」は静岡県、愛知県まで販路を伸ばし、「とよのか」は佐賀県、長崎県へと広げ、東西で二分していた。

　いま、宿命の対決の主役は、栃木県の「とちおとめ」と福岡県の「あまおう」に移っている。「とちおとめ」は1996（平成8）年に栃木県農業試験場が「とよのか」と「女峰」を交配したものに、「栃の峰」を交配して開発した。ライバルの"血統"を受け継いでいるところがにくい。

　「あまおう」は2001（平成13）年に福岡県農業総合試験場が「とよのか」の後継品種として開発し、「あかい、まるい、おおきい、うまい」の頭文字をとって命名された。その名のとおり、丸くて、大きくて、1粒40gと重い。

　これを受けて、栃木県農業試験場いちご研究所は、大きさを意識した新品種「スカイベリー」を開発し、2012（平成24）年に商標登録、2014（平成26）年に品種登録した。2014年に初出荷された。果実は25g以上の割合が約3分の2を占める。

　いま、「あまおう」は首都圏をはじめ、東日本にも販路を拡大している。販売単価が高いのがJAや生産農家にとっては強みである。福岡の「あまおう」はアジアに近いという地の利を生かして、2003（平成15）年から香港、台湾などへの輸出を開始しており、輸出のパイオニア的な存在である。栃木県、熊本県、静岡県、佐賀県なども輸出に力を入れている。

　栃木県はイチゴの収穫量で1968（昭和43）年産以降、作付面積で2001（平成13）年産以降、産出額で1995（平成7）年産以降、日本一の座に座り

続けている。今後、福岡県がどこまで追い上げるのか、栃木県は日本一の座を守り続けるのか。その行方は他産地の動向も深く関係する。

イチゴ収穫量の全国シェアは、栃木県15.5％、福岡県10.5％、「ひのしずく」の熊本県7.1％、「紅ほっぺ」の静岡県6.8％などである。イチゴの販売地図は、かつての２強型から各県分散型に変わりつつあることは間違いない。

5
果物の品目、品種を巡る話題

同じ品種でも場所が変われば

まずは、かんきつ類である。愛媛県のニューサマーオレンジ、高知県の小夏、宮崎県の日向夏は、実は同じ果物である。もともとは、文政年間の1820年頃、宮崎市の庭先でユズが突然変異したカンキツが発見されたのが発端だった。当時は酸味が強く食べられなかったが、いくつかの土地に伝わり、それぞれの土地に根づいた。高知県では土佐小夏ともいう。

カキにも同様のことがある。福島県の「蜂屋」、山梨県の「甲州百目」、奈良県の「江戸」、愛媛県の「富士」は同一の品種である。形は釣り鐘形で、いずれも不完全渋ガキのため、収穫後、それぞれの方法で乾燥させ、干し柿として店頭に並ぶことが多い。「甲州百目」の百目は、百匁、すなわち375gという目方を意味する。

「ふじ」はリンゴ、「富士」はカキ

果物の話で「ふじ」と聞けば、日本で圧倒的な生産量を誇るリンゴの「ふじ」を思い浮かべる人がほとんどだろう。だが、漢字で「富士」と書いてあればカキである。

「富士」は、「富有」、「平核無」、「刀根早生」に次ぐ生産量のある品種で、釣り鐘の形をした渋ガキである。福島県、宮城県、山梨県などで多く栽培

されている。これらの県はリンゴの産地でもある。間違いやすいこともあって、あえて「富士柿」ということが多い。「富士」には「甲州百目」という別名もある。発音が同じため、ひらがなと漢字で異なる果物になるのもややこしい。

サマーオレンジはオレンジではない

山形県などで生産される「サマーオレンジ」は果肉が黄色のスイカである。「サマーオレンジ」には、大玉、中玉、小玉と3通りある。ただ、ニューサマーオレンジはかんきつで、宮崎県原産のヒュウガナツの、愛媛県などでの別名である。「ニュー」がつけばまったく別の品目になる。

「蓬萊柿」はカキではない

「蓬萊柿」はカキではなくイチジクである。柿と付くため間違いやすい。「蓬萊柿」は、中国の蓬萊というところからきたカキに似て甘い果実ということで、名前になったという。370年ほど前に中国から伝わったが、日本に定着して長いため「日本イチジク」とか、「在来イチジク」とよばれることもある。蓬萊が中国のどのあたりかははっきりしない。

6
ユニークな果物

減少気味の果物の需要を喚起するためだろうか。このところ、色、形、大きさ、ネーミングなどで、ユニークな果物が続々登場している。各地の話題の果物を紹介しよう。

色

果肉も赤いリンゴ

リンゴの色はと聞かれたら、多くの人は赤と答え、時には青リンゴや黄色いリンゴを思い浮かべる。この場合の色は表皮のことであり、皮をむいたリンゴはどれも淡いクリーム色で同じだった。近年は「紅の夢」「ルビースイート」「ローズパール」など果肉が赤色や桃色のリンゴが生まれている。これらは赤い皮に含まれているアントシアニンが果肉にも含まれているためである。これをサラダに使えば、彩りが鮮やかになる。工夫次第で用途は広がりそうだ。

白いイチゴ

白いイチゴが次々に生まれている。佐賀県唐津市で開発した「雪うさぎ」や「天使の実」、鹿児島県で「さがほのか」の変異株として生まれた「淡雪」、山梨県の企業などが共同開発した「和田初こい」（愛称は「初恋の香り」）、熊本県立阿蘇中央高校農業食品科の生徒たちが開発した「あその小雪」などである。

これらは、完熟しても果皮が淡い桜色だったり、果肉が白色だったりする。ただ、こうした白いイチゴの生産量はまだ多くない。通常のイチゴと組み合わせると紅白となり、パフェなどとしても人気が高まっている。

形

ブッシュカン

ブッシュカンは漢字では仏手柑と書く。丸くないかんきつである。果実の先端が指のように分かれていて、仏の手に見えるため、この名前が付いた。主に観賞用である。砂糖漬けにして食べることもできる。

四角スイカ

四角スイカは、香川県善通寺市で栽培している。一辺が約18cmの立方体で、10cmくらいのときからプラスチック製の容器に入れ、模様が縦になるように気をつけながら育てる。きれいに四角にするのが難しく、出荷できるのは7割程度とか。熟す前に収穫するため、甘味が足らず食用には向かない。ユニークな形からもっぱら観賞用で、国内外で人気があり、輸出もしている。

「カクメロ」

立方体のマスクメロンである。果実が小さいうちに鉄製の型枠で囲い、四角い形に育てる。愛知県田原市の愛

知県立渥美農業高校で試行錯誤の末、ネットの美しさを損なわないように型枠の内面にクッション材を取り付けて開発した。「カクメロ」という名前で商標登録を受け、同高校長と地元のJA豊橋、JA愛知みなみが共同で特許を取得している。2JAの組合員が栽培している。

五角形の伊予カン

愛媛県八幡浜市日土地区(ひづち)の青年農業者グループである日土橘4Hクラブは五角形の伊予カンの生産に取り組んでいる。「五角形の伊予カン」という発音が「合格のいい予感」に通じると考えてのアイデア商品である。5枚の板を組み合わせた木枠で果実を覆って育てている。

重さ

世界一重いスモモ

1玉が323.79gという山梨県南アルプス市産のスモモ「貴陽」が「世界一重いスモモ」として2012（平成24）年、ギネスに登録された。「貴陽」はもともと大玉で、平均の重さは200g前後だった。

世界一重いイチゴ

福岡県のイチゴ農家が栽培した福岡生まれのイチゴ「あまおう」が「世界で最も重いイチゴ」として2015（平成27）年、ギネスに登録された。通常は1粒15〜20g程度のイチゴが250gと10倍以上の重さに育った。

重たいカキ

農研機構果樹研究所が育成した「太天(たいてん)」は通常500gにもなる太果である。愛媛県産の「太天」では600gを超えるものもある。親は甘ガキの「太秋(たいしゅう)」だが、「太天」は渋ガキのため、脱渋して出荷する。

ジャンボナシ「愛宕」

日本ナシの「愛宕」は、重さが1kg以上は当たり前で、大きいものは2kgを超え赤ちゃんの頭くらいのもあるジャンボナシである。11月中旬以降に収穫が本格的になり、日持ちが良いため、正月まで楽しめる。

大きさ

直径30cmのジャンボスイカ

富山県入善町、朝日町などで生産する「入善ジャンボ西瓜」は、長さ40cm、直径30cmで、ラグビーボールのような形である。平均15〜18kgの重さがあり、大きいものは25kgにもなる。わらで編んだ「さん俵」で梱包して出荷する。約100年の歴史がある。

500円玉大のブルーベリー

岩手県二戸市では、ブルーベリーの品種「チャンドラー」の中から、直径24mm（規格では5L）以上に達し、500円玉と同程度の大きさになった果実を「カシオペアブルー」のブランドで出荷している。

名前

「ゴジラのたまご」

北海道月形町のJA月形町が出荷しているスイカの商品名の一つが「ゴジラのたまご」。遊び心はパッケージにまで及び、出荷する箱にはゴジラの絵が描いてある。楕円形の大玉で、果肉は赤、果皮は縞模様がない緑色の無地皮である。品種名は「ジェトロ」、糖度は平均11度である。1991（平成3）年にデビューした。

「ダイナマイトスイカ」

「ダイナマイトスイカ」も北海道月形町のJA月形町が出荷しているスイカの商品名の一つである。ダイナマイトらしく「うまさ爆発」がキャッチフレーズ。果肉は紅赤である。黒皮の表皮を生かし、つるを導火線に見立て、つるの先端に火花のシールを付けて出荷する。

「恐竜のたまご」

福井市の農家は「ウズベキスタンメロン」を栽培している。このメロンは恐竜王国、福井にちなみ、「恐竜のたまご」という名前を付けて販売されている。「ウズベキスタンメロン」は「ハミウリ」ともいう。

7 果物と記念貨幣

　暮らしに欠かせないお金にも果物のデザインが登場している。2007（平成19）年に地方自治法が施行60周年を迎えた記念に、独立行政法人造幣局は、新たな地方自治の時代における地域活性化という願いを込めて2008（平成20）年度から2016（平成28）年度まで「都道府県記念貨幣」を発行した。

　各貨幣には、47都道府県ごとの有形、無形の地域資源があしらわれている。この中で7県のデザインに果物か、その花が登場している。記念貨幣は1,000円銀貨幣と、500円バイカラー・クラッド貨幣である。果物やその花をあしらった「都道府県記念貨幣」は次の7県、8貨幣である（カッコ内の年度は発行年度）。

①青森県
- ねぶた・ねぶたとりんご　2011（平成22）年度、1,000円

②山形県
- 最上川とさくらんぼ　2014（平成26）年度、1,000円

③茨城県
- 偕楽園と梅　2009（平成21）年度、500円

④山梨県
- 山梨リニア実験線とぶどう　2013（平成25）年度、1,000円
- 富士山とぶどう　2013（平成25）年度、500円

⑤徳島県
- 鳴門の渦潮と阿波おどりとすだちの花　2015（平成27）年度、1,000円

⑥愛媛県
- 道後温泉本館とみかん　2014（平成26）年度、1,000円

⑦福岡県
- 九州国立博物館と太宰府天満宮太鼓橋と梅　2015（平成27）年度、500円

8 果物とことわざ

　昔は庭で果物を栽培している家庭が多く、食べるだけでなく、栽培も含めて身近な存在だった。それだけに人生訓や暮らしの知恵を浮かび上がらせている果物の言い伝えやことわざも少なくない。日本でのそれを品目ごとにみると、カキを巡ることわざが圧倒的に多く、ウメとクリがこれに続く形である。そんなことわざを果物ごとにまとめてみよう。

カキ

①雨栗日柿(あまぐりひがき)

　雨の多い年はクリのできがよく、日照りが続いた年はカキのできがよい。「クリの花が咲くと梅雨に入る」といわれるように、クリの開花期は雨が多く、日照りが続くと実が熟す前に落ちることが多い。逆に、カキの実は雨が続くと病虫害に侵されやすく、不作になるからである。

②青柿(ガキ)が熟柿(じゅくし)弔う

　まだ熟れていない固い青柿が、熟して下に落ちていく熟柿のことを哀れと思って弔っているが、いずれはその青柿も熟して落ちてしまうということ。

③味は大和の串柿

　大和の串柿は色が黒くてもおいしいことから、たいへんおいしいというしゃれ言葉。

④危ない所に登らねば熟柿(し)は食えぬ

　危険を冒さなければ、成功や成果は得られない。

⑤石垣に串柿

　言葉は似ているが、まったく別物のたとえ。

⑥いられ柿に核(さね)多し

　いられは未熟な、核は種のこと。よく熟さないカキほど種が多い。未熟なものほどやっかいなことをたくさん抱えている。

⑦熟瓜が熟柿を笑う
　自分の欠点は棚に上げて、他人の欠点を笑う。
⑧腐れ柿が熟柿を笑う
　自分の欠点は棚に上げて、他人の欠点を笑う。
⑨熟柿熟柿を弔う
　どちらも熟したカキで同じこと。同じような境遇にある者同士が、互いに慰め合うことのたとえ。
⑩柿根性
　渋ガキを干し柿にすると甘くなることから、柔軟で変わりやすい性質をいう。反対は梅根性。
⑪串柿の抜き食い
　少しずつなくなることのたとえ。
⑫猿が柿あわす
　あわすは渋ガキの渋を抜くこと。せっかちで完成まで待てない様子をいう。
⑬時節を待てよ柿の種
　何事もあせらず時機がくるのを待つのがよい。
⑭渋柿の長持ち
　渋ガキは熟しても実は崩れにくく、人にとられず、長く枝に残る。
⑮渋皮がむける
　女性があか抜けして美しくなること。
⑯熟し柿の押し合い
　みんなつぶれてしまいそうなたとえ。
⑰しわん坊（けちん坊）の柿の種
　極め付きのけちな人ののしっていう。
⑱吊るし柿でへたに固まる
　カキのへたに下手をかけた言葉。下手で一向に進歩しないこと。

ウメ

①梅根性
　ウメの酸っぱさは後に残ることから、しつこくていったん思い込むとなかなか変えない性質をいう。

②梅は食うとも核(さね)食うな中に天神寝てござる

　生ウメの種は毒があるため食べてはいけないたとえ。天神は菅原道真を祭った神社、天満宮のことで、道真をさす。道真は学問の神様とされる。

③梅はその日の難逃れ

　体によい梅干しを食べて一日を始めれば無事に過ごせる。

④梅干しと友だちは古いほどよい

　梅干しは年数が経つと、塩辛さや酸っぱさが慣れてきて、味に丸みが出てくる。長く付き合った友だちは気心が知れて、頼りになる。

⑤八年梅干三年味噌

　梅干しは漬けてから8年、みそは仕込んでから3年経ったものがおいしい。

⑥塩梅(あんばい)

　物事の具合や健康状態をいうことが多いが、本来は料理の味加減のことで、塩と酢による味付けの加減をいった。「えんばい」から転じた。ウメを漬けたときにできる梅酢は調味料として使われた。

クリ

①搗(か)ち栗（勝ち栗）

　搗ち栗はクリの実を干して臼で軽く搗っつき、皮と渋皮を取り去ったものである。搗ちは勝と音が通じるため、出陣や勝利の祝い、正月などに用いた。

②いがより栗

　クリは痛くて食べられないいがより、おいしい実のほうがよい。がみがみしかる人より、やさしい人のほうがよい。

③火中の栗を拾う

　猿におだてられたネコが、いろりの中のクリを拾って大やけどしたというラ・フォンテーヌの寓話から、自分の利益にならないのに、他人のために危険を冒すたとえ。

④栗の選(え)り食いはやめよ

　選り好みばかりしていると、最後にはしっぺ返しを食う。

⑤しけ栗照り胡麻(ごま)

　梅雨時に雨が多いとクリのできがよく、晴れることが多いとごまがよく

できる。
⑥**主人の指図で栗の木を揺さぶる**
　いがが落ちて痛い目にあうが、主人の命令とあれば、少々の危険を冒しても行うこと。
⑦**焼き栗が芽を出す**
　あり得ないことのたとえ。また、不可能だと思われていたことが奇跡的に実現することのたとえ。

リンゴ

①**朝のリンゴは金**
　朝食べるリンゴは体によいということ。ビタミンやミネラルが豊富で、ペクチンの含有量も多いため、胃腸の働きを助け、便通に効果がある。英国では「一日一個のリンゴは医者知らず」という。「朝の果物は金」ともいい、果物は一日のうちで朝食べるとよいということ。
②**アダムの林檎（リンゴ）**
　男性ののど仏のこと。アダムは神が最初につくったとされる男。その肋骨からつくられたイブを妻としてエデンの園に住んだが、禁断の木の実を食べて楽園を追われたと『旧約聖書』の「創世記」に記される。禁断の木の実はリンゴとされ、それを食べてのどにつまらせてできたという言い伝えによる。

桃

①**一桃(とう)腐りて百桃損ず**
　一つの桃が腐ると、周りの桃まで腐らせダメにする。
②**桃栗三年柿八年枇杷(びわ)は九年でなりかねる、梅は酸い酸い十三年**
　実がなるまでの年数。
③**桃を切るばか、梅きらぬばか**
　桃は枝を剪定すると翌年の実の付きが悪くなり、ウメは剪定しないと実がよく付かない。
④**桃尻**
　馬に乗るのがへたで、鞍の上に尻がうまく座らないことをいう。桃の実は、座りが悪いことからきた表現である。

ナシ

①有る所には有りの実、無い所には梨の実
　梨は無しにつながるとして忌み嫌われた。
②江戸者の梨を食うよう
　江戸っ子がナシをシャリシャリと食べるように、さっぱりした気性や物事にこだわらない様子をたとえていう。
③梨のつぶて
　何の返事がないこと。無しにかけている。

ミカン

①ミカンが黄色くなると医者が青くなる
　暑い夏が終わってミカンなどが色づく頃には気候が良く、食べ物もおいしくなって、病気になる人が減る。カキが赤くなれば医者は青くなる、と同趣旨。
②ミカンは冬至を中にして採れ
　ミカンは12月21日頃の冬至前後に収穫するとよい。それより早いと酸っぱく、遅すぎると食べごろを逃がす。

スイカ

①スイカ食うたら便所の前で眠れ
　利尿作用があるため。
②スイカのつるにウリがなる
　平凡な親から優秀な子どもが生まれる。トビがタカを生む、と同じ。
③スイカは土で作れカボチャは手で作れ
　スイカは肥えた土でないとよいものができない。

ユズ

①冬至にユズ湯に入ると風邪を引かぬ
　湯冷めしにくいため。

ビワ

①枇杷黄にして医者忙しく、橘黄にして医者蔵る

　ビワの実が熟す夏は暑さで病気になることが多いが、かんきつ類が色づく秋は健康に過ごせる。

ヤマモモ

①山桃の選り食い

　物事は早い遅いはあっても、結局は同じところに行き着くものであるというたとえ。

サンショウ

①山椒は小粒でもぴりりと辛い

　体は小さくても、気性や才能がすぐれていて侮れない。

スモモ

①李下に冠を正さず

　人に疑われるようなことはするな、という意味。

9 「毎日くだもの200グラム運動」と消費者意識

　農林水産省など3省が2000（平成12）年に決定した食生活指針で、果物は野菜と同様に毎日の食生活にとって必需品と位置づけられた。しかし、まだまだ嗜好品としての意識が強く、摂取量の不足が続いている。こうしたなかで、生産、流通、消費の関係団体、農学、医学、食生活指導、料理などの専門家で構成した「果物のある食生活推進協議会」は、果物を毎日の食生活に欠かせない品目として定着させるため、「毎日くだもの200グラム運動」に取り組んでいる。

　同協議会によると、可食部で200ｇを摂取するための果物ごとの1日の

目安となる数量は次のとおりである。
- ▼0.3個　パインアップル
- ▼1個・房　リンゴ、ナシ、ブドウ、ナツミカン、ハッサク、伊予カン、不知火、グレープフルーツ
- ▼2個・本　ミカン、カキ、桃、キウイ、バレンシアオレンジ、バナナ
- ▼3個　スモモ
- ▼6個　ビワ
- ▼12個　クリ
- ▼40粒　サクランボ

　なお、カキ、桃の大きめなものは1個、ブドウのうち「デラウェア」など小粒系は2房、「巨峰」など大粒系は1/2房である。

　中央果実協会が2015（平成27）年にまとめた「果物の消費に関するアンケート」結果によると、「毎日くだもの200グラム」の標語を知っていた人はわずか3.5％にとどまっていた。果物の摂取頻度については、「週5日以上」が27.2％、「週3〜4日」が19.7％、「週1〜2日」が23.6％で、「月1日未満」で、ほとんど食べない人が12.4％いた。「週5日以上」食べる比率を男女別に見ると、男性が22.7％に対し、女性は31.8％だった。年代別では60代で「週5日以上」が44.9％と高かった。

　一方、一般社団法人JC総研の「野菜・果物の消費行動に関する調査結果」（2016年調査）によると、「ほぼ毎日食べる」が全体の28.5％だったのに対し、「週に1日未満」「食べない」が32.3％で前者を上回った。「果物を購入する際に重視する点」（複数回答）については、1位「鮮度が良い」（56.4％）、2位「販売単価が安い」（45.4％）、3位「旬のもの」（31.8％）、4位「特売で安い」（25.9％）と続き、「味、食味が良い」（24.3％）は5位、「国産品である」（22.2％）は6位だった。

　こうした結果は、「毎日くだもの200グラム」運動にはさまざまな課題があることを示している。

第Ⅱ部

都道府県別
果物とその特色

▶ 地理的表示を取得した「夕張メロン」

01 北海道

地勢と気候

　日本列島の最北に位置する北海道の面積は8万3,424km²で国土の約22％を占め、都道府県では最大である。道の中央部を北から南に、天塩山地、北見山地、石狩山地、日高山脈が走り、最高峰の旭岳を中心とする大雪山系は「北海道の屋根」といわれている。全国と比べると山地や傾斜地の割合は低く、広大な石狩平野をはじめ、十勝平野、天塩平野、名寄盆地、上川盆地、富良野盆地などが広がっている。千島火山帯と那須火山帯に属しているため、屈斜路湖などカルデラ湖が多い。

　気候は、温帯気候の北限であると同時に、亜寒帯気候の南限でもある。年平均気温は6〜10℃程度、年平均降水量は700〜1,700mm程度であり、全体として冷涼低湿である。梅雨はなく、台風の影響もほとんどない。四季の変化ははっきりしているものの、気候は地形や位置、海流、季節風によって地域ごとにかなり違いがある。太平洋側西部、日本海側、オホーツク海側、太平洋側東部の4つに区分される。冬季、オホーツク海側には流氷が流れ着く。

知っておきたい果物

メロン　メロンの作付面積の全国順位は2位、収穫量は6位である。「夕張メロン」は、「スパイシーカンタロープ」と「アールスフェボリット」を親にもつ1代交配種である。1960（昭和35）年に有志17人で夕張メロン組合を設立して試験栽培を繰り返し、現在の1代交配種を作出したのが始まりである。品種は「夕張キング」である。果肉はオレンジ色で、繊維質が少ないため非常にやわらかくジューシーで、芳醇な香りが強い。糖度は10度以上である。

　山や丘陵に囲まれた夕張市は昼夜の気温の変化が大きく、最高気温と最低気温の差が6月は10.4℃、7月は8.7℃と大きい。梅雨がないため、6

月と7月の降水量は100mm前後で少ない。土壌は樽前系火山灰で、水はけが良い。こうした地理的な条件に加え、長年にわたる技術の蓄積に基づく細やかな栽培管理が今日の夕張メロンの隆盛をもたらした。1965（昭和40）～75（昭和50）年頃にはすでに北海道を代表するメロン産地になっている。

「夕張メロン」は、2015（平成27）年に、農産物など地域ブランド品の品質に国がお墨付きを与え、生産者を保護する「地理的表示（GI）」を取得した。

商標権者は夕張市農協である。

サクランボ

サクランボの栽培面積、収穫量の全国順位はともに2位である。栽培品種は「南陽」「北光」「月山錦」などである。収穫時期は6月下旬～8月上旬頃である。

アロニア

アロニアの栽培面積、収穫量の全国順位はともに1位である。北海道は栽培面積で全国の95.8％、収穫量で92.0％を占めている。主産地は伊達市、千歳市、余市町などである。収穫時期は9月上旬～10月上旬である。

ハスカップ

ハスカップはクロミノウグイスカグラともいう。農林統計によると、主な生産地は北海道だけである。栽培面積は90.2ha、収穫量は105.3トンである。主産地は厚真町、千歳市、美唄町などである。収穫時期は6月中旬～7月中旬頃である。北海道以外では、標高の高い場所だけに自生する高山植物である。

シーベリー

農林統計によると、主な生産地は北海道だけである。栽培面積は5.0ha、収穫量は5.0トンである。主産地はむかわ町、士幌町、余市町などである。収穫時期は7月中旬～9月下旬頃である。

キイチゴ

農林統計によると、キイチゴの主な生産地は北海道だけである。栽培面積は0.5ha、収穫量は0.1トンである。主産地は足寄町である。

西洋ナシ

西洋ナシの栽培面積、収穫量の全国順位はともに5位である。栽培品種は「バートレット」「オーロラ」「ブランデーワイン」「マルゲリット・マリーラ」「ゼネラル・レクラーク」「グランド・チャンピオン」などである。収穫時期は品種によって異なるが9月上旬～

10月中旬である。収穫後、追熟に7〜20日程度かかる。

マンゴー
マンゴーの栽培面積、収穫量の全国順位はともに5位である。主産地は浦臼町、弟子屈町などである。

ブドウ
ブドウの栽培面積の全国順位は5位、収穫量は6位である。栽培品種は「ポートランド」「紫玉」「バファロー」などである。収穫時期は品種によって異なるが、8月中旬〜10月下旬頃である。

スグリ
グズベリーともいう。スグリの栽培面積、収穫量の全国順位はともに1位である。北海道は栽培面積、収穫量ともに全国の95.1%を占めている。主産地は小樽市などである。

ラズベリー
ラズベリーの栽培面積、収穫量の全国順位はともに1位である。北海道は栽培面積で全国の52.7%を占めているものの、収穫量では37.9%にとどまっている。主産地は浦幌町、釧路市、仁木町などである。収穫時期は7月中旬〜9月中旬頃である。

フサスグリ
フサスグリの栽培面積の全国順位は3位、収穫量は2位である。主産地は剣淵町、新得町、余市町などである。

日本ナシ
日本ナシの栽培面積の全国順位は40位、収穫量は39位である。収穫時期は9月上旬〜11月上旬頃である。

リンゴ
リンゴの栽培面積の全国順位は7位、収穫量は8位である。栽培品種は「ひめかみ」「ハックナイン」などである。収穫時期は品種によって異なるが、9月下旬〜11月上旬頃である。

スイカ
スイカの作付面積の全国順位は10位、収穫量は8位である。主産地は当麻町などである。

当麻町の「でんすけすいか」は、1984（昭和59）年に当麻農協青年部が一村逸品運動として導入、1989（平成元）年に商標登録された。昭和のコメディアン大宮デン助にあやかるとともに、水田の代わりにスイカを植えて田を助ける「田助」という意味も込めていた。

プルーン
プルーンの栽培面積、収穫量の全国順位はともに2位である。栽培品種は「サンプルーン」「プレジデント」「アーリーリバー」「パープルアイ」「オパール」「チューアン」などである。主産地は仁木町、余市町、七飯町などである。収穫時期は品種によって異なるが、8月上旬〜10月中旬頃の間に分布している。

スモモ　スモモの栽培面積の全国順位は6位、収穫量は8位である。栽培品種は「大石早生」「ソルダム」「ビューティー」などである。収穫時期は8月上旬～9月中旬頃である。

クルミ　クルミの栽培面積の全国順位は3位、収穫量は5位である。主産地は美唄市などである。収穫時期は10月中旬頃である。

桃　桃の栽培面積の全国順位は、滋賀県と並んで38位である。収穫量の全国順位も38位である。栽培品種は「白鳳」「あかつき」などである。収穫時期は8月中旬～9月中旬頃である。

サルナシ　サルナシの栽培面積、収穫量の全国順位はともに5位である。主産地は厚真町などである。

ブルーベリー　ブルーベリーの栽培面積の全国順位は8位、収穫量は13位である。栽培品種は「ウエイマウス」「ランコカス」などである。主産地は仁木町、余市町、長沼町などである。収穫時期は7月中旬～9月中旬頃である。

マルメロ　マルメロの栽培面積の全国順位は4位、収穫量は5位である。主産地は北斗市、余市町、増毛町などである。

ヤマブドウ　ヤマブドウの栽培面積の全国順位は6位、収穫量は3位である。主産地は壮瞥町、奥尻町、岩内町などである。

イチゴ　栽培品種は「けんたろう」「きたのさち」「宝交早生」「さがほのか」「きたえくぼ」「なつじろう」などである。「けんたろう」は北海道で開発された道産子イチゴである。

地元が提案する食べ方と加工品の例

果物の食べ方

カッテージチーズのフルーツ和え（JA鹿追町）

牛乳3ℓを鍋で60℃に温め、ポッカレモン300ccを加えて混ぜ、火を止めて分離してきたらガーゼでこす。水分がきれたら果物をカットして混ぜ合わせる。

ハスカップジャム（JA道央）

軽く水洗いした冷凍ハスカップと砂糖を鍋に入れて混ぜ合わせ、1時間くらい置いてから弱火でとろみがつくまで煮詰める。途中で出るアクは取

り除く。仕上げにレモン汁を入れる。

くり羊かん（JAいわみざわ）

小鍋に寒天と水を入れて煮溶かし、砂糖と塩を加える。あんを入れて、さらに弱火で30～60分練る。火を止める間際にびん入りのクリを入れ、型に流し込んで冷やす。

焼きりんご（旭川市）

アルミはくの上に、横に厚さ1.5cmにスライスして芯をくり抜いたリンゴを置く。くり抜いたところに、レーズン、バターなどを入れ、アルミはくで包み180℃のオーブンで15分焼く。

白身魚のがごめ昆布和え梅醤油（函館市）

梅干しを裏ごしし、しょうゆなどと合わせて火にかけて冷まし梅しょうゆにする。千切りしたガゴメを皿に敷き、刺し身用の白身魚をのせ、梅しょうゆを盛り付ける。

果物加工品

- 手造りジャム　JA新おたる　サクランボ、プルーンなど

消費者向け取り組み

- ハスカップ摘み　農事組合法人ネシコシ生産組合、千歳市

▶ 全国の57%を収穫するリンゴの品種は豊富

02 青森県

地勢と気候

青森県は本州の最北端に位置し、津軽海峡を隔てて北海道と向き合っている。県の東部はまさかり状の下北半島、西部は津軽半島がそれぞれ北に突き出し、これらの両半島によって陸奥湾が形成されている。東は太平洋、西は日本海に面し、3面を海に囲まれている。県内で最も広い平野である津軽平野は、南に岩木山を望み、平野の中央を流れる岩木川の流域は沖積層で、肥沃な平地を形成している。

青森県の気候は、冬季に雪の多い津軽・下北と、雪の少ない「三八上北」（県東南部の三戸郡、八戸市、上北郡）、夏季にヤマセが発生した場合、影響の大きい下北・「三八上北」と、影響の少ない津軽に大別される。

知っておきたい果物

リンゴ 青森県におけるリンゴの栽培は1875（明治8）年に県内に苗木が配布されたのが始まりである。リンゴの栽培面積、収穫量の全国順位はともに1位である。収穫量シェアは57.3%である。

青森県で生産されているリンゴの品種は50種近くにのぼる。ただ、生産量の多くは全国的な有名品種に集中する傾向がある。品種を区分ごとにみると、晩生種が62.5%できわめて多く、中生種が23.9%、極早生・早生種が13.6%である。全体の構成比をみると、晩生種の「ふじ」が49.2%、「王林」が10.8%で大宗を占めている。中生種では「ジョナゴールド」が10.0%、「早生ふじ」が3.8%、「陸奥」が2.3%である。極早生・早生種では「つがる」が11.7%で、極早生・早生種の大部分を占めている。

近年は、主力の「ふじ」については、日照時間を長くして糖度を高めるため、袋をかぶせずに栽培する「サンふじ」が7割を超えている。青リンゴの「あおり24」も生産している。

地域別では、弘前市を中心とした中南地域が県全体の生産量の約6割を

占めている。出荷時期は品種によって異なり、最も期間の長い「ふじ」は10月～7月である。「王林」は10月～3月頃である。

　五所川原市には、皮はもちろん、果肉、花、若葉、枝まで赤いという世界的にも珍しい「赤～いりんご」(品種名は御所川原)がある。市内一ツ谷地区には、その木が約380本、1kmにわたって植栽されている「赤～いりんごの並木道」がある。秋の赤い果実だけでなく、春には赤い花でまちを彩る。

西洋ナシ

　西洋ナシの栽培面積の全国順位は2位、収穫量は4位である。栽培品種の構成比は「ゼネラル・レクラーク」(26.8％)と「ラ・フランス」(26.2％)が双璧をなし、「バートレット」(18.2％)、「プレコース」(11.3％)、「フレミッシュ・ビューティ」(7.9％)、「マルゲリット・マリーラ」(6.0％)と続いている。主産地は南部町などである。出荷時期は8月～12月頃である。

ブドウ

　ブドウの栽培面積の全国順位は8位、収穫量は9位である。栽培品種は、県南では「キャンベル・アーリー」、津軽地方では「スチューベン」が中心である。県全体の品種構成は「スチューベン」69.5％、「キャンベル・アーリー」20.1％で、両者が大宗を占めている。

　主産地は鶴田町などである。出荷時期は品種によって大きく異なり、「スチューベン」は9月～3月、「キャンベル・アーリー」は8月～10月頃である。

桃

　桃の栽培面積の全国順位は10位である。収穫量の全国順位は福岡県と並んで10位である。栽培品種の構成は「川中島白桃」が43.8％で最も多く、「あかつき」(21.2％)、「まどか」(3.5％)と続いている。

　出荷時期は、全国的に出荷量が減少する9月頃が中心で、青森県は遅出し産地である。津軽地域産の「川中島白桃」は「津軽の桃」のブランドで出荷されている。

ネクタリン

　ネクタリンの栽培面積、収穫量の全国順位はともに4位である。主産地は南部町、弘前市、三戸町などである。

フサスグリ

　青森県で多いのはカシスともよばれるクロフサスグリ(黒房スグリ)である。これを含めたフサスグリの栽培面積、収穫量の全国順位はともに1位である。栽培面積では全国の51.9％だが、収穫量では75.0％を占めている。主産地は青森市、七戸町、十和田市

などである。

アンズ アンズの栽培面積の全国順位は2位、収穫量は1位である。栽培品種は「八助」が主力で、「新潟大実(おおみ)」なども栽培している。栽培面積では全国の39.1%だが、収穫量では69.7%を占めている。主産地は南部町、弘前市、八戸市などである。出荷時期は6月～8月頃である。

マルメロ マルメロの栽培面積、収穫量の全国順位はともに2位である。主産地は三戸町、東通村、平川市などである。

クルミ クルミの栽培面積、収穫量の全国順位はともに2位である。主産地は弘前市、青森市などである。

プルーン プルーンの栽培面積、収穫量の全国順位はともに長野県、北海道に次いで3位である。主産地は弘前市、南部町、田舎館村である。

サクランボ サクランボの栽培面積、収穫量の全国順位はともに4位である。栽培品種は「佐藤錦」が54.5%で全体の半分以上を占め、「紅秀峰」(7.0%)、「南陽」(5.4%)と続いている。主産地は三戸地域である。出荷時期は6月～7月頃である。

青森県におけるサクランボの栽培は明治時代にさかのぼり、当時はリンゴ園の周りに防風林として植栽された。

メロン メロンの作付面積、収穫量の全国順位はともに5位である。露地ものの出荷時期は7月～9月頃である。

ブルーベリー ブルーベリーの栽培面積の全国順位は9位、収穫量は11位である。主産地は八戸市、十和田市、中泊町などである。出荷時期は7月～9月頃である。

ヤマブドウ ヤマブドウの栽培面積の全国順位は3位、収穫量は4位である。主産地は鰺ヶ沢町、南部町、五戸町などである。

日本ナシ 日本ナシの栽培面積の全国順位は29位、収穫量は34位である。栽培品種は「長十郎」「幸水」「多摩」などである。出荷時期は8月～12月頃である。

ギンナン ギンナンの栽培面積の全国順位は30位、収穫量は20位である。主産地は五戸町、三戸町などである。

スイカ スイカの作付面積の全国順位は12位、収穫量は14位である。出荷時期は7月～8月頃である。

スモモ スモモの栽培面積の全国順位は7位である。収穫量の全国順位は福島県と並んで5位である。出荷時期は7月～9月頃である。

ウメ ウメの栽培面積の全国順位は23位、収穫量は12位である。栽培品種の主力は「豊後」「節田」などである。出荷時期は6月～8月頃である。

クリ クリの栽培面積の全国順位は30位、収穫量は宮城県と並んで32位である。

地元が提案する食べ方と加工品の例

果物の食べ方

リンゴとチーズの春巻（青森県）

春巻の皮に、皮をむいたリンゴとチーズを棒状に切って包み、強力粉ののりでとめ、焼く。リンゴジュース、ハチミツ、片栗粉などでつくったソースを皿の中央に流し、盛り付ける。

りんごまるごとカラメル煮（青森県）

リンゴを4つに切り、皮をむいて煮、ざらめ糖を入れて弱火にし、好みの固さで火を止める。みじん切りにした皮、すりおろしたリンゴ、レモン汁、白ワインで煮詰める。

肉巻きりんご（青森県りんご対策協議会）

厚さ5mmに横にスライスしたリンゴを油で軽くソテーし、もち、スライスチーズ、みじん切りしたキムチをのせて、豚バラ肉でくるみフライパンで豚肉、もちに火が通るまで両面を焼く。

りんごと手羽元のおひさまシチュー（青森県りんご対策協議会）

薄切りのタマネギ、1玉ずつすりおろし、イチョウ切りにしたリンゴ、カレー粉、ショウガのすりおろしなどを混ぜて火にかけ、熱湯をかけた鶏手羽を加え25分煮る。

りんごとほうれん草のゆずこしょう炒め（青森県りんご対策協議会）

フライパンでオリーブオイルを熱しホウレン草を茎から炒め、イチョウ切りしたリンゴ、ホウレン草の葉を加える。しんなりしたらユズコショウなどで味を整える。

果物加工品

- 赤〜いりんごジュース　五所川原地域ブランド認定品
- 赤〜いりんごジャム　五所川原地域ブランド認定品

消費者向け取り組み

- 弘前市りんご公園（弘前市）　リンゴの木は65種、1,300本
- 道の駅なみおかアップルヒル（青森市）　リンゴ加工品など
- 名川さくらんぼ狩り（南部町）　6月中旬〜7月中旬
- ふじの原木のひこばえ（藤崎町）　県立弘前実業高校藤崎校舎の畑
- リンゴの足湯（平川市）　アップルランド

▶ 東日本大震災からの復興リンゴ「大夢」

03 岩手県

地勢と気候

岩手県の面積は1万5,275 km²で北海道に次いで広い。県西部は奥羽山脈が走り、標高2,038 mの岩手山が連なっている。東側の大部分は北上高地で、丘陵地帯が太平洋岸まで続いている。太平洋に面する海岸は変化に富み、宮古市より北は隆起海岸で海蝕崖や海岸段丘が発達している。宮古市以南はリアス式海岸である。中央部の北上盆地には北上川が流れている。

気候は内陸と沿岸で大きく異なる。内陸は一日の寒暖の差が大きい。冬は日本海側の気候となり、季節風の影響を受けて降雪量が多い。沿岸は太平洋側の気候を示し、冬季の降雪は少ない。夏季にはヤマセの影響を受けやすい。

知っておきたい果物

リンゴ　リンゴの栽培面積の全国順位は3位、収穫量は4位である。栽培品種は「さんさ」「きおう」「つがる」「ジョナゴールド」「黄香」「シナノゴールド」「ふじ」「王林」などである。主産地は盛岡市、花巻市、奥州市、宮古市、二戸市などである。出荷時期は8月～4月頃である。

「さんさ」の重さは200～250 gとやや小ぶりである。盛岡市の郷土芸能である「さんさ踊り」から命名された。早生種で、出荷時期は8月～9月頃である。主産地は盛岡市、花巻市、奥州市などである。

「きおう」は岩手県園芸試験場（現岩手県農業研究センター）で「王林」と「はつあき」を交配して育成され、1994（平成6）年に品種登録された。果皮は黄色で、重さは300～400 g程度の早生種である。主産地は花巻市、二戸市、一関市、盛岡市などである。

「大夢（おおゆめ）」は「ふじ」と「ゴールデンデリシャス」を交配して育成し、東日本大震災の発生した2011（平成23）年に命名され、2013（平成25）年

に品種登録された岩手県オリジナルの新品種である。

宮古地域では「大夢」を復興リンゴと位置づけている。同地域では、主力品種の「ふじ」がヤマセの影響で小玉になる傾向があり、こうした条件でも大玉になる新品種の栽培に力を入れている。「大夢」は宮古市を中心に、盛岡市、二戸市などにも広がっている。出荷時期は11月頃である。

「紅ロマン」は、奥州市の高野卓郎氏が「シナノレッド」の自然交雑実生の中から育成、選抜し2011（平成23）年に「高野1号」で品種登録した。「紅ロマン」は商標登録名である。

「奥州ロマン」は奥州市江刺区で「シナノゴールド」と「つがる」を交配して育成された中生の赤色品種で2016（平成28）年に品種登録された。高野氏はこれまで「ロマン」と付く品種を3種登録しており、「奥州ロマン」は第4弾である。

「はるか」は「ゴールデンデリシャス」と「スターキング・デリシャス」を交配して、誕生した。果皮は黄色で、平均糖度は15度以上である。糖度やみつ入り指数の高いものは「いわて純情プレミアム冬恋」として販売している。出荷時期は12月頃である。主産地は二戸市、盛岡市などである。

「紅いわて」は早生種収穫以降で中生種収穫前の9月下旬頃に成熟する品種として開発され、2009（平成21）年に品種登録された。皮をむいた後、果肉が変色しにくい特性がある。主産地は花巻市、二戸市などである。「ジョナゴールド」の出荷時期は10月頃である。

西洋ナシ

西洋ナシの栽培面積の全国順位は秋田県と並んで6位である。収穫量の全国順位も6位である。栽培品種は「バートレット」「ラ・フランス」「ゼネラル・レクラーク」などである。主産地は花巻市、紫波町、盛岡市などである。出荷時期は11月頃である。

ヤマブドウ

ヤマブドウの栽培面積、収穫量の全国順位はともに1位である。市場占有率は、栽培面積で全国の59.6％、収穫量で62.1％を占めている。主産地は八幡平市、久慈市、野田村、葛巻町などである。出荷時期は9月頃である。

葛巻町では、ヤマブドウを原料にしたワインを「くずまきワイン」として生産している。

フサスグリ

フサスグリの栽培面積の全国順位は2位、収穫量は3位である。主産地は一関市などである。

アロニア アロニアの栽培面積の全国順位は3位、収穫量は2位である。主産地は盛岡市などである。

ブルーベリー ブルーベリーの栽培面積の全国順位は6位、収穫量は7位である。栽培品種は「チャンドラー」などである。主産地は一関市、遠野市、岩手町、盛岡市などである。出荷時期は7月〜8月頃である。

二戸地方では、「チャンドラー」の中から500円玉と同程度の直径24mmに達したものを「カシオペアブルー」として出荷している。

ラズベリー ラズベリーの栽培面積、収穫量の全国順位はともに5位である。主産地は一関市などである。

ブドウ ブドウの栽培面積の全国順位は10位、収穫量は9位である。栽培品種は「キャンベル・アーリー」「ナイアガラ」「紅伊豆」「ハニーブラック」「ロザリオ・ビアンコ」「デラウェア」「シャインマスカット」などである。主産地は紫波町、花巻市、一戸町などである。「シャインマスカット」「紅伊豆」の出荷時期は9月頃である。

サクランボ サクランボの栽培面積、収穫量の全国順位はともに10位である。栽培品種は「佐藤錦」「ナポレオン」「紅秀峰」などである。主産地は二戸市、一戸町、盛岡市などである。出荷時期は6月〜7月頃である。

カキ カキの栽培面積、収穫量の全国順位はともに43位である。沿岸南部では渋ガキの「小枝柿」が栽培されている。釜石市の甲子町を中心とした地域では「甲子柿」を生産している。「甲子柿」は「小枝柿」を、柿室で広葉樹を燃やして出るくん煙で脱渋したものである。収穫時期は10月下旬〜11月上旬頃である。

クルミ クルミの産地は盛岡市、九戸村などである。クルミには、川岸や山野に自生する「オニグルミ」や「ヒメグルミ」と栽培種の「テウチグルミ」などがある。「テウチグルミ」は、江戸時代に盛岡藩が導入し、「歯グルミ」「唐グルミ」などの名前で栽培された。戦後は、長野県から導入して各地に植えられた。奥州市の江刺地方では、精進料理の刺身の代わりに「クルミ豆腐」がつくられた。「オニグルミ」を擂って、砂糖を加えて吉野くずで固めたものである。

桃 　桃の栽培面積の全国順位は広島県と並んで15位、収穫量は13位である。主産地は紫波町、野田村などである。

日本ナシ 　日本ナシの栽培面積の全国順位は41位、収穫量は43位である。主産地は県南部である。

クリ 　クリの栽培面積の全国順位は27位、収穫量は21位である。主産地は野田村などである。

キウイ 　キウイの栽培面積の全国順位は滋賀県と並んで43位、収穫量も43位である。

スイカ 　主産地は滝沢市などである。出荷時期は8月頃である。滝沢市は火山灰を含んだ土壌と、昼夜の寒暖差の大きい気候がスイカの栽培に適しており、県内有数の産地である。「滝沢スイカ」のブランドで知られる。

イチゴ 　栽培品種は、冬春イチゴが「さちのか」、夏秋イチゴが「なつあかり」が中心である。主産地は一関市などである。出荷時期は12月～7月頃である。

地元が提案する食べ方と加工品の例

果物の食べ方

ポークソテーりんごソースかけ（岩手県予防医学協会）

　リンゴは皮をむいてすりおろす。タマネギは半分すりおろし、半分はみじん切りに。これらに醤油、ミリンを混ぜリンゴソースをつくる。焼いた豚肉にかける。

りんごコロッケ（岩手県）

　ゆでてつぶしたジャガ芋に、切ったリンゴとすりおろしたリンゴを混ぜ、揚げてコロッケに。リンゴをミキサーにかけジュース状にして鍋でソース、ケチャップとともに煮詰めソースに。

ふわふわ栗大福（盛岡市）

　白玉粉、砂糖、水を耐熱容器で混ぜ、ラップをかけて電子レンジに入れ500Wで1分加熱し、さらに同じ要領で加熱してもちに。栗の甘露煮をこしあんで包み、さらにもちで包む。

りんごようかん(岩手県)

寒天は水を加えて火にかけ砂糖を加えて裏ごしする。鍋に戻し沸騰させ、練りあんを加えて溶かす。8等分してレモン汁で煮たリンゴを流し缶に敷き、寒天を流し入れて冷やし、固める。

りんごハンバーグ(岩手県)

ボウルに牛豚ひき肉、きざんだリンゴ、溶き卵、タマネギ、パン粉、塩、コショウを入れて混ぜ、ハンバーグを焼く。皿に移し、スライスしてバターで焼いたリンゴをのせる。

果物加工品

- くずまきワイン　葛巻町の第三セクター葛巻高原食品加工㈱

消費者向け取り組み

- 久慈山葡萄生産組合 (久慈市)
- 衣里地域いちご生産組合 (奥州市)

▶ つい手が出るイチゴ「もういっこ」は県が育成

04 宮城県

地勢と気候

宮城県の西の県境に奥羽山脈が南北に走り、蔵王連峰が連なっている。岩手県境から牡鹿半島にかけての沿岸はリアス式海岸である。北上川と阿武隈川の流域には堆積した土砂による平野が発達し、東北地方最大の仙台平野を形成している。

宮城県の気候は、全体としては太平洋側の特性を示す。ただ、仙台平野から北上高地の南端にかけての東部と、山地の多い西部では異なる。東部は、海風が入りやすく、夏の暑さは厳しくない。東北地方の中では冬も比較的温かく、一年を通じて穏やかな気候である。西部は、冬に季節風の影響を受け、降雪が多い。

知っておきたい果物

リンゴ リンゴの栽培面積、収穫量の全国順位はともに9位である。リンゴの産地は栗原市、登米市、気仙沼市、色麻町、涌谷町、石巻市、大郷町、仙台市、亘理町、山元町、蔵王町、白石市、角田市などである。リンゴの出荷時期は9月上旬〜12月下旬頃である。

矮性台木を使用することで、樹の高さを低くし、脚立などを使わずに作業の省力化や効率化を図る矮化栽培は、県内の約6割で導入されている。

「サワールージュ」は宮城県初の果樹のオリジナル品種として2011（平成23）年に誕生した。酸味が強くスイーツなどの加工用に適している。大きさは200〜250gの中玉である。

イチゴ イチゴの栽培面積の全国順位は14位、収穫量は10位である。品目別の農業産出額では7位である。栽培品種は「もういっこ」が主力で、ほかに、「とちおとめ」「紅ほっぺ」「さちのか」も栽培している。イチゴの主産地は亘理町、山元町、石巻市、登米市などである。出荷時期は12月上旬〜7月中旬である。

全農は、2012（平成24）年に宮城県産のイチゴを「仙台いちご」として地域ブランドの登録を受けている。

　「もういっこ」の作付面積は35.9haで、県内のイチゴの作付面積の4割以上を占めている。2008（平成20）年に品種登録した宮城県のオリジナル品種である。うどんこ病などに強く、寒冷地の気象条件に適応している。大粒で、糖度と酸度のバランスが良く、ついついもう1個手を伸ばしてしまう魅力があるという。

　気仙沼市階上地区では、夏季は涼しく、冬季は温暖な気候を活かし、1965（昭和40）年頃からイチゴを生産し、地元市場で「気仙沼いちご」として親しまれてきた。2011（平成23）年の東日本大震災に伴う津波によって、生産施設の9割が全壊するなど大きな被害を受けた。2011（平成23）年度から2013（平成25）年度にかけて、階上いちご復興生産組合と、同第2復興生産組合を組織し、宮城県などの支援を受けて低コスト耐候性ハウスと高設栽培システムを導入し、イチゴ栽培を再開している。

　これとは別に、七ケ宿町、登米市、栗原市などでは夏季の冷涼な気候を利用して、夏から秋にかけて収穫される夏秋イチゴの栽培が盛んになっている。冬イチゴに比べて酸味が強いためスイーツや加工品向けの出荷が多い。夏秋イチゴの出荷時期は6月〜11月頃である。

ウメ

　ウメの栽培面積の全国順位は6位、収穫量は9位である。ウメの産地は、白石市、丸森町、角田市、蔵王町、大河原町など南部と、栗原市、大崎市、登米市など北部に分かれている。出荷時期は6月〜7月頃である。

　角田市では、地元産のウメとシソを使用した梅干しの生産が盛んである。

西洋ナシ

　西洋ナシの栽培面積、収穫量の全国順位はともに9位である。栽培品種は「ラ・フランス」「ゼネラル・レクラーク」などである。主産地は蔵王町などである。西洋ナシの出荷時期は10月上旬〜12月下旬頃である。

ブルーベリー

　宮城県内でのブルーベリーの栽培は増加傾向にあり、栽培面積の全国順位は10位、収穫量は15位である。主産地は富谷市、蔵王町、大崎市、栗原市などである。出荷時期は6月上旬〜8月下旬頃である。

サクランボ

サクランボの栽培面積、収穫量の全国順位はともに11位である。主産地は栗原市、登米市などである。出荷時期は5月～7月頃である。

スモモ

スモモの栽培面積の全国順位は17位、収穫量は13位である。主産地は蔵王町などである。出荷時期は7月～9月頃である。

日本ナシ

日本ナシの栽培面積の全国順位は21位、収穫量は20位である。栽培品種は「幸水」「新高(にいたか)」「二十世紀」「豊水」などである。主産地は利府町、角田市、蔵王町、気仙沼市、美里町などである。出荷時期は9月上旬～10月下旬頃である。美里町は「北浦梨」で知られる。

利府町は「利府梨」の産地である。代表品種の「長十郎」をはじめ、「幸水」「豊水」「二十世紀」「あきづき」「新高」などを幅広く栽培している。

カキ

カキの栽培面積の全国順位は17位、収穫量は27位である。主産地は、南部の角田市、白石市、丸森町などである。

干し柿は、渋ガキの「堂上蜂屋」か「平核無(ひらたねなし)」を皮むきした後、寒風の中で1か月乾燥させ、渋を抜いてつくられる。出荷時期は10月上旬～12月下旬頃である。

桃

桃の栽培面積の全国順位は静岡県と並んで23位、収穫量は21位である。主産地は七ケ宿町、白石市、角田市、蔵王町、登米市などである。出荷時期は7月上旬～9月下旬頃である。

イチジク

イチジクの栽培面積の全国順位は5位だが、収穫量は21位にとどまっている。旬は初秋で、主に甘露煮として利用されている。県内各地で栽培されているが、主産地は丸森町、蔵王町、角田市、南三陸町、石巻市、山元町などである。出荷時期は9月上旬～11月下旬頃である。

ラズベリー

宮城県内でも栽培が始まった。主産地は大崎市、石巻市などである。

ユズ

宮城県はユズ生産の北限とされる。ユズの栽培面積の全国順位は21位、収穫量は29位である。主産地は、丸森町、柴田町、角田市、大河原町など県南だが、北部の気仙沼市大島でも栽培されている。

柴田町では、町で最も高い愛宕山中腹の南斜面に古くから自生し、樹齢200年の樹もある。生産地の入間田字雨乞(あまごこ)は、昔、人々が天に雨乞いの祈りを捧げた地として知られ、「雨乞のユズ」とよばれる。出荷時期は11月

上旬〜12月下旬頃である。

キウイ キウイの栽培面積の全国順位は22位、収穫量は29位である。主産地は大崎市などである。出荷時期は12月〜2月頃である。

ブドウ ブドウの栽培面積の全国順位は45位、収穫量は44位である。主産地は登米市、東松島市、亘理町などである。出荷時期は8月上旬〜10月下旬頃である。

ギンナン ギンナンの栽培面積の全国順位は19位、収穫量は25位である。主産地は川崎町、栗原市、涌谷町などである。

クリ クリの栽培面積の全国順位は24位、収穫量は青森県と並んで32位である。主産地は白石市、色麻町などである。出荷時期は10月上旬〜11月下旬頃である。

フサスグリ フサスグリの栽培面積、収穫量の全国順位はともに4位である。主産地は栗原市、石巻市、東松島市などである。出荷時期は6月〜7月頃である。

パッションフルーツ パッションフルーツは、登米市米山でハウス栽培されており、宮城県が栽培の北限とされる。出荷時期は11月〜5月と7月〜8月頃である。

アセロラ アセロラの産地は、農林統計では沖縄県だけだが、宮城県亘理町では加湿ハウスにより栽培されている。出荷時期は6月〜11月頃である。

地元が提案する食べ方の例

かきサラダ（角田市食生活改善推進員連絡協議会）

　カキと大根を千切りにする。大根は少々の塩を振って混ぜ、しんなりしたら水気を絞る。カイワレ、ホタテの缶詰を加え、マヨネーズ、塩、コショウで和える。

梅ご飯のおいなりさん（角田市食生活改善推進員連絡協議会）

　炊き上がったご飯に、果肉を細かくしたウメ干しと白ごまを混ぜる。横2つに切り、袋に開いて熱湯で油抜きした油揚げを調味料で煮含め、詰める。

鶏肉と梅肉のはさみ焼き（角田市食生活改善推進員連絡協議会）

　縦に包丁を入れたとりささみに、粗刻みした梅干しの果肉、青シソ、砂

糖を混ぜて挟む。肉にパン粉をつけフライパンで焼く。油は少なめに。

りんごのクレープ（角田市食生活改善推進員連絡協議会）

　薄力粉、塩、卵、牛乳を泡立てて混ぜ、薄切りにしたリンゴを加え、バターを溶かしたフライパンに流して焼く。クレープを向こう側に折り、裏も焼く。

りんごシェーク（角田市食生活改善推進員連絡協議会）

　リンゴ1個を皮と芯を取ってザク切りにし、変色を防ぐため塩水にさらす。牛乳400cc、砂糖、少量のバニラエッセンスとともにミキサーにかける。

消費者向け取り組み

- リンゴ狩り　山元町りんご組合
- リンゴ狩り　亘理りんご組合
- いちご狩り　JAみやぎ亘理吉田観光いちご園、亘理町
- リンゴの木のオーナー　上沼観光わい化りんご生産組合、登米市

▶「秋田紅あかり」「秋田美人」「秋田甘えんぼ」〜固有種続々

05 秋田県

地勢と気候

秋田県は、東西約70km、南北約170kmで、長方形に近い形である。東の県境には奥羽山脈が連なっている。奥羽山脈とその西に続く出羽山地の間を縫って米代川、雄物川などが流れている。能代、秋田、由利本荘各市の海岸部には隆起砂丘と、それぞれの河川によりつくられた沖積平野が発達している。

秋田県の気候は典型的な日本海側の特性を示す。冬季、沿岸部は風が強く、降雪は少ない。内陸部は風は弱いが、積雪が多い。2011（平成23）年の豪雪被害など雪害や凍害といった気象災害が多く発生している。県北の一部を除いて、ヤマセの影響は受けにくい。

知っておきたい果物

リンゴ　リンゴの栽培面積の全国順位は5位、収穫量は6位である。栽培品種は「ふじ」「王林」「秋田紅あかり」「ゆめあかり」などである。主産地は横手市、鹿角市、湯沢市、大館市、由利本荘市、秋田市などである。出荷時期は「ふじ」が11月上旬〜2月中旬、「王林」が10月下旬〜12月下旬頃である。

「秋田紅あかり」「ゆめあかり」のほか、「秋しずく」「秋田紅ほっぺ」はいずれも秋田県が育成したオリジナル品種で、「あきたりんご4姉妹」である。「秋田紅あかり」は2002（平成14）年に育成した中晩生種である。「ゆめあかり」は「はつあき」と「千秋」を交配して育成した中生種である。「秋しずく」は「王林」と「千秋」を交配して育成し、2005（平成17）年に品種登録された中晩生種で、日本ナシのような食感を示す。「秋田紅ほっぺ」は「千秋」と「さんさ」を交配して育成し、2009（平成21）年に品種登録された早生種である。

西洋ナシ

西洋ナシは県内のリンゴ産地で、リンゴの早生、中生種を補完する樹種として多く栽培されている。西洋ナシの栽培面積の全国順位は岩手県と並んで6位である。収穫量の全国順位は7位である。品種は「バートレット」を主力に、「ラ・フランス」なども栽培している。主産地は横手市、湯沢市、鹿角市などである。出荷時期は8月中旬～12月下旬頃である。

サクランボ

サクランボの栽培面積の全国順位は7位、収穫量は5位である。栽培品種は「佐藤錦」を主力に、「紅秀峰」「紅さやか」「香夏錦(こうかにしき)」「ナポレオン」「高砂」などである。主産地は湯沢市、横手市、鹿角市、美郷町などである。出荷時期は6月中旬～7月下旬頃である。

スイカ

スイカの作付面積の全国順位は5位、収穫量は11位である。主産地は横手市、羽後町などである。出荷時期は7月上旬～8月下旬頃である。

大玉の「あきた夏丸」は秋田県のオリジナルブランドである。

日本ナシ

日本ナシの栽培面積の全国順位は17位、収穫量は18位である。栽培品種は「幸水」が県全体の6割を占めている。主産地は男鹿市、潟上市、大館市、秋田市、能代市、八峰町などである。出荷時期は8月下旬～10月下旬頃である。

男鹿市五里合地区は県内でも有数の「幸水」など和ナシの産地である。「男鹿ナシ」として知られる。潟上市の砂丘地では、「秋泉」「幸水」「豊水」「かほり」などを生産している。

桃

桃の栽培面積の全国順位は13位、収穫量は14位である。栽培品種は「川中島白桃」が最も多い。主産地は鹿角市、横手市、湯沢市などである。出荷時期は、一般に7月下旬～9月下旬頃だが、鹿角市は10月頃までと遅い。

鹿角市では、「あかつき」「川中島白桃」「黄金桃」「玉うさぎ」などを生産し、「かづの北限の桃」のブランドで出荷している。鹿角市によると、北限とは地理的な位置ではなく、市場に出荷する時期が全国で最も遅いという意味と、栽培農家の思いを込めてブランド名に付けたと説明している。

ブドウ

ブドウの栽培面積、収穫量の全国順位はともに21位である。栽培品種は「スチューベン」「巨峰」「シャインマスカット」な

ど晩生種、「キャンベル・アーリー」「ナイアガラ」などの早生種、中生種などである。主産地は横手市、湯沢市、男鹿市、小坂町、潟上市などである。出荷時期は8月下旬～10月下旬頃である。

秋田県によると、横手市は「巨峰」の北限の産地という。

カキ

カキの栽培面積の全国順位は42位、収穫量は44位である。主産地は横手市などである。

横手ガキは江戸時代の中頃、殖産と、穀物の不作に備えて武家屋敷に植えられた。湯に一晩浸けて渋を抜いたさわしガキは横手を代表する果実の一つである。カキの渋を取り出し、和紙に塗って加工した渋紙は、防水、防腐効果があり、包装紙や敷物などに使われた。

仙北市角館の雲沢地区で昔からつくられているのが渋ガキの「雲然柿(くもしかり)」である。大正時代の終わり頃、大根などを漬けるときにこのカキをつぶして入れると、渋が抜けて甘くなり、カキのうまみが漬物に移ることを発見し、今日まで伝わっている。カキの収穫は11月頃、漬け込みは11月末頃で、約50日間置いて、4月頃まで食べられる。雲沢地区では、7割近い家々に「雲然柿」が植えてある。

ブルーベリー

ブルーベリーの栽培面積の全国順位は11位、収穫量は24位である。主産地は鹿角市、大仙市、仙北市などである。栽培面積は増加している。出荷時期は7月上旬～下旬頃である。

イチジク

イチジクの栽培面積の全国順位は20位、収穫量は32位である。主産地は、にかほ市、五城目町、潟上市などである。栽培者は増えている。出荷時期は10月～11月頃である。

マルメロ

マルメロの栽培面積、収穫量の全国順位はともに3位である。主産地は北秋田市、鹿角市、横手市などである。収穫時期は9月下旬～10月下旬頃である。

メロン

主産地は三種町、男鹿市、潟上市、大潟村などである。代表品種は、ともに秋田県のオリジナルブランドである「秋田美人メロン」と「秋田甘えんぼ」である。「秋田甘えんぼ」はアールス系メロンである。出荷時期は7月上旬～10月下旬である。

男鹿市、潟上市では「秋田美人メロン」「レノンメロン」「アムスメロン」などを生産している。「秋田美人メロン」は青肉で糖度は15度以上である。「レノンメロン」は赤肉で糖度水準は15度前後である。出荷時期は、とも

に7月上旬～8月上旬頃である。「アムスメロン」は青肉で糖度は14度以上である。糖度水準が16度以上のものは特別に「アムススーパー40」として販売されている。出荷時期は7月中旬～下旬頃である。三種町八竜地域の砂丘地などでは「サンキューメロン」「サンデーレッドメロン」「カナリアンメロン」「タカミメロン」「グレースメロン」などを栽培している。町によると、「サンキューメロン」は三種町だけで栽培されている。三種町のメロンの出荷は7月頃が中心である。

クリ クリの栽培面積の全国順位は17位、収穫量は25位である。主産地は仙北市などである。仙北市西木町の西明寺栗は、約300年前に、秋田藩主佐竹侯が京都の丹波地方や、岐阜の美濃養老地方から種を導入し、奨励したのが始まりである。1粒の重さは25～30gと大粒である。

プルーン プルーンの栽培面積の全国順位は7位、収穫量は5位である。主産地は横手市、鹿角市、美郷町などである。

ウメ ウメの栽培面積の全国順位は35位、収穫量は38位である。収穫時期は6月上旬～下旬頃である。

スモモ スモモの栽培面積の全国順位は20位、収穫量は25位である。収穫時期は8月中旬～9月中旬頃である。

キウイ キウイの栽培面積の全国順位は、鳥取県、鹿児島県と並んで34位である。収穫量の全国順位は42位である。収穫時期は11月上旬～12月下旬頃である。

イチゴ 主産地は湯沢市、羽後町などである。栽培品種は「ハルミ」などである。出荷時期は6月上旬～11月下旬頃である。

地元が提案する食べ方の例

きのこと甘栗のピラフ（横手市）

炒めたシメジ、マイタケ、シイタケなどのキノコ類、甘グリを加え、酒、醤油を入れて炊飯する。少し蒸らしてからバターを入れて軽く混ぜ合わせ、パセリなどを散らす。

きのこと柿のごま和え（横手市）

千切りの生シイタケや小房に分けたシメジは酒蒸しにする。カキは短冊に。これらを軽く炒める。白ゴマを擂り、砂糖、塩などで好みの味をつけ、食べる直前に和える。

たっぷりりんごのオーブンケーキ（横手市）
　卵と砂糖、薄力粉とベーキングパウダーを混ぜ、天板に流し入れる。スライスしたリンゴ2個分とサツマイモを隅まで平らにならし、200℃のオーブンで45～50分焼く。

りんごのコンポート（横手市）
　8等分に切り皮をむいて塩水に浸したリンゴ、その皮、グラニュー糖、白ワイン、水を鍋に入れて20～30分煮る。器に移してレモンの輪切りを添え、シナモンの粉を振りかける。

干し柿と大根の酢の物（横手市）
　ボウルに酢、砂糖、塩、白煎りごま、ごま油を入れて、混ぜ合わせる。大根を加え、少ししんなりしてから、干し柿、切りミツバ、むきクルミを入れて和える。

消費者向け取り組み

● **イチゴ狩り**　農事組合法人こまち野、羽後町

▶ 洋ナシ「ラ・フランス」の6割を産出

06 山形県

地勢と気候

　山形県の中央部には出羽山地、月山、朝日山地が南北に延び、その東側が内陸部、西側が沿岸部である。内陸部は山形市を中心とする村山地方、新庄市を中心とする最上地方、米沢市を中心とする置賜地方に分かれ、沿岸部は庄内地方である。山形県の母なる川である最上川は、福島県境の吾妻連峰に源を発し、置賜地方、村山地方を北上し、西に流れを変えて最上地方、出羽山地を横切り、庄内平野の酒田市で日本海に注ぐ。

　東の県境には奥羽山脈が南北に走り、山形県が日本海側の気候に属する要因になっている。気候も、沿岸部と内陸部に分かれる。沿岸部の庄内地方は海洋性気候の特徴をもち、多雨多湿で冬季は北西の季節風が強い。内陸部は一日の最高気温と最低気温の差が大きい。村山地方の平野部は雨、雪ともに少ないが、山間部は雪が多い。最上地方は冬季の積雪が多い。置賜地方は比較的穏やかな気候だが、山間部は雪が多い。

知っておきたい果物

サクランボ　サクランボの栽培面積、収穫量の全国順位はともに1位である。栽培品種は「佐藤錦」を中心に、「紅秀峰」「ナポレオン」「紅さやか」「紅きらり」などである。主産地は東根市、天童市、寒河江市、村山市、山形市、河北町、上山市、南陽市、山辺町、中山町などである。出荷時期は1月上旬～下旬頃と4月上旬～7月中旬頃である。

　サクランボの栽培が山形県で始まったのは1876（明治9）年である。当時は全国で試作されたが、他の地域では失敗し、霜害や台風の被害の比較的少ない山形県が成功した。人気の高い「佐藤錦」の生みの親は東根市の篤農家、佐藤栄助である。サクランボの品種改良に取り組み、1912（大正元）年に「黄玉」と「ナポレオン」を交配して、育成した。新しい木に実がなったのは1922（大正11）年である。このサクランボに「佐藤錦」と

命名したのは1928（昭和3）年である。

西洋ナシ
　西洋ナシの栽培面積、収穫量の全国順位はともに1位である。栽培品種は「ラ・フランス」などである。主産地は天童市、東根市、上山市、高畠町、大江町、山形市、南陽市、寒河江市、中山町、朝日町などである。出荷時期は「ラ・フランス」が8月下旬〜12月下旬頃と、1月中旬〜下旬頃である。山形県は、全国の「ラ・フランス」生産量の6割以上を占めている。県有数の「ラ・フランス」の産地である天童市の市長らは「ラ・フランス」のトップセールスを行っている。こんなところにも「ラ・フランス」が独走する理由の一つがあるのかもしれない。

リンゴ
　リンゴの栽培面積の全国順位は、青森県、長野県、岩手県に次いで4位である。収穫量の全国順位は、青森県、長野県に次いで3位である。栽培品種は「ふじ」「王林」「つがる」などである。主産地は東根市、天童市、朝日町、山形市、大江町、中山町、寒河江市、南陽市などである。出荷時期は「ふじ」が9月下旬〜12月下旬、「王林」が10月中旬〜11月下旬、「つがる」が8月下旬〜9月下旬、「ジョナゴールド」が10月中旬〜11月上旬、「紅玉」が10月上旬〜11月上旬頃である。

　朝日町では明治半ばに初めてリンゴの栽培が始まった。現在は「ふじ」が中心で、食味を向上させるため、すべて無袋で生産している。

ブドウ
　ブドウの栽培面積、収穫量の全国順位は、ともに山梨県、長野県に次いで3位である。栽培品種は「巨峰」「デラウェア」「ピオーネ」などである。主産地は高畠町、上山市、南陽市、山形市、天童市、寒河江市、東根市、鶴岡市などである。出荷時期は6月下旬〜12月中旬頃である。

　吾妻山や飯豊連邦などの山々に囲まれた盆地を最上川が流れる置賜地域は、寒暖の差が大きい気候のため、ブドウの着色がよく、特に「デラウェア」の栽培に適している。置賜産のデラウェア品種のブドウは、「山形おきたま産デラウェア」として地域ブランドの登録を受けている。同地域では、明治時代からデラウェアの栽培が始まり、今では日本有数の産地に発展している。

アケビ
　アケビの生産地として農林統計に出てくるのは、秋田県、山形県、愛媛県だけである。このうち、山形県の栽培面積は全国

の73.5％、収穫量は86.8％を占めており、山形県はアケビの大産地である。主産地は朝日町、山形市、白鷹町、天童市などである。出荷時期は8月下旬〜10月中旬頃である。

スイカ　スイカの作付面積、収穫量の全国順位はともに熊本県、千葉県に続いて3位である。主産地は尾花沢市、村山市、大石田町などである。出荷時期は大玉スイカが7月中旬〜10月上旬、小玉スイカが7月上旬〜8月下旬頃である。

メロン　メロンの作付面積、収穫量の全国順位はともに茨城県、北海道、熊本県に次いで4位である。生産品種は「アンデスメロン」「クインシーメロン」などである。主産地は酒田市、鶴岡市、遊佐町などである。出荷時期は「アンデスメロン」が6月下旬〜8月中旬、「クインシーメロン」が7月上旬〜8月上旬頃である。

カキ　カキの栽培面積の全国順位は7位、収穫量は9位である。栽培品種は「刀根早生」「平核無」などである。主産地は鶴岡市、酒田市、上山市、寒河江市などである。

「庄内柿」の品種は「平核無」である。「庄内柿」の収穫時期は9月下旬〜11月上旬頃である。アルコールと炭酸ガスを併用した大規模な脱渋装置で渋を抜いて出荷する。

上山市などは、渋の強い「紅柿」の産地である。この地域は、地下水位が低くて地面が乾燥し、日当たりや風通しが良く、昼夜の寒暖差が大きいなど干し柿づくりにふさわしい自然環境を備えている。このため、現在はほぼすべてが干し柿に加工されている。天保年間には「関根柿」の名前で、上山温泉などで渋抜きして販売されていた。「紅柿」の産地は山形市、天童市、山辺町などにも広がっている。

桃　桃の栽培面積、収穫量の全国順位はともに5位である。栽培品種は「あかつき」「白鳳」「川中島白桃」「ゆうぞら」などである。主産地は東根市、天童市、寒河江市、山形市、河北町、村山市、大江町、中山町などである。出荷時期は8月上旬〜9月下旬頃である。

スモモ　スモモの栽培面積、収穫量の全国順位はともに山梨県、長野県、和歌山県に次いで4位である。栽培品種は「大石早生」「ソルダム」「太陽」「秋姫」などである。主産地は中山町、天童市、東根市などである。出荷時期は7月上旬〜10月中旬頃である。

プルーン 　プルーンの栽培面積、収穫量の全国順位はともに長野県、北海道、青森県に次いで4位である。主産地は村山市、天童市、寒河江市などである。

日本ナシ 　日本ナシの栽培面積の全国順位は26位、収穫量は30位である。主産地は酒田市、鶴岡市、天童市などである。出荷時期は9月上旬～10月中旬頃である。

　酒田市の刈屋は、日向川と荒瀬川が合流し、肥沃な土地である。この地域では、明治初期からナシの栽培が始まった。刈屋産のナシは「刈屋梨」として地域ブランドの登録を受けている。

ヤマブドウ 　ヤマブドウの栽培面積、収穫量の全国順位はともに岩手県に次いで2位である。主産地は鶴岡市、新庄市、西川町などである。

ブルーベリー 　ブルーベリーの栽培面積の全国順位は福岡県と並んで18位である。収穫量の全国順位も18位である。主産地は鶴岡市、酒田市、寒河江市などである。出荷時期は7月上旬～9月下旬頃である。

クリ 　クリの栽培面積の全国順位は、青森県と並んで25位である。収穫量の全国順位は22位である。主産地は鶴岡市などである。収穫時期は9月下旬～10月下旬頃である。

ウメ 　ウメの栽培面積の全国順位は32位、収穫量は23位である。主産地は寒河江市などである。寒河江市矢沢地域の梅干し用のウメは「矢沢梅」として出荷される。

キウイ 　キウイの栽培面積の全国順位は24位、収穫量は25位である。主産地は村山地域などである。

地元が提案する食べ方の例

チャイナ・ド・ラ・フランス（JAさくらんぼひがしね）
　皮をむいたラ・フランスを2cm角に切り、ギョウザの皮で包む。カリッとするまで油で揚げる。器に盛って粉砂糖をかける。

さつまいも、ラ・フランス入り蒸しパン（JAさくらんぼひがしね）
　さつまいもとラ・フランスを1cm角に切り、ホットケーキミックス、砂糖、ハチミツとともに混ぜ、カップに分けて約15分蒸かす。

りんご入り豆腐ドーナツ（JAさくらんぼひがしね）

ホットケーキミックスと豆腐をボウルに入れて混ぜ合わせ、粗いみじん切りにしたリンゴと白ゴマを入れる。スプーンですくって揚げ、砂糖をまぶす。

りんごと鮭のオーブン焼き（おいしい山形推進機構）

オーブンに、すりおろしたリンゴと醤油で下味を付けた生鮭を入れて180℃で10分焼く。レモン汁、白ワインで煮たリンゴをのせて、さらに5〜8分焼く。

あけびと柿のみそ炒め（おいしい山形推進機構）

下味を付けた一口大の豚肉、アケビ、エリンギをフライパンで炒める。みそとみりんを合わせて加えてカキを入れてさらに炒める。器に盛り、シソを散らす。

消費者向け取り組み

- さくらんぼ東根駅　山形新幹線の天童—村山間の駅
- さくらんぼ会館　山形県寒河江市
- ミスさくらんぼの選定　寒河江四季のまつり実行委員会
- 朝摘みさくらんぼ　寒河江、東根、上山、南陽、天童、鶴岡各市の光果樹園、6月中旬〜7月中旬
- 果樹王国ひがしねフェスティバル〜さくらんぼ種飛ばしワールドグランプリ　さくらんぼ種飛ばし実行委員会、東根市、6月中旬の日曜日
- 日本一さくらんぼ祭り　山形市、6月中旬の土曜、日曜
- さがえさくらんぼの祭典　寒河江市、6月中旬の土曜、日曜
- さくらんぼ観光果樹園オープン式　東根市観光物産協会、東根市、4月
- フルーツの里くしびき・観光さくらんぼ園開園式　櫛引観光協会、鶴岡市、6月上旬
- 全国さくらんぼ俳句大会　寒河江市

▶日本有数のあんぽ柿生産地・伊達地方

07 福島県

地勢と気候

　福島県の面積は1万3,783km²で、北海道、岩手県に続いて全国で3番目の広さをもつ。東北地方の南部に位置し、東北だけでなく、首都圏との交流も深い。2011（平成23）年の東日本大震災で津波による犠牲者に加え、東京電力福島第一原子力発電所の事故で多くの住民が避難を余儀なくされた。福島県は、南北に走る阿武隈高地と奥羽山脈によって、浜通り、中通り、会津の3地方に分かれる。

　気候も3地方でそれぞれ異なり、会津は日本海側の気候の特徴をもち、山間部を中心に多雪である。特に、会津の西部は日本有数の豪雪地帯で、只見川などの流域には多くの水力発電所が立地している。浜通りは、太平洋側気候の特徴をもつ。海風が入りやすいため、一年を通して穏やかな気候である。中通りは、太平洋側に近い気候である。阿武隈高地山間部、猪苗代湖周辺、会津山間部では高原性の気候、福島、郡山、白河、会津若松周辺は盆地特有の気候である。

知っておきたい果物

桃　桃は福島を代表する夏の果物である。福島県における桃の栽培面積、収穫量の全国順位は、ともに山梨県に次いで2位、収穫量のシェアは21.3％である。主産地は福島市、伊達市、桑折町、国見町などである。

　栽培品種は、8月は「あかつき」、9月は「ゆうぞら」が主力である。あかつきは、試験栽培では小玉にしかならなかったが、福島県が栽培技術の改良に乗り出し、大玉にできる技術を確立した。福島県ブランド認証産品である。「あかつき」という名前は「信夫三山 暁まいり」に由来する。

　福島の桃は多品種で、「あかつき」「ゆうぞら」のほか、「はつひめ」「まどか」「川中島白桃」なども生産している。出荷時期は7月中旬〜10月上旬頃である。福島の桃の多くは無袋栽培で育てている。

県庁所在都市と政令指定都市を対象にした総務省の家計調査（2012～14年の平均）によると、桃の1世帯当たり年間購入量は福島市が最も多く、2位の長野市を59.7％上回っている。

日本ナシ

桃に次いで、全国シェアの高い果物は日本ナシである。栽培面積、収穫量の全国順位はともに4位で、東北では最も多い。「幸水」「豊水」「二十世紀」のほか、大玉の「新高」を生産している。

主産地は、福島市、須賀川市、いわき市などである。出荷時期は「幸水」が8月下旬～9月中旬、「豊水」が9月中旬～10月上旬、「新高」が9月下旬～10月上旬頃である。

スモモ

スモモの栽培面積の全国順位は5位である。収穫量は全国順位が青森県と並んで5位、全国シェアは4.0％である。栽培品種は「大石早生」などである。主産地は伊達市、国見町、福島市などである。出荷時期は7月上旬～8月上旬頃である。

さわやかな甘味のある「大石早生」は、伊達市の大石俊雄が育成し、1952（昭和27）年に品種登録した品種である。

カキ

カキの栽培面積の全国順位は5位、収穫量は12位である。干し柿の「あんぽ柿」は、伊達市で大正時代に開発された。硫黄で燻蒸してから乾燥させる。1本のひもに数個から10数個の皮をむいたカキを結んだひもを雨を避けて軒先などに吊るす。天干し柿が変化して「あんぽ柿」になった。伊達地方は、日本でも有数のあんぽ柿生産地であり、"カキカーテン"は伊達地方の冬の風物詩である。伊達市を中心に、国見町、桑折町などで生産され、12月～3月頃にかけて出荷される。2011（平成23）年の東京電力福島第一原発の事故後、加工を自粛していたが、2013（平成25）年以降再開している。福島県のブランド認定商品でもある。

「会津身不知柿」は、渋ガキのため、焼酎などで渋抜きをすると、甘味が強まり、歯触りがよくなる。皇室献上ガキである。

リンゴ

リンゴの栽培面積の全国順位は6位、収穫量は5位で、収穫量のシェアは3.4％である。主産地は福島市、伊達市、須賀川市などである。

栽培品種は11月上旬～12月上旬頃に出荷される蜜入りの「サンふじ」が中心である。他の品種の出荷時期は「王林」が10月下旬～11月中旬、「つがる」が8月下旬～9月下旬、「ジョナゴールド」が9月下旬～10月下旬

頃である。

プルーン 　プルーンの栽培面積の全国順位は 8 位、収穫量は 7 位である。主産地は郡山市、福島市、伊達市などである。

サクランボ 　サクランボの栽培面積、収穫量の全国順位はともに 6 位である。栽培品種は「佐藤錦」などである。主産地は福島市、会津若松市、伊達市などである。出荷時期は 6 月上旬～下旬頃である。

西洋ナシ 　西洋ナシの栽培面積、収穫量の全国順位はともに 8 位である。主産地は福島市、会津若松市、郡山市などである。

ブドウ 　ブドウの栽培面積の全国順位は 13 位、収穫量は 12 位である。栽培品種は「巨峰」「ピオーネ」「ロザリオ」「シャインマスカット」「あづましずく」などである。主産地は福島市、伊達市、会津若松市、郡山市などである。

　出荷時期は「巨峰」が 9 月中旬～10 月中旬、「ピオーネ」が 9 月中旬～10 月中旬、「ロザリオ」「シャインマスカット」などが 9 月中旬～10 月中旬頃である。「あづましずく」は福島県のオリジナル品種で、収穫時期が 8 月中旬頃と早めである。

ネクタリン 　ネクタリンは桃の変種である。ネクタリンの栽培面積の全国順位は 3 位、収穫量は長野県に次いで 2 位である。主産地は須賀川市、伊達市、国見町などである。

アンズ 　アンズの栽培面積、収穫量の全国順位はともに 3 位である。主産地は国見町、伊達市、塙町などである。

ブラックベリー 　ブラックベリーの栽培面積の全国順位は岐阜県に次いで 2 位である。収穫量の全国順位は 3 位である。主産地は塙町などである。

サルナシ 　サルナシの栽培面積の全国順位は山形県に次いで 2 位である。収穫量の全国順位は香川県に次いで栽培面積同様に 2 位である。主産地は玉川村などである。

ヤマブドウ 　ヤマブドウの栽培面積の全国順位は 8 位、収穫量は 5 位である。主産地は田村市などである。

イチジク 　イチジクの栽培面積の全国順位は 7 位、収穫量は 16 位である。主産地は新地町、いわき市、玉川村などである。

ウメ 　ウメの栽培面積の全国順位は7位、収穫量は14位である。主産地は会津若松市、郡山市、会津美里町などである。

　会津美里町の旧会津高田地区は、大粒で種の小さい高田梅の産地である。1個が50g以上、なかには100g近いものもあり、カリカリ漬や甘酢漬に適している。

イチゴ 　イチゴの作付面積の全国順位は15位、収穫量は17位である。栽培品種は「ふくはる香」などである。主産地は伊達市を中心に、いわき市、福島市、矢祭町、鏡石町などである。収穫時期は11月下旬～6月中旬頃である。

　「ふくはる香」は福島県のオリジナル品種である。「章姫(あきひめ)」と「さちのか」を交配して育成し、2006（平成18）年に品種登録された。

パッションフルーツ 　パッションフルーツの栽培面積、収穫量の全国順位はともに5位である。主産地は南相馬市、相馬市などである。

ギンナン 　ギンナンの栽培面積の全国順位は5位、収穫量は24位である。主産地は本宮市、玉川村、伊達市などである。

カリン 　カリンの栽培面積の全国順位は5位、収穫量は11位である。主産地は伊達市などである。

ブルーベリー 　ブルーベリーの栽培面積の全国順位は12位、収穫量は30位である。主産地は棚倉町、三春町、猪苗代町などである。

ユズ 　ユズの栽培面積の全国順位は28位、収穫量は34位である。主産地は塙町、矢祭町、福島市などである。

地元が提案する食べ方の例

果物なます（会津若松市食生活改善推進委員会）

　大根、ニンジンは短冊切りにして、塩もみ、干し柿などのドライフルーツは食べやすい大きさに。これらと酢、砂糖、塩を混ぜ合わせて、しばらく置く。

桃に冷たいパスタ（公益社団法人福島県青果物価格補償協会）

　パスタはゆでて冷やし、オリーブオイルなどで下味をつける。ゆでて斜め切りしたアスパラ、短冊切りのハムと混ぜ調味料で味付けし、食べる前

に桃を切り混ぜる。

梨の三色生姜酢和え（公益社団法人福島県青果物価格補償協会）

　千切りにしたナシとキュウリ、4つに切ったミニトマト、細かい千切りにしたショウガを、調味料を混ぜてつくった合わせ酢で和える。白、緑、赤の3色を楽しむ。

りんご入りカレースープ（公益社団法人福島県青果物価格補償協会）

　タマネギ、ニンジン、セロリをバターで炒め、鶏肉、リンゴを加える。小麦粉、カレー粉を入れて炒めチキンスープを加えて煮込み、生クリームなどを足す。

柿とささ身のゴマかき揚げ（公益社団法人福島県青果物価格補償協会）

　卵、冷水、小麦粉を混ぜて衣をつくり、調味料と混ぜた角切りのカキとささみを混ぜる。熱した油に木べらにのせて入れ、揚げる。天つゆはだし汁でつくる。

消費者向け取り組み

- **観光果樹園**　福島市、フルーツライン、ピーチライン沿い。桃は7月中旬〜9月上旬、梨は8月下旬〜10月上旬、ブドウは9月上旬〜10月上旬、リンゴは10月上旬〜12月上旬
- **いちご狩り**　相馬市、和田観光苺組合、1月中旬〜5月下旬
- **ミスピーチの選出**　福島県くだもの消費拡大委員会

▶ メロンとクリの収穫量はともに全国一

08 茨城県

地勢と気候

　茨城県は関東地方の北東に位置し、東は太平洋に臨み、北は福島県、南は利根川を挟んで千葉県と埼玉県に接している。北部から北西部にかけては久慈山地や八溝山地が連なり、久慈川、那珂川、鬼怒川などが流れている。東部は延長190kmに及ぶ海岸線が延びている。県中央部から南部、西部にかけて肥沃な平地が広がっている。南東部は、琵琶湖に次いで大きい霞ヶ浦や、北浦を中心に水郷地帯を形成している。

　茨城県は太平洋側の気候であり、全体として冬季は少雨で乾燥し、冬型の気圧配置が強まると空っ風が吹く。春、秋は移動性高気圧、夏は太平洋高気圧に覆われると快晴の日が続く。降水量は沿岸部は多めで、内陸部は少なめである。

知っておきたい果物

メロン　　メロンの作付面積、収穫量の全国順位はともに1位である。栽培品種は「アンデスメロン」「クインシーメロン」「タカミメロン」「アールスメロン」「オトメメロン」などである。主産地は鉾田市を中心に、八千代町、茨城町、鹿嶋市などである。出荷時期は「アンデスメロン」が4月上旬～7月上旬、「クインシーメロン」が4月中旬～7月下旬、「タカミメロン」が6月上旬～7月下旬、「アールスメロン」が7月上旬～11月下旬、「プリンスメロン」が4月下旬～6月下旬頃である。

　八千代町では「タカミメロン」など、阿見町では「阿見グリーンメロン」などを出荷している。

クリ　　クリの栽培面積、収穫量の全国順位はともに1位である。主産地は笠間市、かすみがうら市、石岡市、茨城町などである。出荷時期は8月下旬～12月下旬頃である。

　零度で1か月程度貯蔵することで、でんぷんが糖化し、甘味の増した貯

蔵グリも出荷されている。冷蔵貯蔵グリの「極み」は品種とサイズを厳選したブランドクリである。茨城町は、クリの栽培面積が広く、「飯沼のクリ」として知られる。

かすみがうら市の「志士庫栗」は70年以上の歴史を誇る。志士庫園芸農協は「筑波」「石鎚」の4Lサイズ以上のものを選んで、登録商標である「太陽のめぐみサンマロン」のブランドで出荷している。

日本ナシ

日本ナシの栽培面積、収穫量の全国順位はともに千葉県に次いで2位である。栽培品種は「幸水」「豊水」「新高」「あきづき」を中心に、茨城県オリジナル品種の「恵水」などである。主産地は筑西市、かすみがうら市、石岡市、下妻市、八千代町、土浦市などである。出荷時期は7月上旬～11月上旬頃である。

下妻市では、樹上で完熟させた「幸水」を「下妻産甘熟幸水梨」として、秋に収穫した「豊水」を12月頃まで低温貯蔵し「下妻産貯蔵梨」としてそれぞれ出荷している。

スイカ

スイカの作付面積の全国順位は6位、収穫量は7位である。主産地は筑西市、桜川市、牛久市、阿見町、常総市、下妻市などである。出荷時期は小玉スイカが3月上旬～9月下旬、大玉が5月上旬～7月下旬と8月中旬～11月上旬頃である。桜川市では黒小玉スイカ「誘惑のひとみ」など、阿見町では大玉の「紅大」などを生産している。

カッパをシンボルにしている牛久市では1950（昭和25）年代からスイカの栽培を始めている。「牛久河童西瓜」は1986（昭和61）年に茨城県の青果物銘柄推進産地の指定を受けている。JA竜ケ崎は年間8万個を東京市場などに出荷している。

イチゴ

イチゴの作付面積の全国順位は7位、収穫量は8位である。生産品種は「とちおとめ」を主力に、オリジナル品種の「いばらキッス」などである。主産地は鉾田市、行方市、筑西市、かすみがうら市などである。出荷時期は10月下旬～6月上旬頃である。

ブルーベリー

ブルーベリーの栽培面積、収穫量の全国順位はともに3位である。主産地はかすみがうら市、つくば市、小美玉市などである。出荷時期は6月中旬～9月中旬頃である。

ウメ

ウメの栽培面積の全国順位は、和歌山県、群馬県に次いで3位である。収穫量の全国順位は11位である。主産地は水戸市、笠間市、

かすみがうら市、石岡市などである。

リンゴ
リンゴの栽培面積、収穫量の全国順位はともに12位である。栽培品種は「ふじ」「つがる」「こうとく」などである。主産地は大子町、常陸太田市、常陸大宮市などである。出荷時期は8月中旬〜12月下旬頃である。

県北西部で袋田の滝のある大子町は昼夜の寒暖差が大きく、リンゴ畑はなだらかな傾斜地に広がっている。大子のリンゴは「奥久慈りんご」とよばれる。

キウイ
キウイの栽培面積の全国順位は12位、収穫量は13位である。主産地は石岡市、かすみがうら市、結城市などである。

カキ
カキの栽培面積の全国順位は15位、収穫量は14位である。栽培品種は「富有」などである。主産地は石岡市、かすみがうら市、小美玉市などである。出荷時期は9月上旬〜12月中旬頃である。

石岡市八郷地域でカキの栽培が始まったのは昭和初期である。八郷産の「富有柿」は「八郷富有柿」として出荷されている。出荷時期は11月〜12月頃である。

ブドウ
ブドウの栽培面積の全国順位は15位、収穫量は16位である。栽培品種は「巨峰」を中心に、「ロザリオ・ビアンコ」「シャインマスカット」などである。主産地は常陸太田市、石岡市、かすみがうら市などである。出荷時期は7月上旬〜11月中旬頃である。

「常陸青龍」は常陸太田の地域オリジナル品種である。本多勇吉が「巨峰」の自然交雑実生を繰り返し、1978（昭和53）年に初結実した黄緑色のブドウである。孫の本多技研氏が常陸太田のブランドにしたいという思いで、2004（平成16）年に品種登録した。糖度は20〜21度である。

ギンナン
ギンナンの栽培面積、収穫量の全国順位はともに8位である。主産地は石岡市、茨城町などである。

西洋ナシ
西洋ナシの栽培面積の全国順位は福島県と並んで16位である。収穫量の全国順位は15位である。

イチジク
イチジクの栽培面積の全国順位は24位、収穫量は17位である。主産地は河内町、稲敷市、美浦村などである。出荷時期は8月上旬〜11月上旬頃である。

ユズ

ユズの栽培面積の全国順位は20位、収穫量は18位である。主産地は常陸大宮市、桜川市などである。

ミカン

ミカンの栽培面積の全国順位は東京都と並んで29位である。収穫量の全国順位は27位である。主産地は桜川市、つくば市などである。

つくば市、桜川市など筑波山地域では、冬季に霜が少なく、日当たりの良い山の斜面を利用してミカンの栽培が盛んだ。桜川市真壁町のミカンは地区名から「酒寄みかん」とよばれる。酒寄地区では、収穫時期の10月下旬〜12月上旬頃にミカン狩りを楽しめる。

つくば市、桜川市で産出する「福来みかん」は直径3cm前後と小さく、酸味が強い。常陸風土記に「不老長寿のかぐの実」と記述され、江戸時代から陳皮が漢方薬に使われた。現在は七味トウガラシや、冷凍保存してラーメンの材料に使われている。

地元が提案する食べ方の例

栗プリン（笠間市ヘルスリーダーの会）

ゆでたクリ、牛乳、砂糖をミキサーで混ぜて加熱し、ふやかした粉ゼラチンとさらに混ぜる。粗熱が取れたら冷蔵庫で約3時間冷やし、固める。好みでクリをトッピング。

ストロベリーババロア（JAみと）

熱湯でババロアの素を入れ、かき混ぜてよく溶かし、冷たい牛乳を入れ泡立てる。型に流し約2時間冷やした後、皿に盛り、フルーツソースをかけ、イチゴでトッピングする。

フルーツ・ヨーグルト・ゼリー（東海村保健センター）

ヨーグルト、牛乳、缶詰シロップ、粉ゼラチンを溶かしたものをボウルに入れて混ぜ、カットした桃を入れた器に流し込む。冷蔵庫で冷やして、固める。

アセロラ泡ゼリー（つくば市）

砂糖、水、ゼラチンを火にかけて溶かし、アセロラジュースを加える。ブドウを器に入れ、この液の2/3を注ぐ。残りの液は全体が泡になるまで泡立て、その上にのせ冷やす。

りんごきんとん（つくば市）

あく抜きしたサツマイモをクチナシの実の皮を砕いて一緒にゆで、熱いうちに裏ごしする。調味料を加えて練り上げ、シャキシャキ感が残る程度に煮た薄切りのリンゴと混ぜ合わせる。

消費者向け取り組み

- 偕楽園の梅祭り　水戸市、100種、3,000本のウメの木。6月のウメ落としでは10トンのウメを収穫。
- かさま新栗まつり　笠間市、10月上旬の週末。生クリの販売も。

▶「とちおとめ」が支える全国首位のイチゴ生産

09 栃木県

地勢と気候

栃木県は北関東の真ん中に位置する。北西部に白根山、男体山など標高2,000mを超える山地があり、北東部なだらかな八溝山地である。これらに挟まれた中央部が平地で、北から南に緩やかに傾斜している。

気候は湿潤温帯気候の太平洋側気候区に属すが、内陸型気候に近く、昼夜間の気温差が大きい。冬季は北西季節風の影響で、山地では雪が降りやすいが、量は多くない。平地では、冬は乾燥した晴れの日が多いが、空っ風が吹き、朝の寒さが厳しい。夏季は山地で降水量が多く、雷も多い。

大消費地である首都圏の一角で、東北縦貫自動車道や北関東自動車道などが通り、農産物の流通では有利な位置にある。県都の宇都宮から東京まで東北新幹線で1時間である。

知っておきたい果物

イチゴ　栃木県は作付面積、収穫量ともに日本一のイチゴ生産県である。収穫量は2万5,400トンで、2位の福岡県（1万7,200トン）を大きく引き離している。全国シェアは15.5%である。栃木県は1968（昭和43）年以降連続して収穫量1位の座を保っている。作付面積は603ha、産出額は259億円で、これらも福岡県を大きく上回り、首位である。

その主役は「とちおとめ」である。大粒品種のとちおとめは、1996（平成8）年に栃木県農業試験場で開発された。これを武器に、2006（平成18）年には「いちご大国とちぎ」を宣言し、全国をリードするイチゴ産地になっている。とちおとめは関東各県から東北を中心に広く栽培されている。香港、タイ、シンガポールなどに輸出もされている。

栃木県にイチゴが導入されたのは戦後である。産地としては、1957（昭和32）年に姿川村（現宇都宮市）と御厨町（現足利市）で集団栽培されたのが始まりである。1960（昭和35）年代の後半には、それまで5月〜6

月に出荷されていたイチゴが技術開発によって2月に出荷できるようになった。

1985（昭和60）年には、栃木県が「女峰」を開発した。これによって、クリスマス時期のイチゴの出荷が実現した。1987（昭和62）年に夜冷育苗施設を導入してからは出荷開始が11月上旬まで早まり、農家の収益性が向上した。

栃木県農業試験場イチゴ研究所は、とちおとめよりさらに大粒なイチゴ「i27号」を開発し、2014（平成26）年に品種登録を受けた。この品種は、品種登録前の2012（平成24）年に「スカイベリー」という名称で商標登録を受けている。一般公募して決定した名前には「大空に届くようなすばらしいイチゴ」との意味が込められている。栃木、群馬両県にまたがる日本百名山の一つ皇海山にもちなんでいる。

スカイベリーの果実は大きく、果実の3分の2は、25g以上である。果形は円すい形である。早生種で11月下旬から収穫でき、1、2月頃の出荷が多い。県は2015（平成27）年産から一般栽培が始まったスカイベリーを栃木イチゴの新しい担い手として期待を寄せている。

栃木県内のイチゴ栽培は県内各地に広がっているものの、県中南部の芳賀地方、上都賀地方、下都賀地方が大産地である。市町村別の作付面積では、真岡市、栃木市、鹿沼市、壬生町、小山市の順である。

これとは別に、日光市、那須町、那須塩原市など夏季に冷涼な県北部の標高500m以上の地域では、「とちひとみ」が栽培されている。「とちひとみ」は、四季を問わず花を咲かせ実を付ける「四季成り性」があり、国内産のイチゴが少なくなる夏から秋にかけて東京市場を中心に出荷している。

「とちおとめ」の出荷時期は10月中旬～6月上旬である。

日本ナシ

ナシの栽培面積の全国順位は5位である。収穫量の全国順位は、千葉県、茨城県に続いて3位である。品種は「幸水」(42.6%)と「豊水」(35.8%)で8割近くを占め、これらに「にっこり梨」(11.0%)、「あきづき」(5.7%)、「おりひめ」(0.5%)と続いている。

ナシの主産地は、宇都宮市、高根沢町、芳賀町、大田原市、佐野市、鹿沼市、小山市、那須烏山市などである。出荷時期は、ハウス物の「幸水」が7月、「おりひめ」が8月上旬から、ハウス物以外の「幸水」が8月中旬から、「豊水」は9月中旬から、「にっこり」は10月中旬からである。

出荷時期は全体として8月中旬〜12月中旬である。

「にっこり」は栃木県のオリジナル品種である。1984（昭和59）年に栃木県農業試験場で、「新高」と「豊水」を交配して生まれた実から選抜して育成された赤ナシである。1996（平成8）年に品種登録された。国際観光地の日光と、ナシの中国語「りー」から名付けられた。果実の重さは、850g程度の大玉で、なかには1.3kgを超えるものもある。収穫は10月中旬〜11月中旬の晩生種だが、貯蔵性が高いため、冷暗所で約2か月間貯蔵しておけば、年末年始の贈答品に使え、正月の食卓にも出せる。2004（平成16）年から、マレーシア、香港、タイ、シンガポールなど東南アジアを中心に輸出もしている。

キウイ

キウイの栽培面積、収穫量の全国順位はともに8位である。収穫量の全国シェアは2.9％である。主産地は小山市、大田原市、宇都宮市などである。

リンゴ

リンゴの栽培面積、収穫量の全国順位はともに10位である。栃木県産リンゴの品種を栽培面積でみると、「ふじ」が全体の51.9％を占め、主力品種になっている。これに、「つがる」（5.8％）、「陽光」（5.1％）、「ジョナゴールド」（3.8％）と続き、「秋映（あきばえ）」「シナノスイート」「ぐんま名月」の3品種が3.2％ずつである。

リンゴの主産地は矢板市、宇都宮市、さくら市、鹿沼市、益子町などである。収穫は9月上旬〜11月下旬頃で主力のふじは11月中旬〜下旬である。

ブドウ

ブドウの栽培面積の全国順位は19位、収穫量は20位である。栽培面積を品種ごとにみると、「巨峰」が78.9％、「キャンベル・アーリー」が9.2％、「ピオーネ」が3.9％で、「シャインマスカット」は0.9％にすぎない。シャインマスカットは、栃木県には2009（平成21）年に初めて導入された。主産地は栃木市、小山市、宇都宮市などである。出荷時期は4月下旬〜10月中旬である。

栃木市大平町には観光ぶどう園が多い。とちぎ農産物マーケティング協会は下都賀のブドウを「とちぎ地域ブランド農産物」に認定している。

ブルーベリー

ブルーベリーの栽培面積の全国順位は16位である。観光摘み取りや直売所向けとして、栽培面積は増加傾向にある。収穫量の全国順位は12位である。栽培品種は、「ハイブッシュ」系と「ラビットアイ」系で、比率は前者が70％、後者が30％である。主

産地は宇都宮市、大田原市、佐野市、茂木町などである。

クリ　クリの栽培面積の全国順位は8位、収穫量は9位である。主産地は宇都宮市、那須烏山市、さくら市などである。

ウメ　ウメの栽培面積の全国順位は16位、収穫量は24位である。主産地は那須烏山市、宇都宮市、那須塩原市などである。

桃　桃の栽培面積の全国順位は32位、収穫量は27位である。主産地は佐野市、足利市、さくら市などである。

カキ　カキの栽培面積の全国順位は38位、収穫量は41位である。主産地は大田原市、那須塩原市、那須烏山市、那須町などである。

スモモ　スモモの栽培面積の全国順位は18位、収穫量は20位である。主産地は那珂川町、佐野市、宇都宮市などである。

ユズ　ユズの栽培面積の全国順位は16位、収穫量は15位である。主産地は茂木町、宇都宮市、足利市などである。

ギンナン　ギンナンの栽培面積の全国順位は16位、収穫量は15位である。主産地は大田原市などである。出荷時期は10月中旬～12月下旬である。

メロン　栃木県のメロン栽培は、1965年（昭和40）年頃、真岡市で始まった。当時は「プリンスメロン」が中心だった。現在の栽培品種は「クインシー」「タカミ」「オトメ」などで、「クインシー」が多い。ほとんどがハウス利用の半促成栽培で、5月下旬～7月上旬頃に収穫される。主産地は真岡市や芳賀町である。とちぎ農産物マーケティング協会は芳賀のメロンを「とちぎ地域ブランド農産物」に認定している。

地元が提案する食べ方と加工品の例

果物の食べ方

とちおとめのシェイク（JA全農とちぎ）

　卵黄2個分と砂糖10gをよく混ぜ、温めた牛乳200ccを合わせて弱火にかけ、とろみがついたら裏ごしして冷ます。イチゴ、牛乳、生クリームを入れてミキサーに。

巨峰のゼリー添え（一般社団法人とちぎ農産物マーケティング協会）

　粉ゼラチンをふやかして湯せんにかけ、温めたグレープジュースと混ぜ

て冷やす。固まったら器に入れ、皮をむき赤ワインをかけた巨峰を盛る。
にっこり梨のポートワイン煮（一般社団法人とちぎ農産物マーケティング協会）

　皮をむいてスライスしたナシを鍋に入れ、ワイン、砂糖、レモンスライスなどとともに煮る。冷たくして皿に盛りシナモンをかける。

りんごのスイートポテト（一般社団法人とちぎ農産物マーケティング協会）

　サツマ芋をクチナシの実を入れて煮、別の鍋に移して牛乳と一緒につぶしながら煮る。干しブドウと一緒に煮たリンゴ、バターを入れる。

メロンポート（一般社団法人とちぎ農産物マーケティング協会）

　横半分に切ったメロンの果肉をくり抜き、器にする。残りは一口にして、くり抜いた果肉とともに器に盛り付け、ポートワインを振りかける。

果物加工品

- ナシジュース　JA佐野果樹部会
- 苺ジュース　西方町農産物生産組合

消費者向け取り組み

- 佐野フルーツライン直売組合　佐野市
- 益子観光いちご団地　JAはが野

▶ リンゴ「おぜの紅」「ぐんま名月」は群馬生まれ

10 群馬県

地勢と気候

群馬県は関東平野の北西に位置する。県土の3分の2は山岳地帯である。北西の県境には標高2,000m級の山々が連なっている。赤城山、榛名山、妙義山は上毛三山とよばれる。山々からは大小400以上の川が流れ出て、そのほとんどが利根川に注いでいる。こうした山々や河川に加え、尾瀬湿原やいくつもの湖があり、バラエティ豊かな自然に恵まれている。草津温泉、伊香保温泉、水上温泉、四万温泉など温泉も多い。

気候は南部と北部で異なり、南の平野部は太平洋型の気候で、夏に雨が多く、冬は少ない。北の山間部は、日本海側の気候に似て、雨や雪が多く、昼夜の寒暖差が大きい。全体としては、夏は雷が多く、冬は強い空っ風が吹く。

知っておきたい果物

ウメ 群馬県のウメの栽培面積は1,060ha、収穫量は5,400トンで、全国シェアは栽培面積が6.2%、収穫量が4.8%である。栽培面積、収穫量ともに断トツの和歌山県に次いで、ともに全国2位である。

ウメの栽培面積は群馬県における果樹全体の栽培面積の39.6%を占めており、最も多い。東日本一のウメ産地であり、県内果樹の基幹品目である。ただ、栽培面積は2002（平成14）年が最大で、それ以降は減少傾向にある。

ウメは県内全域で栽培されているが、主産地は高崎市、安中市、渋川市、前橋市、榛東村などである。榛名山南麓の丘陵地帯には、至る所にウメ林が広がっている。

品種別にみると、「白加賀」が64%と全体の3分の2を占め、代表品種である。これに、「梅郷」（12%）、「南高」（はいごう）（10%）、「織姫」（6%）などと続いている。出荷時期は5月下旬〜7月上旬頃である。

ブルーベリー

ブルーベリーの栽培面積は82.4ha、収穫量は262トンで、ともに全国4位である。群馬県内全域で栽培されているが、主産地は川場村、沼田市、渋川市である。栽培面積は10年間で46％増加している。出荷時期は6月中旬～9月下旬頃である。

「はやばや星」「おおつぶ星」「あまつぶ星」は群馬生まれのオリジナル品種である。「はやばや星」は、収穫の時期が6月下旬～7月上旬頃と早い。「おおつぶ星」は、果実が約2.0gと目方があり、大きい。「あまつぶ星」は1.9gで甘さを売りにして命名している。オリジナル品種の栽培は県内全体の27％である。

販売は、もぎ取りや直売など観光客向けが主体である。市場出荷は県のオリジナル3品種が中心である。収穫、販売時期は6月下旬～8月下旬頃である。

リンゴ

群馬県のリンゴの栽培面積は428ha、収穫量は9,050トンで、栽培面積の全国順位が8位、収穫量は7位である。県内で生産する果樹としては、ウメに次いで収穫量が多く、基幹品目になっている。

主産地は沼田市、みなかみ町、昭和村、川場村などである。利根・沼田地域や吾妻地域には、リンゴを主体にした観光果樹園が多く、リンゴは観光農業の中心作物になっている。

「おぜの紅」「陽光」「ぐんま名月」「スリムレッド」は群馬県のオリジナル品種である。「おぜの紅」は、8月下旬～9月上旬頃と比較的早く収穫できる。「ぐんま名月」の親は、「あかぎ」と「ふじ」である。果皮は黄色である。「スリムレッド」は、俵のような形のユニークなリンゴである。

栽培品種は、「ふじ」が43％で最も多い。これに県オリジナルの「陽光」（23％）と「ぐんま名月」（10％）、「つがる」（9％）と続いている。出荷、販売時期は9月上旬～11月下旬頃である。

イチゴ

イチゴの作付面積の全国順位は12位、収穫量は15位である。生産品種は「やよいひめ」などである。主産地は藤岡市、前橋市、富岡市、太田市、館林市などである。出荷時期は10月下旬～6月下旬頃である。

「やよいひめ」は群馬県のオリジナル品種である。名前のとおり、弥生（3月）以降も品質が安定していると地元の関係者は説明している。

日本ナシ

群馬県におけるナシの栽培は古く、江戸時代には前橋で栽培されていた。群馬県の基幹果樹の一つである。栽培面積は10年間で20％減少しており、全国順位は16位である。収穫量の全国順位は13位である。栽培品種は「幸水」（日本ナシ全体の34％）、「豊水」（25％）、「二十世紀」（16％）、「新高」（9％）などである。主産地は高崎市、前橋市、明和町、藤岡市などである。出荷、販売時期は8月中旬～11月下旬頃である。

カキ

カキの栽培面積の全国順位は29位、収穫量は28位である。一部地域では遊休農地対策で導入されたが、生産者の高齢化などによって10年間で32％減少している。

品種別にみると、最も多いのは「富有」「甲州百目（ひゃくめ）」などの晩生種で、全体の52％と過半数を占める。「平核無」などの中生種は38％、「西村早生」などの早生種は9％である。平坦地域では、甘ガキの「松本早生富有」や「太秋（たいしゅう）」と、渋ガキの「刀根早生」「平核無」「蜂屋」、中山間地域では「平核無」が多い。渋ガキは樹上脱渋に取り組んでいる。主産地は桐生市、みどり市、太田市などである。収穫、販売時期は9月下旬～11月上旬頃である。

ブドウ

ブドウの栽培面積、収穫量の全国順位はともに26位である。品種別でみると、全体の44％が「巨峰」で最も多く、「ピオーネ」（16％）、「デラウェア」（12％）、「藤稔」（10％）などと続いている。

ほぼ群馬県内全域で栽培されているものの、主産地は榛東村、吉岡町、沼田市、桐生市である。栽培方式は棚栽培のほか、垣根仕立てもある。販売は、もぎ取りや直売など観光客向けが中心である。収穫時期は8月中旬～10月中旬頃である。

キウイ

キウイの栽培面積の全国順位は6位、収穫量は9位である。栽培面積は1994年がピークで、その後は後継者不足などによって減少傾向にある。品種は「ヘイワード」が93％で大宗を占め、「とむり」（6％）が続いている。主産地は甘楽町、富岡市、高崎市、吉岡町などである。野菜などとの複合経営が多く、甘楽・富岡では特産果樹として定着している。出荷時期は11月下旬～4月下旬頃である。市場出荷が主体で、一部が地元での直売にまわる。

桃

桃の栽培は高崎市を中心に各地に広がっている。栽培面積の全国順位は18位、収穫量は17位である。リンゴやナシの補完品目として

の栽培が多い。品種別では、「白桃」系の晩生種が全体の44％と最も多く、「白鳳」系の早生種31％、「あかつき」などの中生種17％などとなっている。主産地は高崎市、前橋市、沼田市、みどり市などである。収穫、販売時期は7月上旬〜9月中旬頃である。販売は、沿道での直売が中心である。一部は共同選果を行い、市場出荷にも取り組んでいる。

スモモ　スモモは高崎市を中心に各地で栽培されており、この10年間、栽培面積に大きな変化はない。栽培面積の全国順位は11位、収穫量は9位である。品種別にみると、「太陽」(34％)と「ソルダム」(33％)が全体の3分の2を占めている。これに「大石早生」(11％)、「貴陽」(7％)などと続く。「太陽」や「貴陽」では、棚栽培の導入が進んでいる。主産地は高崎市、安中市、前橋市、みなかみ町などである。出荷時期は6月下旬〜9月下旬頃である。

プルーン　プルーンの栽培面積の全国順位は11位、収穫量は東京都と並んで10位である。主産地は高山村などである。

イチジク　イチジクの栽培面積の全国順位は29位、収穫量は27位である。主産地は甘楽町、安中市、高崎市、渋川市などである。収穫時期は8月下旬〜10月下旬頃である。

ギンナン　ギンナンの栽培面積の全国順位は9位、収穫量は11位である。主産地は前橋市、甘楽町、高崎市などである。

ユズ　ユズの栽培面積の全国順位は24位、収穫量の全国順位は26位である。主産地は安中市、渋川市、甘楽町などである。

ハルミ　ハルミの栽培面積、収穫量の全国順位はともに15位である。主産地は長野原町である。

清見　清見を産出するのは18府県である。群馬県における清見の栽培面積の全国順位は、山口県と並んで17位である。収穫量の全国順位は18位である。主産地は長野原町である。

ボイセンベリー　農林統計によると、主な生産地は群馬県だけである。栽培面積は0.7ha、収穫量は1.4トンである。主産地は館林市などである。

スイカ　主産地は太田市、伊勢崎市、みどり市などである。小玉スイカの出荷時期は3月上旬〜7月中旬と10月上旬〜11月下旬頃である。

サクランボ

栽培品種は「佐藤錦」「高砂」「ナポレオン」「紅秀峰」などである。主産地はみなかみ町、沼田市、昭和村、渋川市などである。出荷時期は6月中旬～7月下旬頃である。

地元が提案する食べ方の例

りんご入りおこわ（沼田市の郷土料理）

材料はもち米、リンゴ、ニンジン、パセリ、炒りゴマ。水に一晩つけたもち米にニンジンを加え約30分蒸した後、リンゴを加えて再び蒸す。器に盛りゴマとパセリを散らす。

リンゴの包み揚げ（JA赤城たちばな）

皮をむき約1cmの角切りにしたリンゴと砂糖を鍋に入れ、形が崩れる程度に煮る。これにキャラメルソースを加え、ワンタンの皮で包んで、熱した油で揚げる。

ブルーベリー入りクッキー（JA甘楽富岡）

ホットケーキミックスにサラダ油、ハチミツを加え、ブルーベリーを混ぜて絞り袋に入れたものをクッキングシートを敷いた天板に絞り出す。180℃で焼く。

いちごのムース（群馬県）

裏ごしして砂糖を混ぜたイチゴ、泡立てた生クリーム、レンジで加熱し粗熱を取ったゼラチンを混ぜ合わせ、器に流し込んで冷蔵庫へ。固まったらカットしたイチゴ、ミントの葉を飾る。

ユズ茶（JA甘楽富岡）

薄く刻んだユズ1kgと氷砂糖500gをふたのあるびんに交互に入れる。砂糖が溶けるまで何回かびんを振って混ぜ、常温で約2か月漬け込む。カップに適量を入れ、湯を注ぐ。

消費者向け取り組み

- 榛名フルーツ街道　国道406号沿い、桃、スモモ、ナシの季節には100軒以上の直売店が並ぶ。
- 榛東ブドウ郷　榛東村、約30軒のブドウ園がある。

▶県内限定栽培の日本ナシ「彩玉」も

11 埼玉県

地勢と気候

埼玉県は関東平野の内部に位置し、1都6県に接する内陸県である。地形は、山地や丘陵地の割合が小さく、台地と低地から成る平地の比率は県土の61％と高い。利根川、荒川、江戸川など大河川が流れており、埼玉県全体に占める河川、水路、水面など水辺の比率は5.0％で全国4位である。

気候は太平洋側気候である。夏は昼間かなり高温になり、蒸し暑く雷が発生し、ひょうの降ることもある。北部の熊谷市でその当時の国内最高気温を記録したこともある。冬は乾燥した北西の季節風が吹き、晴れの日が多く、空気が乾燥する。年間を通して風水害は比較的少ない。

知っておきたい果物

クリ クリの栽培面積の全国順位は6位である。2番手の日本ナシの栽培面積を大きく上回り、果樹の栽培面積で最も広い。クリの収穫量の全国順位は5位である。

東部の水田地帯を除いて、平坦部から山間地まで広く栽培されているが、主産地は日高市、所沢市、東松山市、熊谷市など西部地域と北部地域である。出荷時期は8月下旬～10月中旬頃である。

ブルーベリー ブルーベリーの栽培面積は増加傾向にあり全国順位は5位、収穫量は6位である。

主産地は、狭山市、美里町、熊谷市、秩父市、さいたま市などである。集団的な産地だけでなく、散在した観光果樹園も多い。収穫時期は6月中旬～8月下旬頃である。

日本ナシ 埼玉県の主力果樹である。埼玉県産日本ナシの栽培面積は果樹全体の23.1％を占め、全国順位は10位である。収穫量の全国順位は11位である。収穫量は県内で生産しているすべての果樹で最も多い。主産地は、白岡市、久喜市、蓮田市、加須市を中心とする東部

地域と、神川町、上里町の北部地域の2地域に分かれる。出荷時期は7月下旬～10月下旬頃である。品種別にみると、「幸水」が全体の60％を占めている。2位が「豊水」で22％である。3位は「彩玉」（8％）、4位は「新高」（7％）である。

「彩玉」は、埼玉県農林総合研究センター園芸研究所が1984（昭和59）年に「新高」と「豊水」を交配し、選抜を重ねて育成した。埼玉県のオリジナル品種として、2005（平成17）年に品種登録した。「黄金の雫」の愛称が付いている。平均果重は550gと大玉で、大きいものは800gを超えるものもある。糖度は13～14度である。収穫期は、「幸水」が終了する8月下旬～9月上旬頃である。彩玉の生産は埼玉県内に限定され、上尾市、伊奈町などで多く栽培されている。「彩玉」の登場で、「幸水」と「豊水」の間の端境期を埋めることになった。県内有数の生産量を誇る白岡市産出のナシには「白岡美人」という愛称が付いている。

ブドウ

埼玉県の観光農業の主力品目である。栽培面積の全国順位は23位、収穫量は24位である。品種別にみると、「巨峰」が67％で、「ヒムロッド」（18％）がこれに続いている。

主産地は伊奈町、秩父市、川越市、横瀬町などである。伊奈町では、「巨峰」を中心に9月～10月に収穫する。横瀬町の「横瀬の葡萄」、長瀞町の「長瀞のぶどう」の収穫時期は、8月～10月頃である。「ちちぶ山ルビー」は、旧ソ連原産の「リザマート」と米国原産の「ビアレス」を交配してできた秩父オリジナルの新品種である。秩父地域の地域特産ブランドとして商標登録している。収穫時期は8月上旬～10月下旬頃である。

イチゴ

イチゴの作付面積、収穫量の全国順位はともに11位である。主産地は久喜市、加須市、川島町、吉見町、秩父市などである。

加須市では「とちおとめ」「女峰」などを12月上旬～3月下旬頃に出荷している。秩父市の「秩父いちご」の出荷時期は1月上旬～6月下旬である。横瀬町の「横瀬のいちご」の出荷時期は1月～5月頃である。

カキ

カキの栽培面積、収穫量の全国順位はともに33位である。主産地は上尾市、小鹿野町、秩父市、蓮田市、さいたま市などである。

近年は小鹿野町を中心とする秩父地域で、特産の「あんぽ柿」用の「蜂屋」の栽培面積が増加している。長瀞町では、秩父盆地では珍しく甘ガキを生産している。「あんぽ柿」の出荷時期は12月上旬～2月頃である。

ウメ

ウメの栽培面積の全国順位は13位、収穫量は28位である。10a当たりの収量は135kgで、北海道の143kgを下回り、全国で最も低い。品種は「白加賀」が84％を占めている。

県内全域で栽培されているが、主産地は越生町、寄居町、上尾市、美里町などである。出荷時期は6月上旬～下旬頃である。最近は梅干しなど加工品の流通が増加している。越生町の越生梅林には約1,000本のウメの木がある。南北朝時代の1350（観応元）年頃、九州の大宰府に流された菅原道真を小杉天満宮に分祀した際、記念に植えたのが越生梅林の起源である。天満宮は1907（明治40）年に梅園神社と改称された。

イチジク

イチジクの栽培面積の全国順位は19位、収穫量は13位である。品種は「桝井ドーフィン」がほとんどである。主産地は加須市、川島町、深谷市、行田市、上里町などで、栽培面積は増加傾向にある。出荷時期は9月上旬～10月下旬頃である。

ユズ

ユズの栽培面積の全国順位は11位、収穫量は20位である。主産地は毛呂山町と越生町である。出荷時期は11月下旬～12月中旬頃である。毛呂山町桂木地区産出のユズは「桂木ユズ」として知られる。江戸時代から続く同町の名産である。種から育てた実生が多く、接木を繰り返していないため、表皮が厚い。

リンゴ

リンゴの栽培面積の全国順位は21位、収穫量は23位である。蕨市で生産される「わらびりんご」は夏に収穫できるリンゴである。リンゴの収穫は秋から冬という常識とは違い、6月下旬～7月上旬頃に収穫できる極早生種である。小ぶりで酸味が強いため、加工品などに向いている。

ミカン

ミカンの栽培面積、収穫量の全国順位はともに28位である。ときがわ町大附地区で生産される「福来みかん」は、古くから伝わる小粒のミカンである。地元では「福みかん」ともよぶ。温州ミカンではなく、日本原産のミカン科の「タチバナ」の一種である。収穫時期は10月～12月頃である。

スモモ

スモモの栽培面積の全国順位は12位、収穫量は19位である。主産地は北本市、美里町、蓮田市、桶川市などである。

プルーン

プルーンの栽培面積の全国順位は5位、収穫量は12位である。主産地は美里町などである。

カボス

カボスの栽培面積、収穫量の全国順位はともに5位である。主産地は秩父市、小鹿野町などで、「秩父かぼす」として出荷される。出荷時期は9月中旬～12月頃である。

ブラックベリー

ブラックベリーの栽培面積、収穫量の全国順位はともに5位である。主産地は三芳町などである。

地元が提案する食べ方の例

なしのしゃきしゃきジュレ風（JAグループさいたま）

ナシは1/4個分は角切りし、残りはすりおろして水を混ぜ寒天を煮溶かす。スダチの絞り汁を加えて型で冷やし固める。スダチのすりおろしを散らす。

洋梨のケーキ（さいたま市）

オーブンの鉄板にクッキングシートを敷いて、ホットケーキミックス粉、砂糖、卵、豆乳、溶かしバターなどを混ぜて流し込み、上から洋ナシとチョコチップを散らす。約45分焼く。

魚の和梨ソースかけ（さいたま市）

ソースは醤油、白ワイン、チキンガラスープ、タマネギを煮込み、リンゴ酢、缶詰の和梨のみじん切りを入れる。魚は片栗粉をまぶして揚げる。魚を皿に並べ、ソースをかける。

パインサラダ（さいたま市）

短冊切りのキャベツと輪切りのキュウリをボイルし、冷却する。パイン缶は汁をよく切る。植物油、リンゴ酢などを混ぜたドレッシングは加熱し、冷ましてから野菜、パインと和える。

ブルーベリーマフィン（さいたま市）

小麦粉、ベーキングパウダー、バター、砂糖、卵を混ぜ、小麦粉1/3、牛乳半分、小麦粉、牛乳、小麦粉の順に混ぜ、冷凍ブルーベリーを入れる。型に流して焼く。

消費者向け取り組み

- **あしがくぼ果樹公園村**　横瀬町、芦ケ久保の日向山南斜面に点在する13軒の農家で構成している。
- **いちごの里物産館**　吉見町

▶朝霧、夕霧も貢献するナシの収穫量日本一

12 千葉県

地勢と気候

千葉県南部の房総半島は太平洋に突き出ている。西は一部が東京湾に臨んでいる。北西は江戸川を境に東京都と埼玉県に、北は利根川を境に茨城県にそれぞれ接しており、四方を海と川に囲まれている。平均海抜は49mで、丘陵の大部分が200m以下である。

房総半島の東方沿岸沿いを黒潮が流れているため、気候は温暖である。2月中旬には房総半島南部の沿岸地域では早春の花々が咲き始め、関東地方で最も早い春の到来を感じることができる。梅雨の時期や秋には霧が発生しやすい。海の影響を受けやすいため、全体として真夏日は少ない。

知っておきたい果物

日本ナシ　日本ナシの栽培面積、収穫量の全国順位はともに1位である。栽培品種は、「幸水」「豊水」「新高」と、新品種の「あきづき」などである。主産地は白井市、市川市、鎌ヶ谷市、船橋市などである。出荷時期は「幸水」が7月下旬〜8月下旬、「豊水」が8月下旬〜9月下旬、「新高」が9月中旬〜10月中旬頃である。

白井市産は「しろいの梨」、市川市とその周辺地域産は「市川のなし」と「市川の梨」、船橋市とその周辺地域産は「船橋のなし」としてそれぞれ地域ブランドに登録されている。

市川市におけるナシ栽培は200年以上の歴史をもつ。JAいちかわ果樹部会は、いち早くフェロモン剤を導入し、殺虫剤の削減に取り組んできた。船橋市のナシは、1960（昭和35）年に生産者が主体となって船橋市果樹研究会を設立したのがきっかけとなり、生産者と船橋市、千葉県が協力して計画的にナシの産地形成に取り組んだ。

利根川に近い香取市大倉地区は「水郷梨」で知られる。山間や小高い丘の斜面にナシ畑が広がり、利根川の朝霧、夕霧が「水郷梨」を育むとされ

る。「幸水」「豊水」が中心である。

スイカ

スイカの作付面積、収穫量の全国順位はともに熊本県に次いで2位である。主産地は富里市、八街市、山武市、芝山町、銚子市などである。出荷時期は小玉スイカが5月上旬～8月上旬、大玉のスイカが5月中旬～8月上旬と9月中旬～10月上旬頃である。

富里市、八街市などの北総台地は、火山灰土壌と、昼夜の温度差が大きい気候からスイカの栽培が盛んである。富里市産のスイカは「富里スイカ」として地域ブランドに登録されている。富里市のスイカは1933（昭和8年）頃から栽培が始まり、今では県内最大級のスイカの産地に成長している。

ビワ

ビワの栽培面積の全国順位は長崎県、鹿児島県に次いで3位である。収穫量の全国順位は長崎県に次いで2位である。栽培品種は大玉系の「大房（おおふさ）」「田中（たなか）」「富房（とみふさ）」が中心である。

千葉県はビワの経済栽培の北限に位置しており、主産地は南房総市、館山市、鋸南町など温暖な房総半島の南部に集中している。出荷時期は4月上旬～6月下旬頃である。

南房総地域産のビワは「房州びわ」として地域ブランドに登録されている。

イチゴ

イチゴの作付面積、収穫量の全国順位はともに9位である。栽培品種は「とちおとめ」「章姫」「紅ほっぺ」「アイベリー」「チーバベリー」などである。「チーバベリー」は千葉県の育成品種である。生産主産地は旭市、山武市、銚子市、香取市などである。出荷時期は12月上旬～5月中旬頃である。イチゴ狩りのできる施設は約100か所ある。

イチジク

イチジクの栽培面積、収穫量の全国順位はともに11位である。主産地は市原市、君津市、袖ヶ浦市、香取市などである。出荷時期は8月上旬～11月上旬頃である。

香取市与田浦周辺で収穫されるイチジクは「水郷イチジク」として知られる。かつて同市など水郷地帯には水路が縦横に張り巡らされ、水際にはイチジクが植えてあった。収穫期には、船頭たちの糖分や水分補給に重宝された。今は陸上交通が発達して、水路もイチジクも減少している。イチジク農家は香取市いちじく研究会を結成し、イチジクをまちおこしにつなげる方策などを話し合っている。

ブルーベリー

ブルーベリーの栽培面積の全国順位は7位、収穫量は5位である。主産地は木更津市、成田市、千葉市などである。出荷時期は5月上旬〜9月上旬頃である。

千葉県におけるブルーベリーの経済栽培は、1972（昭和47）年に飯岡町（現旭市）で始まった。1985（昭和60）年以降、木更津市に産地が形成されるなど徐々に普及した。

ミカン

ミカンの栽培面積の全国順位は23位、収穫量は22位である。主産地は南房総市、鴨川市、鋸南町などである。出荷時期は10月中旬〜2月下旬頃である。

メロン

主産地は銚子市、旭市などである。出荷時期は「アールスメロン」は1年中、「タカミメロン」は6月上旬〜8月上旬、「プリンスメロン」は5月上旬〜6月下旬頃である。

銚子市産の「銚子メロン」の主力は青肉系の「アムスメロン」で、赤肉系の「タカミレッド」も出荷する。出荷は6月上旬〜7月下旬頃である。旭市飯岡地区の「飯岡メロン」の主力は青肉系の「タカミメロン」で、「タカミレッド」も出荷する。出荷は6月上旬〜8月中旬頃である。

カキ

カキの栽培面積の全国順位は24位、収穫量は29位である。主産地はいすみ市、富津市、君津市などである。出荷時期は10月上旬〜11月下旬頃である。

ブドウ

ブドウの栽培面積の全国順位は35位、収穫量は37位である。主産地は香取市、東金市、白井市などである。出荷時期は8月上旬〜9月下旬頃である。

パッションフルーツ

パッションフルーツの栽培面積、収穫量の全国順位はともに4位である。収穫量の全国シェアは3.6％である。主産地は木更津市、南房総市、館山市などである。出荷時期は、加温ハウスものが6月〜8月と12月〜3月、無加温ハウスものが7月〜11月頃である。

キウイ

キウイの栽培面積の全国順位は、香川県と並んで10位である。収穫量の全国順位は12位である。主産地は勝浦市、大多喜町、いすみ市などである。出荷時期は10月中旬〜3月下旬頃である。

レモン

レモンの栽培面積の全国順位は14位、収穫量は17位である。主産地は南房総市、鴨川市、館山市などである。出荷時期は10

月下旬～3月下旬頃である。

ウメ ウメの栽培面積の全国順位は14位、収穫量は26位である。主産地は横芝光町などである。

クリ クリの栽培面積の全国順位は12位、収穫量は10位である。主産地は千葉市、成田市、君津市、白井市などである。

桃 桃の栽培面積の全国順位は45位、収穫量は神奈川県と並んで43位である。

ナツミカン ナツミカンの栽培面積の全国順位は18位、収穫量は20位である。主産地は南房総市、鴨川市などである。

ハッサク ハッサクの栽培面積の全国順位は15位、収穫量は19位である。主産地は南房総市、富津市、鴨川市などである。

地元が提案する食べ方の例

梨のコンポート(千葉県)

ナシは皮をむき、芯を除いてくし形に12等分。白ワインでやや透明になるまで煮て、冷蔵庫で冷やす。器に盛り、アイスクリームなどを添え、ミントの葉を飾る。

イチジクの赤ワイン煮(千葉県)

イチジクは縦半分に切り、弱火で数分間煮て、煮汁と一緒に冷蔵庫で冷やす。器に盛り、好みでアイスクリームやヨーグルトを添えミントの葉を飾る。

ビワ種杏仁豆腐(千葉県)

ビワの種は水と一緒にミキサーにかけ、ふきんでこす。牛乳、生クリームを加えて煮、砂糖と、ふやかしたゼラチンを加えて煮溶かす。タッパーに入れ冷蔵庫で固める。

いちご寒天(八千代市)

鍋に粉寒天と水を入れて火にかけ、混ぜながら煮立つまで煮て、砂糖を加えて溶けたら火から下ろし、レモン汁を加える。器に乱切りにしたイチゴを入れて、流し入れる。冷やして固める。

フルーツきんとん(千葉市)

サツマ芋の皮を厚めにむき、1cmの輪切りにしてゆで、つぶして砂糖、パイン缶の汁、水を加え、火にかけて練り混ぜる。レモン汁、パイン缶、

リンゴ、キウイを混ぜる。

消費者向け取り組み

- 柏ブルーベリー観光果樹園組合　柏市
- 梨狩り・ブドウ狩り、桃もぎとりなど　鎌ヶ谷市観光農業組合

▶ 皮まで料理できる八丈フルーツレモン

13 東京都

地勢と気候

　東京都は、特別区である23区、多摩地域、島しょ部からなっている。23区と多摩地域の東部は台地と沖積低地からなる。多摩地域の西部には雲取山を最高峰とした西部山地や、多摩丘陵、狭山丘陵がある。島しょ部は伊豆諸島と、小笠原諸島からなる。いずれも伊豆小笠原海溝西側に、海溝と平行に形成された火山列島である。

　23区と多摩地域は、梅雨期の6月と、秋雨の9月～10月に雨が多い。冬季の降水量は少ない。伊豆諸島の年間降水量は3,000mm前後で多い。小笠原諸島は梅雨や秋雨が本土とは1か月ほどずれ、5月や11月頃に雨が多い。

知っておきたい果物

ブルーベリー　ブルーベリーの栽培面積の全国順位は1位、収穫量は長野県に次いで2位である。品種は「ティフブルー」などが増えている。

　ブルーベリーは、国分寺市、小平市、日野市で古くから栽培されていた。この20年ほどで青梅市、町田市、八王子市などが主産地となり、栽培面積が拡大している。直売のほか、摘み取り園として経営するところも増えている。

カリン　カリンの栽培面積の全国順位は7位だが、収穫量では全国の27.2％を占め1位である。主産地は練馬区、立川市、杉並区などである。

パッションフルーツ　パッションフルーツの栽培面積、収穫量の全国順位は、鹿児島県、沖縄県に次いでともに3位である。収穫量の全国シェアは11.1％である。小笠原村はパッションフルーツの古くからの産地であり、施設での電照栽培技術が確立されて

いる。小笠原産の出荷時期は3月中旬～7月下旬である。

小笠原村以外では、八丈町のほか、近年は神津島村、三宅村、八王子市なども新たな産地として台頭してきた。直売所のほか、島しょでは船客待合室での観光客向けの需要が伸びている。

プルーン
プルーンの栽培面積の全国順位は9位、収穫量は群馬県と並んで10位である。主産地は東村山市、日野市、国分寺市などである。

レモン
レモンの栽培面積の全国順位は15位、収穫量は14位である。主産地は小笠原村と八丈町である。小笠原では「菊池レモン」をグリーンレモンとして収穫し、「島レモン」として特産品になっている。八丈町では、菊池レモンを黄色い完熟果として収穫し、「八丈フルーツレモン」として販売している。生産者は、皮まで料理に使うことを推奨している。生果の直売のほか、加工品が商品化されている。

日本ナシ
日本ナシの栽培面積の全国順位は30位、収穫量は28位である。東京都は、農業産出額の多い野菜や、他の果物が少ないこともあって、東京都の品目別農業産出額で日本ナシが4位に浮上している。主産地は稲城市、小平市、東村山市、日野市、府中市などである。

ナシの栽培地域は、沖積土壌地帯と火山灰土壌地帯に分かれる。沖積土壌地帯は、多摩川流域の稲城市、日野市などを中心とした地域である。古くからの産地が多く、長年の技術の蓄積で栽培が行われている。主力品種は稲城市で作出された「稲城」や「新高」である。稲城産のナシは「稲城の梨」として地域ブランドに登録されている。

火山灰土壌地帯は北多摩を中心とした地域である。1950年代に、畑作改善の一つとして果樹が導入された。主力品種は「幸水」「豊水」「秀玉」で、「あきづき」も増えている。

これらの販売は、市街地の有利性を生かして、庭先や沿道での直売や、宅配便を利用することが多い。贈答用にも使われる。

カキ
カキの栽培面積の全国順位は40位、収穫量は長崎県と並んで39位である。カキは、小規模の栽培農家が多い半面、各地域に栽培技術の高い生産者が散在している。主産地は町田市、練馬区、東久留米市、三鷹市などである。

東京オリジナル品種として「東京紅(べに)」と「東京御所」がある。「東京紅」

は、早生で、着色のよい完全甘ガキである。収穫は10月下旬で、「富有」や「次郎」より10日前後早く、主力のこれらのカキが都内小売店の店頭に出る前のため、都内での直売に適している。2005（平成17）年から2012（平成24）年まで品種登録した。いずれも庭先売りや、共同直売所での直売が中心である。

ブドウ　ブドウの栽培面積、収穫量の全国順位はともに40位である。ブドウは収益性が高いこともあって、若い後継者を中心に野菜からの転換作物として栽培面積が広がっている。

古くから栽培されている「高尾」は東京のオリジナル品種である。近年は「シャインマスカット」などの施設栽培が増加している。

主産地は稲城市、調布市、練馬区、東村山市、三鷹市などである。庭先売りや、宅配便などでの直売が中心である。

キウイ　キウイの栽培面積の全国順位は熊本県と並んで25位である。収穫量の全国順位は24位である。品種の主力は「ヘイワード」だが、黄色系や紅芯系も増えてきた。主産地は三鷹市、立川市、小金井市、東村山市などである。直売が中心で、学校給食用に出荷もされている。

「東京ゴールド」は、東京生まれの新しいキウイである。東京都農林総合研究センターと生産者が育成し、東京のオリジナル品種として、2013（平成25）年に品種登録された。果肉は黄色で、果心部は黄白色である。

リンゴ　リンゴの栽培面積の全国順位は愛媛県と並んで25位である。収穫量の全国順位は27位である。主産地は武蔵村山市、稲城市、瑞穂町などである。

高温による着色不良など栽培環境が悪化し、栽培面積は減少する傾向にある。かつては、もぎ取りなど直売が中心だったが、近年は学校給食用の出荷が増えている。

ミカン　ミカンの栽培面積の全国順位は茨城県と並んで29位である。収穫量の全国順位は30位である。主産地は武蔵村山市、稲城市、瑞穂町などである。武蔵村山市では、古くから「宮川早生」を中心としたもぎ取りが行われている。

ユズ　ユズの栽培面積の全国順位は13位、収穫量は22位で　ある。主産地は青梅市、八王子市、あきる野市などである。青梅市では「澤井ゆず」、あきる野市では「ぼんぼりゆず」として、特産品に位置づけら

れている。生果の直売のほか、加工品が商品化されている。

イチジク　イチジクの栽培面積の全国順位は34位、収穫量は30位である。栽培品種は「桝井ドーフィン」が主力である。主産地は立川市、町田市、国分寺市などである。

日持ちが悪いため、その有利性を生かして庭先や、共同直売所での直売が中心である。

マンゴー　マンゴーは全国では12都道県で生産される。東京都におけるマンゴーの栽培面積の全国順位は、愛知県、高知県と並んで10位である。収穫量の全国順位は10位である。

主産地は小笠原村で、三宅村でも栽培が始まっている。施設栽培が行われており、8月上旬〜9月下旬頃に出荷される。

ウメ　ウメの栽培面積の全国順位は22位、収穫量は32位である。主産地は青梅市、八王子市、あきる野市などである。東京産ウメの出荷のピークは6月頃である。

青梅市はかつてウメの大産地だったが、2009（平成21）年にウメ輪紋ウイルスが確認され、3万本を超すウメの木の伐採を余儀なくされた。青梅市は2015（平成27）年から「梅の里」復活に向けた取り組みに力を入れ、ウイルスを媒介するアブラムシの駆除などに力を入れた。2016年の農林水産省の検討会で一部地域での再植樹が認められたのを受けて、市やJA西東京は植樹に取り組んでいる。

クリ　クリの栽培面積の全国順位は13位、収穫量は18位である。主産地は八王子市、あきる野市、町田市などである。東京産クリの出荷のピークは9月頃である。

スモモ　スモモの栽培面積の全国順位は石川県、岐阜県、静岡県と並んで36位、収穫量は38位である。主産地は八王子市、西東京市、町田市などである。

ナツミカン　ナツミカンの栽培面積、収穫量の全国順位はともに17位である。主産地は三鷹市、大島町などである。

桃　桃の栽培面積の全国順位は鹿児島県と並んで43位、収穫量は45位である。主産地は青梅市、小平市、東村山市などである。

メロン　町田商工会議所は、新たな地域産業を創出するため、農工商連携によってメロンの水耕栽培を始めた。精密機械や医療機器

メーカーなど地域の企業がもつ技術を農業分野に応用し、高付加価値の農作物を生産することを目指した。

メロン専門の果実栽培経験者が誰もいないなかで、2009（平成21）年から取り組んだ。この結果、開発したのが「町田式水耕栽培法」である。メロンは通常、1株から1～4個ほど収穫されるが、新栽培法では約60個を実らせることも可能になった。町田はかつて絹織物の産地である八王子から横浜港に絹を運ぶ中継地だったため、「まちだシルクメロン」と名付けた。「町田式水耕栽培法」を用いて「まちだシルク農園」で栽培された「まちだシルクメロン」は2015（平成27）年に初収穫された。このメロンを使ったスイーツが「まちだシルクメロン・プレミアムスイーツ」として認定されている。

地元が提案する食べ方の例

鮭と野菜のりんごしょうが焼き（東京都厚生農協連）

醤油などソースにショウガとリンゴのすりおろしを入れることで、塩分が控えられる健康料理。ソースをフライパンで温め、火を通したサケや野菜を絡める。

ヨーグルトのコールスロー（東京都厚生農協連）

材料はキャベツ、リンゴ、タマネギ、キュウリなど。リンゴは皮付きのままイチョウ切りにしてレモン汁をかける。プレーンヨーグルト、ハチミツなどを調味料に。

リンゴのクランブル（西東京市）

フライパンにバターを溶かし、一口大の乱切りにしたリンゴを炒める。リンゴに火が通ったら、砕いたクラッカーとともに皿に盛る。アイスクリームをのせ、シナモンを好みで。

きよはちゼリー（清瀬市）

「きよはち」は清瀬産のハチミツ。煮たニンジンと半量のリンゴジュースをミキサーに。粉寒天を煮溶かし、残りのジュースにきよはちを加え、両者を混ぜて型に流し、冷やして固める。

白玉フルーツポンチ（足立区）

白ワイン、砂糖、水を鍋に入れ加熱して、シロップをつくって冷やす。白玉粉を練ってだんごにし、熱湯でゆでる。バナナ、キウイと、ミカン、

パイン、桃の缶詰を白玉だんご、シロップと混ぜる。

消費者向け取り組み

- ブドウ狩り　世田谷ブドウ研究会
- ブルーベリー狩り　恩方ブルーベリーの里組合

▶ 神奈川生まれの「湘南ゴールド」「片浦イエロー」

14 神奈川県

地勢と気候

　神奈川県は関東平野の南西部に位置し、北は東京都に接し、東は東京湾、南は相模湾、西は山梨、静岡両県に接している。地形は、西部が山地、中央は平野と台地、東部は丘陵と沿海部の3つに分けられる。県の中央部を相模川、西部を酒匂川が流れている。全国の主な湖で7番目に高い地点にある芦ノ湖をはじめ、相模湖、津久井湖、丹沢湖、宮ケ瀬湖など水資源利用のための人造湖が多い。426 kmの海岸線は変化に富む。神奈川県の農地面積は、県全体の9.4％（2010年）にとどまっている。富士箱根伊豆国立公園の一角をなしている箱根や湯河原の温泉地帯、丹沢の山岳地帯などがある。

　気候は、温暖で雨量の多い太平洋側気候である。北西部に「神奈川の屋根」といわれる標高1,500m級の丹沢山塊や箱根をひかえ、東と南が海に面し、太平洋の黒潮の影響を受けるためである。

知っておきたい果物

キウイ　キウイの栽培面積、収穫量の全国順位は、ともに愛媛県、福岡県、和歌山県に次いで4位である。全国シェアは、栽培面積で6.4％、収穫量で6.2％である。栽培品種は「片浦イエロー」と「ヘイワード」である。主産地は小田原市、南足柄市、山北町、秦野市などである。出荷時期は12月～5月頃までである。

　神奈川県内のキウイ栽培は、1974（昭和49）～75（昭和50）年に山北町の農家が導入したのが始まりである。県西地域は貯蔵生産基地として全国的にもシェアが高い。県西地域以外では直売用に小規模栽培が増加している。

　「片浦イエロー」は、果肉が黄色で、年内に収穫できる早生品種である。1994（平成6）年に中国系の「アップル」に、中国系キウイから選抜した

雄系統を交配し、2001（平成13）年に選抜した。品種登録を受けたのは2008（平成20）年である。開花がヘイワードより7〜10日くらい早く、10月下旬〜11月上旬頃に収穫できる。収穫後低温貯蔵することで、12月頃から成熟してくる。重さは100g程度で、ヘイワードよりやや小ぶりである。主に直売向けに開発した。

オウゴンカン

漢字では黄金柑と書く。ゴールデンオレンジともいう。オウゴンカンの生産県は4県である。神奈川県は栽培面積で52.1％、収穫量で63.3％を占め、ともに全国一である。主産地は小田原市などである。

ウメ

ウメの栽培面積の全国順位は9位、収穫量は8位である。「白加賀」や「玉英」などは梅酒用、「十郎」などは梅干し用などである。小田原では北條時代に城内や屋敷に梅の植樹を奨励し、梅干しとして漬け込まれてきた。主産地は、小田原市、南足柄市、中井町、大井町、松田町、山北町などである。

「十郎」は、1957（昭和32）年に当時の鈴木十郎小田原市長が良品の梅干しづくりを提唱し、同市下曽我地区の農家を中心に結成した梅研究同士会と、神奈川県農業試験場（当時）が協力して育成した。果肉が厚くて、やわらかく、種が小さいのが特徴である。

ミカン

ミカンの栽培面積、収穫量の全国順位はともに10位である。ミカンは神奈川県の農業産出額で8位を占め、果物では最も多い。ミカンの生産量は関東地方で最も多い。四国や九州のミカンに比べて酸味が強めである。

品種は「大津4号」「青島温州」「宮川早生」が中心である。大津は、湯河原町の大津祐男氏によってつくられ、1977（昭和52）年に品種登録された。主産地は小田原市、伊勢原市、三浦市、真鶴町、大磯町などである。出荷時期は通常のミカンが10月〜3月、ハウスミカンが6月中旬〜10月頃である。ハウスミカンは、8月頃には地方市場や直売向けに多く出荷される。

神奈川県内のハウスミカンは、1975（昭和50）年に小田原市石橋の農家が導入したのが始まりである。湘南地域では特産品として「湘南の輝き」というブランドがあり、神奈川県内で最も早く6月中旬頃から出荷される。「湘南の輝き」は、糖度12度以上を基準にしている。

湘南ゴールド

農林統計によると、主な生産地は神奈川県だけである。主産地は小田原市、二宮町などである。出荷時期は3月中旬～4月中旬である。

神奈川県農業技術センターで育成され、2003（平成15）年に品種登録した。県西部で栽培されていた黄金柑（ゴールデンオレンジ）と、今村温州を交配して誕生した。同センターは、「幸せを呼ぶ新感覚オレンジ」のキャッチフレーズで消費の喚起に努めている。

日本ナシ

ミカンに次いで収穫量の多いのは日本ナシで、神奈川県の品目別農業産出額では10位である。日本ナシの栽培面積、収穫量の全国順位はともに14位である。栽培品種は「幸水」と「豊水」を中心とし、「新水」「あけみず」「あきづき」「新高」「筑水」「長十郎」などが栽培されている。主産地は横浜市、川崎市、伊勢原市、小田原市、厚木市などである。出荷時期は、7月下旬～10月中旬頃である。

「幸水」と「豊水」は、神奈川県園芸試験場（当時、現神奈川県農業技術センター）で育成された「菊水」から育成された品種で、神奈川県が現在のナシの主要品種の基礎を築いた。極早生種の「香麗」と「なつみず」も神奈川県が育成し、導入している。

川崎市は、「長十郎」の発祥の地である。1893（明治26）年に大師河原（現川崎市日の出町）の当麻辰次郎（通称屋号、長十郎）のナシ園から長十郎が発見された。川崎で栽培されるナシは「多摩川ナシ」、横浜では「浜ナシ」、足柄地域では「足柄ナシ」などとよばれ、地元で親しまれている。多摩川ナシの栽培は1650（慶安3）年からと古い。

カキ

カキの栽培面積の全国順位は23位である。収穫量の全国順位は21位である。神奈川県では、大正時代に、現在の主力品種の「富有」と「次郎」の栽培が始まった。主産地は伊勢原市、小田原市、横浜市などである。出荷時期は11月上旬～12月上旬頃である。

省力化技術として、平棚栽培が一部地域で導入され、樹体ジョイント仕立て法の取り組みも始まっている。神奈川県におけるカキの中心地は伊勢原で、同市大山付近には、樹齢200～300年に及ぶ老樹が多くみられる。

日本で最も古い甘ガキは「禅寺丸柿」である。鎌倉時代初期に、川崎市の柿生付近で発見された。柿生の地名の由来にもなっている。小粒で丸く、水分が豊富だ。1960（昭和35）年代後半、「富有」「次郎」など実の大き

い甘ガキが増産されるとともに、生産量が減っていった。現在では、川崎市と、隣接する東京都町田市でしかほとんど栽培されていない。地元では柿生禅寺丸柿保存会が結成されている。

スイカ
スイカの作付面積の全国順位は9位、収穫量は12位である。主産地は三浦市で、横須賀市、横浜市などが続いている。出荷時期は小玉スイカが6月下旬～8月上旬、大玉のスイカが7月上旬～8月中旬頃である。三浦市では、1883（明治16）年頃にスイカの栽培が始まった。

清見
清見の栽培面積、収穫量の全国順位はともに8位である。主産地は小田原市などである。

レモン
レモンの栽培面積、収穫量の全国順位はともに9位である。主産地は小田原市で、「片浦レモン」などを生産している。

ネーブルオレンジ
ネーブルオレンジの栽培面積の全国順位は9位、収穫量は8位である。主産地は小田原市、湯河原町、南足柄市、秦野市などである。

ハッサク
ハッサクの栽培面積の全国順位は島根県と並んで22位である。収穫量の全国順位も22位である。主産地は小田原市、湯河原町、南足柄市などである。

メロン
栽培品種は「タカミメロン」「キンショーメロン」などで、露地トンネル栽培が中心である。主産地は川崎市、三浦市、横須賀市などである。収穫時期は6月下旬～7月下旬頃である。

イチジク
イチジクの栽培面積の全国順位は、高知県と並んで36位である。収穫量の全国順位は29位である。主産地は大井町、横浜市などである。

ブルーベリー
ブルーベリーの栽培面積の全国順位は17位、収穫量は9位である。主産地は横浜市、相模原市、小田原市などである。

クリ
クリの栽培面積の全国順位は11位、収穫量は15位である。主産地は秦野市、横浜市、相模原市などである。

ギンナン
ギンナンの栽培面積の全国順位は26位、収穫量は21位である。主産地は小田原市、山北町、大和市などである。

ナツミカン

ナツミカンの栽培面積の全国順位は20位、収穫量は21位である。主産地は小田原市、湯河原町、南足柄市などである。

不知火

不知火の栽培面積の全国順位は18位、収穫量は20位である。主産地は小田原市などである。

ブドウ

ブドウの栽培面積の全国順位は34位、収穫量は36位である。主産地は伊勢原市、藤沢市、秦野市、厚木市などである。

イチゴ

主産地は平塚市、海老名市、厚木市、秦野市などである。ハウス栽培の出荷時期は12月～5月頃である。

地元が提案する食べ方と加工品の例

果物の食べ方

みかんジュース入り炊き込みご飯（神奈川県が認定するふるさと生活技術指導士）

米は炊く30分前にとぎ、ざるなどに上げておく。米2合の場合、ミカン果汁と水を各240cc、塩、みじん切りのニンジン、石づきを取り、細かくさいたシメジを入れて炊く。グリーンピースを飾る。

梅ごはん（伊勢原市）

米をといで、コンブでとっただし汁に漬ける。種を取り、果肉を包丁でたたいてつぶした梅干しと醤油、塩を入れて味を調え、炊飯器で炊く。梅干しの酸味が薄まり、さっぱりした味に。

小松菜とまいたけの柚子おろし和え（相模原市）

ゆでた小松菜、酒と塩を加えて火を通したマイタケを、ユズと醤油を混ぜたユズ醤油少量で和え大根おろしを合わせ、残りのユズ醤油を加える。ユズの果皮を飾る。

ゆずだれの簡単ピョンズ（韓国風水餃子）（神奈川県）

トウガン、白菜、豚挽き肉を、おろしショウガ、酒、ごま油などを混ぜて、ぎょうざの皮で包み、ゆでる。皿に盛り、ユズだれ、すりおろした大根を添える。

大根とリンゴのゼリー（横浜市）

大根、リンゴを正方形状に切って、鍋で加熱し、水で戻した寒天を入れ、

煮る。大根が透き通ってきたら、リンゴジュースなどを入れ、冷やして、固める。料理コンクールレシピ。

果物加工品

- 曽我の梅干　JAかながわ西湘梅干生産部
- 梅の里のジャム　JAかながわ西湘梅ジャム生産部
- 梅の風（梅ドリンク）　JAかながわ西湘
- かわさき柿ワイン禅寺丸　柿生禅寺丸柿保存会
- いちご酢　海老名銘酒開発委員会
- いちごわいん　海老名銘酒開発委員会

消費者向け取り組み

- かながわブランド
- 二宮果樹公園　二宮町

▶「ル・レクチェ」のシェア9割以上

15 新潟県

地勢と気候

新潟県は、日本海沿岸のほぼ中央部に位置する。東側は朝日山地、飯豊山地、越後山脈、西側は西頸城山地、白馬山地といった標高2,000m級の山々に囲まれている。これらの山岳を源にした信濃川、阿賀野川の下流部に広大な新潟平野、鯖石川下流部に柏崎平野、関川下流部に高田平野が広がっている。信濃川は367kmで、全国で最も長い河川である。佐渡は、大佐渡山地と小佐渡丘陵が平行に走り、その間に国仲平野がある。

新潟県は全国有数の豪雪県である。大陸から吹き込む強い北西の季節風が暖かい対馬海流の上空を通って湿った雲となり、県境の山にぶつかって雪を降らせるためである。ただ、積雪量は地域や、年によって大きく異なる。

知っておきたい果物

西洋ナシ 西洋ナシの栽培面積の全国順位は、山形県、青森県に次いで3位である。収穫量の全国順位は、山形県に次いで2位である。

主産地は新潟市、加茂市、三条市、佐渡市、聖籠町などである。これらの地域で栽培しているのは「ル・レクチェ」である。「ル・レクチェ」は1903(明治36)年頃にフランスのオルレアンから新潟県内に導入された。現在も9割以上を新潟県で生産している。10月下旬頃に収穫後、追熟期間として40日ほど寝かせて、11月下旬～12月下旬頃に出荷している。歳暮の時期と重なることもあり、贈答品としての需要が多い。

スイカ スイカの作付面積の全国順位は、熊本県、千葉県、山形県に次いで4位である。収穫量の全国順位は5位である。主産地は新潟市と南魚沼市である。小千谷市、魚沼市、佐渡市などでも出荷している。出荷時期は5月中旬～8月中旬頃である。

南魚沼市の旧大和町(やまと)八色原で生産されるのは「八色スイカ」である。大玉の「富士光TR」と小玉の「ひとりじめ7」などを栽培している。出荷時期は前者が7月下旬～8月中旬、後者が7月上旬～下旬頃である。

新潟市南浜では「南浜すいか」を産出し、6月中旬～7月下旬頃に出荷している。燕市では、大玉が「だんらん」を主体に「祭ばやし777」など、小玉が紅系で「サマーキッズ」を主体に「ひとりじめ7」「TBC99」、黄系で「黄小玉H」などを生産している。

カキ 　カキの栽培面積の全国順位は10位、収穫量は6位である。栽培品種は「刀根早生」「平核無」などである。主産地は佐渡市、新潟、柏崎市、阿賀野市などである。出荷時期は「刀根早生」が10月中旬～11月上旬、「平核無」が11月上旬～12月上旬頃である。

「刀根早生」「平核無」を、佐渡市や阿賀野市では「おけさ柿」として、JA越後中央では「越王おけさ柿」として出荷している。

柏崎市、長岡市、刈羽村、村上市、関川村では「平核無」を10月下旬～11月中旬頃に出荷している。

桃 　桃の栽培面積、収穫量の全国順位はともに7位である。栽培品種は「日の出」「あかつき」「川中島白桃」などである。主産地は新潟市、加茂市、三条市、田上町、聖籠町などである。

三条市、加茂市、田上町を管内にもつJAにいがた南蒲は、「日の出」「まさひめ」「あかつき」「なつっこ」「山根白桃」「川中島白桃」「白根白桃」などをリレー出荷している。リレー出荷の期間は7月中旬～9月下旬である。

新潟市、燕市、弥彦村を管内にもつJA越後中央は、7月下旬～8月上旬頃に出荷する「日の出」を主体に、「日川」「八幡」「長沢白鳳」「あかつき」「まさひめ」「川中島白桃」などを出荷している。

柏崎市などは「白鳳」を7月下旬～8月中旬頃に出荷している。五泉市、阿賀町では「日の出」「川中島白桃」などを栽培し、7月中旬～9月下旬頃に出荷している。

日本ナシ 　日本ナシの栽培面積の全国順位は8位、収穫量は7位である。栽培品種は「新水」「幸水」「豊水」「二十世紀」「新星」「新清豊」「あきづき」「新高」「新興」「愛宕」などである。主産地は新潟市、加茂市、三条市、聖籠町、佐渡市などである。出荷時期は8月上旬～12

月下旬頃で、地域によって異なる。

サクランボ　サクランボの栽培面積の全国順位は8位、収穫量は9位である。栽培品種は「高砂」「佐藤錦」「ナポレオン」などである。主産地は聖籠町、新潟市などである。収穫時期は5月下旬～7月下旬頃である。

ギンナン　ギンナンの栽培面積の全国順位は3位、収穫量は5位である。主産地は佐渡市、新発田市、長岡市、柏崎市、刈羽村などである。出荷時期は10月中旬～12月下旬頃である。

イチジク　イチジクの栽培面積、収穫量の全国順位はともに12位である。主産地は新潟市、燕市、弥彦村、新発田市、佐渡市などである。新潟市、燕市、弥彦村を管内にもつJA越後中央は、「桝井ドーフィン」を中心に県全体の60％を出荷している。

ブドウ　ブドウの栽培面積の全国順位は16位、収穫量は14位である。主産地は新潟市、聖籠町、上越市、三条市などである。

　五泉市、阿賀町では「巨峰」「デラウェア」「ネオマスカット」「ロザリオ・ビアンコ」「早生甲斐路」などを栽培している。出荷時期は7月下旬～10月下旬頃である。

　胎内市では「タノブラック」を栽培している。出荷時期は8月下旬～9月下旬頃と短い。

リンゴ　リンゴの栽培面積の全国順位は19位、収穫量は18位である。栽培品種は「さんさ」「ふじ」「つがる」などである。産地は五泉市、佐渡市、燕市などである。出荷時期は8月下旬～11月下旬頃である。

キウイ　キウイの栽培面積の全国順位は、山口県と並んで18位である。収穫量の全国順位は19位である。主産地は佐渡市などである。佐渡市は「ヘイワード」を12月頃に出荷している。

クリ　クリの栽培面積、収穫量の全国順位はともに23位である。主産地は五泉市、柏崎市、長岡市、刈羽村などである。新潟県には「彼岸の早生栗早生アケビ」という言葉がある。秋の彼岸になると早生のクリやアケビが熟し始める、という意味である。実際、クリの出荷時期は9月上旬～11月下旬で、彼岸の頃に旬を迎える。五泉市では、県内でいち早く低樹高栽培を導入した。

ミカン 　ミカンの栽培面積、収穫量の全国順位はともに33位である。産地は佐渡市などである。佐渡市での収穫時期は11月中旬頃からである。佐渡の南部では明治初期からミカンが自家用として栽培されてきた。羽茂地区には樹齢約130年以上のミカンの古木があり、佐渡市の天然記念物に指定されている。

スモモ 　スモモの栽培面積の全国順位は、大阪府、島根県、山口県と並んで32位である。収穫量の全国順位は33位である。

ブルーベリー 　ブルーベリーの栽培面積の全国順位は29位、収穫量は31位である。主産地は新発田市、上越市、長岡市などである。

イチゴ 　柏崎市、長岡市、阿賀野市、新潟市、燕市、新発田市、五泉市、阿賀町などで、新潟生まれの「越後姫」を栽培している。出荷時期は11月下旬〜7月上旬で、地域によって異なる。

「越後姫」は、新潟県で母方に「女峰」と「ベルルージュ」の交配種、父方に「とよのか」を交配させて生まれた。低温で日照時間の少ない新潟県の気候に合うように改良された。「かれんでみずみずしい新潟のお姫様のようだ」ということで、1994（平成6）年に当時の平山征夫知事が命名した。

メロン 　新潟市でマスクメロンの「あきみどり」「アールスナイト」を栽培している。燕市、弥彦村では、7月上旬頃出荷の「アンデスメロン」、赤肉の「モナミレッド」黄皮でネットのない「イエローキング」、緑肉の「越後ロマン」など多彩な品種を生産している。

ウメ 　ウメの栽培面積の全国順位は38位、収穫量は30位である。主産地は新潟市などである。出荷時期は6月上旬〜下旬頃である。新潟市では「藤五郎」を産出する。同市江南区亀田地区でのウメ栽培の歴史は古く、江戸時代後期に宇野藤五郎が栽培し、新潟市場に出荷したのが始まりである。その優れた品質から「藤五郎」とよばれるようになった。

地元が提案する食べ方の例

スイカ糖（JA北魚沼）

　ジューサーでスイカの果汁を絞り、布でこす。弱火にかけて煮詰め、赤い浮遊物が出たら取り除く。とろみがついてきたら火を止め、少しあめ色

になったらできあがり。
春菊とりんごのツナサラダ（上越市）
　北陸農政局の募集した「わが家・我が地域の自慢料理」の応募作品。シュンギクの苦み、リンゴの食感、ツナのおいしさの取り合わせ。
いちじくかん（上越市清里区櫛池農業振興会）
　イチジクは皮をむいてミキサーにかける。水につけて戻した寒天に砂糖を加えて煮溶かしイチジクを入れて沸騰させ、型に流し、冷やし固める。櫛池地区の郷土料理。
柿と大根の秋色サラダ（JAにいがた南蒲）
　カキと大根は皮をむき、細切りに。大根の葉はさっとゆで刻む。カキ、大根、大根の葉、オリーブオイルをボウルで混ぜる。レモン汁、塩、コショウで味を調える。
リンゴとサツマイモの焼き菓子（JA新潟みらい）
　サツマイモはゆでて皮をむいてつぶし、砂糖と牛乳を加えて煮る。これを耐熱皿に移し、表面を平らにして厚さ3mmに切ったリンゴを並べ、オーブンで焼く。

消費者向け取り組み
- いちご狩り　麓二区生産組合、弥彦村

▶「医王おろし」が独特の甘味を育む「三社柿」

16 富山県

地勢と気候

　本州中部の日本海側に位置する富山県は、東部に飛騨山脈、南部に飛騨高地の一部、西部に両白山地の一部がかかり、三方を山岳地帯に囲まれている。飛騨山脈の一部を構成する立山連峰は標高3,000m級の山々が連なっている。立山連峰を縫って黒部川の流れる黒部峡谷は深いV字型の峡谷である。富山湾に面した平野には、黒部川、常願寺川、庄川など急流河川が運んだ砂礫からなる扇状地が分布し、都市を形成している。

　気候は日本海側の気候に属している。高低差が大きいこともあって、冬と夏の気温差も大きい。特に、立山連峰は有数の豪雪地帯であり、5月の連休頃まで山岳地帯の道路が不通になる。夏は、フェーン現象の影響で気温が上がり、高温多湿になる。

知っておきたい果物

リンゴ　リンゴの栽培面積の全国順位は11位、収穫量は13位である。主産地は射水市、富山市、氷見市、魚津市、小矢部市、高岡市などである。

　地域によって主力品種が異なり、射水市は早生種の「さんさ」「ふじ」「王林」、富山市は早生の「つがる」、氷見市は「ふじ」「こうたろう」「陽光」などを栽培している。このため、出荷時期も幅広い。上市町などのアルプスリンゴは特産品である。10月下旬〜12月下旬頃に出荷する。

　魚津市でリンゴの栽培が始まったのは1905（明治38）年で、100年以上の歴史がある。加積地区は、リンゴの生産地としては比較的南に位置し、霜や実の凍結の恐れがないため、樹の上で完熟するのを待って収穫している。このため、糖度が高くなる。加積地区とその周辺地域で生産されるリンゴは「加積りんご」として地域ブランドの登録を受けている。品種は「ふじ」が中心である。生産者は、土づくり、化学肥料・農薬の逓減を一体的

に行い、全員がエコファーマーの認定も受けている。11月中旬～12月中旬頃に農家の庭先で販売されることが多い。

西洋ナシ　西洋ナシの栽培面積の全国順位は、山梨県と同じで13位である。収穫量の全国順位は14位である。主産地は立山町などである。出荷時期は10月下旬～11月下旬頃である。

立山町では、1990（平成2）年に上東地区を中心に上東果樹生産組合が設立され、水田転作として「ラ・フランス」を生産している。

ギンナン　ギンナンの栽培面積の全国順位は、石川県と同じで13位である。収穫量の全国順位は16位である。主産地は南砺市、立山町、富山市などである。南砺市の場合は、「久寿」を中心に10月～12月上旬頃に出荷している。

日本ナシ　日本ナシの栽培面積の全国順位は19位、収穫量は17位である。主に「幸水」「新水」「新高」などを産出する。主産地は富山市、射水市、魚津市などである。

特に、富山市街地に近い同市呉羽（くれは）地区は県内最大の日本ナシ「幸水」の産地で、「呉羽梨」として知られている。呉羽地区の日本ナシ栽培は、1897（明治30年）頃に土池弥次郎が取り組んだのが始まりである。袋掛けを行わない無袋栽培に取り組んでいる。出荷時期は、「幸水」「新水」が8月中旬～9月上旬、「新高」が9月～10月である。

カキ　カキの栽培面積の全国順位は22位、収穫量は24位である。カキの主産地は、南砺市、氷見市、砺波市、射水市などであり、射水市は「水島柿」の発祥の地である。南砺市は「富有」が多い。

干し柿の吊るし柿は越中名産「富山干柿」として知られている。干し柿の製法は慶長年間（1596～1615）に美濃の国（現在の岐阜県）から伝えられた。江戸時代に加賀3代藩主前田利常が殖産施策として干し柿づくりを奨励したことで今日の礎が築かれた。

「富山干柿」に使われるのは、南砺市福光地域原産の「三社柿（さんじゃがき）」である。医王山の麓に広がる福光地域や城端地域では古くから、農家の冬仕事として干し柿づくりが行われてきた。医王山から吹きおろす「医王おろし」が独特の甘味を育んだ。干し柿の出荷時期は10月下旬～1月中旬である。

「食べる人もつくる人もみんなに福が来るように」という願いを込めて命名されたのが「ふく福柿」である。「刀根早生」を脱渋装置にかけて渋

を抜いたカキで、砺波市東部の山間地域などが産地である。

スイカ スイカの主産地は、南砺市、氷見市、砺波市、入善町、富山市などである。栽培品種は、南砺市が「マダーボール」、氷見市は「ブラックボンバー」が多い。出荷時期は7月〜8月頃である。

黒部川扇状地に位置する入善町は豊富な湧水にも恵まれスイカの産地を形成している。ここで産出するスイカはラグビーボールのような長楕円形が特徴で、大きいものでは重量が20kgを超えるものもある。入善町産のスイカは「入善ジャンボ西瓜」として地域ブランドの登録を受けている。出荷の際はネットに入れて、わらで編んだ「さん俵」とよばれる座布団を上下に挟んでいる。7月下旬〜8月中旬頃にかけて出荷され、贈答品として愛用されている。

富山市婦中町地区では1952（昭和27）年頃から「朝日すいか」を生産している。生産管理を徹底し、糖度14〜15度で完熟したものを販売している。農家の庭先と通信販売が中心である。

桃 桃の栽培面積の全国順位は25位、収穫量は30位である。主産地は魚津市、富山市などで、栽培品種は「あかつき」などが中心である。出荷時期は7月下旬〜8月下旬頃である。

ユズ ユズの栽培面積の全国順位は22位、収穫量は33位である。主産地は氷見市、立山町、砺波市などである。収穫時期は11月上旬〜11月下旬頃である。

砺波市庄川町は、庄川嵐とよばれる強い風や冬の寒さがきつい。この土地で産出される「庄川ゆず」はこうした気候風土の影響を受けるため、表面が粗く凸凹が目立ち、果皮は厚く、香りが強い。庄川町金屋地域で生産されるユズは古くから「金屋ゆず」との名で親しまれてきた。1981（昭和56）年には金屋ゆず生産組合が発足している。

ミカン ミカンの栽培面積の全国順位は35位である。主産地は氷見市などである。収穫時期は11月上旬〜12月下旬頃である。

日本海に臨む氷見市灘浦地区は、暖流と寒流が交わる影響で、気温が比較的高い。このため、リンゴとミカンを同時に栽培している。この土地で生産している「灘浦みかん」は、2006（平成18）年に栽培が始まった。ミカン農家は「灘浦かんきつ研究会」を設けている。

ブドウ

ブドウの栽培面積の全国順位は44位、収穫量は45位である。主産地は魚津市、砺波市、滑川市、南砺市、射水市などである。富山県産ブドウの出荷時期は8月中旬～10月上旬頃である。

「西布施ぶどう」で知られる魚津市東部の西布施地区は、県内最大級のブドウの産地である。小高い山側にブドウ畑が点在している。「巨峰」「安芸クイーン」「シャインマスカット」「竜宝(りゅうほう)」などをバランスよく組み合わせ、8月上旬～10月上旬頃にリレー出荷を行っている。

南砺市では「スチューベン」を中心に9月頃、射水市は種なしの「巨峰」を中心に8月頃出荷する。

ヤマブドウ

ヤマブドウの栽培面積の全国順位は12位、収穫量は10位である。主産地は氷見市などである。

ウメ

ウメの栽培面積、収穫量ともに全国順位は44位である。主産地は高岡市、射水市、氷見市などである。出荷時期は5月～6月頃である。

氷見市稲積地区で生産されている「稲積梅」は富山県の固有種のウメである。枝があまり横に張らないのが特徴で、雪が枝にたまりにくく、雪深い気候に順応している。

クリ

クリの栽培面積の全国順位は44位、収穫量は鳥取県と並んで42位である。主産地は氷見市、南砺市、高岡市などである。氷見市では「氷見栗」として9月上旬～12月中旬頃に出荷している。

ブルーベリー

ブルーベリーの栽培面積の全国順位は40位、収穫量は高知県と並んで38位である。主産地は氷見市、富山市、立山町などである。

キウイ

キウイの栽培面積の全国順位は37位、収穫量は39位である。主産地は氷見市などである。

イチジク

イチジクの栽培面積の全国順位は33位、収穫量は38位である。主産地は富山市、高岡市などである。

地元が提案する食べ方の例

ゆずみそ（富山県）

ユズのへたを切り落とし、中身をくり抜いて器にする。好みに応じて味をつけた味噌を器に入れ、ガスコンロなどの上にアルミはくを敷き、その

上に置いて焼く。そのままご飯につけて食べる。
アップル・ビーンズ（滑川市）
　北陸農政局が募集した「わが家・我が地域の自慢料理」の応募作品。リンゴの甘酸っぱさと、甘い煮豆の調和。うずら豆か金時豆はゆっくり、やわらかく煮る。
簡単りんごケーキ（小矢部市）
　北陸農政局が募集した「わが家・我が地域の自慢料理」の応募作品。材料はリンゴ、クルミ、スライスアーモンド、小麦粉、卵など。
ラ・フランスのビシソワーズ風シュプレーム（富山県）
　材料はラ・フランス、巨峰、生クリームなど。ラ・フランスは皮をむいて生クリームなどと一緒にミキサーに。巨峰は皮をむいて凍らせる。
いちじくのミルフィーユ（富山県）
　4等分した春巻きの皮の両面に溶かしたバターを塗り、オーブンで5分ほど焼く。その上にチョコアイスとスライスしたイチジクをのせる。

消費者向け取り組み

- 庄川ゆずまつり　金屋ゆず生産組合、11月中旬

▶ミネラルに富んだ赤土が広がる丘陵地で「能登すいか」

17 石川県

地勢と気候

　石川県は南北に長く、津幡町以北の能登地方と、金沢市以南の加賀地方に分かれる。能登地方は、標高300m以下の低山性山地と丘陵地がほとんどを占め、海岸段丘が発達している。加賀地方の南東部は、白山を最高峰とする山岳地帯である。山岳地帯から北西に流れる河川によって沖積平野が形成されている。

　石川県は日照率の低い日本海側の気候であり、その特性が顕著に現れる冬季は、北西からの季節風によって気温が低く、雪の降る日が多い。年間を通して雷が多発し、特に冬季は雷が多く観測される。発達した低気圧が日本海を通過するときにみられるフェーン現象など季節風の影響を受けやすい。

知っておきたい果物

スイカ　スイカの作付面積の全国順位は13位、収穫量は9位である。主産地は金沢市、羽咋市、内灘町、志賀町、かほく市などである。「金沢スイカ」は6月中旬～8月上旬頃まで出荷するが、7月上旬～中旬頃がピークとなる。かほく市、津幡町などの「大崎すいか」は6月下旬～8月上旬頃に出荷される。

　珠洲市、羽咋市、志賀町、穴水町、能登町などの「能登すいか」は、能登野菜振興協議会の認定する「能登野菜」品目の一つに認定されている。生育地の土壌によって、能登特有のミネラルに富んだ赤土が広がる丘陵地の「赤土スイカ」と、日本海に面する砂丘地での「砂丘スイカ」に分かれる。品種は「星きらら」と「祭ばやし」が多い。「能登すいか」は6月下旬～8月下旬頃に関西市場を中心に出荷される。

メロン　メロンの作付面積、収穫量の全国順位はともに10位である。主産地は金沢市、白山市、小松市、能登町などである。

メロンは白山市の特産品であり、「アムスメロン」「アールスメロン」「アリスメロン」「マルセイユメロン」「プリンスメロン」「エリザベスメロン」などを幅広く生産している。七尾市では「アールスメロン」が中心である。出荷時期は白山市6月中旬～8月下旬、金沢市7月上旬～10月中旬、七尾市7月下旬～8月中旬頃と微妙に差がある。

リンゴ

リンゴの栽培面積の全国順位は16位、収穫量は17位である。リンゴの主産地は金沢市、志賀町、珠洲市、能登町などである。金沢市では、晩成種の「ふじ」や、金沢生まれの新品種「秋星」などが栽培されている。石川県におけるリンゴの出荷時期は9月中旬～1月中旬頃である。

イチジク

イチジクの栽培面積の全国順位は21位、収穫量は19位である。主産地は宝達志水町を中心に、輪島市、川北町などである。出荷時期は8月上旬～11月中旬頃である。

宝達志水町で「押水イチジク」を栽培しているのは紺屋、北川尻、免田など宝達山の麓の地区である。1972（昭和47）年に、米の減反に伴い数軒の農家で奈良県のイチジク産地から栽培方法を学んだのが始まりである。完熟させてから収穫している。

日本ナシ

日本ナシの栽培面積の全国順位は24位、収穫量は19位である。主産地は加賀市、金沢市、白山市などである。

金沢市の場合、「新水」「幸水」「豊水」「鞍月」「二十世紀」「南水」「あきづき」「新高」などを「金沢梨」として出荷している。加賀市の場合、「愛甘水」「新水」「幸水」「豊水」「二十世紀」「あきづき」「新高」を「加賀梨」として出荷している。白山市は「幸水」「新高」「新興」「あきづき」を生産している。

県内の日本ナシの出荷時期は8月上旬～11月中旬頃が中心である。

ブドウ

ブドウの栽培面積の全国順位は24位、収穫量は25位である。主産地はかほく市、加賀市、中能登町、金沢市などである。金沢市の出荷時期は6月下旬～9月下旬頃である。

日本海に臨む砂丘地のかほく市高松では「デラウェア」や「巨峰」を栽培し、「高松ぶどう」として出荷している。高松での砂丘地ブドウの栽培は約80年の歴史がある。羽咋市では、種なしの「デラウェア」や、石川県のオリジナル品種である「ルビーロマン」を中心に栽培している。「ル

ビーロマン」は7月末頃に初せりが行われる。

　穴水町旭ケ丘、輪島市鵜山などの丘陵地では主にワイン醸造用のブドウを栽培している。穴水湾で収穫したカキの殻を肥料に使っている。海の見える丘陵地などに並ぶブドウ畑は能登の里山景観の一つでもある。

カキ

カキの栽培面積の全国順位は21位、収穫量は26位である。主産地は志賀町、かほく市、宝達志水町、金沢市、川北町などである。

　干しガキの「枯露柿」は能登を代表する特産品である。秋になると、眉丈山の山里に散在する農家にカキの実が吊され、この地方の風物詩になっている。「枯露柿」は、関西市場や石川県内を中心に出荷される。出荷時期は11月中旬〜12月下旬頃で、正月の贈答品などにも使われる。

　このうち、「能登志賀ころ柿」は、2016（平成28）年に、農産物など地域ブランド品の品質に国がお墨付きを与え、生産者を保護する「地理的表示（GI）」を取得した。登録生産者団体はJA志賀である。指定生産地は、志賀町のうち1970（昭和45）年から2005（平成17）年までの旧志賀町区域である。

　「能登志賀ころ柿」は、糖度の高い「最勝」を原料に使用し、外観があめ色の干しガキである。人手による柿もみ、ゆっくりとした干し上げなど伝統的な製法でつくられている。旧加茂村と旧下甘田村では、藩政時代から今日まで約400年にわたり、干し柿の生産が続けられている。1889年（明治22年）には、「西条柿」を原種とした品種の中から加工した際の食味が良好な「最勝」を選抜し、今日まで増殖を続けてきた。

　「能登志賀ころ柿」は、石川県に古くから伝わる伝統技法を用いて製造された加工食品として2000（平成12）年に石川県から「ふるさと認証食品」に認証されている。また、2015（平成27）年には、「世界農業遺産未来につなげる能登の一品」として「能登の里山里海世界農業遺産活用実行委員会」から認定されている。

　宝達志水町の山崎、河原地区など宝達山の麓で生産される渋ガキは「紋平」とよばれる。種を育てた農家の屋号から命名された。1989（平成元）年に山崎、東間両地区にかき団地を造成し、脱渋もアルコールを使う方法に統一してブランド化した。現在は24haの畑に約500本が植栽されている。河原地区には樹齢約200年の「紋平柿」の木が残り、母樹として保存されている。

ギンナン

ギンナンの栽培面積の全国順位は、富山県と並んで13位である。収穫量の全国順位は19位である。主産地は金沢市、加賀市、珠洲市などである。

ブルーベリー

ブルーベリーの栽培面積の全国順位は23位、収穫量は25位である。主産地は能登町、加賀市、小松市などである。収穫時期は6月下旬〜9月下旬頃である。

能登町では、1983（昭和58）年に試験栽培が始まった。栽培品種は、暖地向けの「ラビットアイ」系と、寒冷地向けの「ハイブッシュ」系の両方である。主として県内で消費される。

クリ

クリの栽培面積の全国順位は33位、収穫量は26位である。栽培品種は「丹沢」を中心に「伊吹」「筑波」「石槌（いしづち）」などである。主産地は能登町、珠洲市、輪島市、穴水町などである。収穫時期は9月〜10月頃である。

この地域で栽培されるクリは「能登栗」とよばれる。1965（昭和40）年頃の国営パイロット開拓事業によって産地化が進んだ。奥能登の粘土質の赤土は水持ちが良く、鉄分、カルシウムが豊富なためクリの味に深みを与えている。出荷は金沢や関西市場が中心である。

キウイ

キウイの栽培面積の全国順位は、岡山県と並んで28位である。収穫量の全国順位は31位である。主産地は野々市市、加賀市などである。野々市市で栽培しているのは「ヘイワード」で、11月頃に出荷する。

ミカン

統計によると、ミカンを生産するのは36都道府県である。石川県におけるミカンの栽培面積の全国順位は滋賀県と並び36位である。収穫量の全国順位も36位である。

スモモ

スモモの栽培面積の全国順位は36位、収穫量は33位である。スモモの主産地は宝達志水町などである。出荷時期は6月下旬〜8月下旬頃である。

ユズ

ユズの栽培面積の全国順位は29位、収穫量は31位である。主産地は金沢市、加賀市、能美市などである。

桃

桃の栽培面積の全国順位は埼玉県、鳥取県と並んで33位である。収穫量の全国順位は37位である。主産地は金沢市、羽咋市などである。金沢市では「白鳳」の生産が多く、6月中旬〜8月上旬頃に出荷される。

イチゴ　七尾市崎山半島の「崎山いちご」は地元のブランドである。4月〜5月頃に出荷される。摘み取り体験もできる。能登町布浦の赤崎台地で栽培されるイチゴは「赤崎いちご」とよばれる。品種は「宝光早生(ほうこう)」である。受粉に日本在来種のクロマルハナバチを使い、「のと海洋深層水」を散布している。ほとんどがイチゴ狩り用に使われる。

ウメ　ウメの栽培面積、収穫量の全国順位はともに44位である。主産地は珠洲市などである。珠洲市若山地区では、大粒の「石川1号」を中心に栽培している。地元農家の女性たちが1988（昭和63）年に組織した若山梅生産組合加工部若富喜会(ふきかい)は、珠洲産の塩をまぶして3年間漬け込んで「若山の梅干し」を生産している。

小松市の花はウメである。小松城に隠居し、小松の近世の基礎を築いた前田利常公の家紋である「剣梅鉢」から採っている。

地元が提案する食べ方の例

柿と大根のサラダ（小松市）

北陸農政局が募集した「わが家・我が地域の自慢料理」の応募作品。大根、カキのほか、キュウリ、ニンジン、水で戻したレーズンを使い、ヨーグルトドレッシングなどをかける。

ころ柿とキウイのゼリー（志賀町）

北陸農政局が募集した「わが家・我が地域の自慢料理」の応募作品。4人分の材料は冷凍ころ柿1/4、キウイ1/2、寒天1/2本。

ギンナンご飯（七尾市）

北陸農政局が募集した「わが家・我が地域の自慢料理」の応募作品。米にもち米を混ぜて炊き上がったら、スキムミルクを入れて混ぜる。

しいたけのリンゴ酢あえ（七尾市）

北陸農政局が募集した「わが家・我が地域の自慢料理」の応募作品。リンゴはすりおろして酢、醬油、塩でリンゴ酢をつくり、細かくした生シイタケ、大根おろしと和える。

スイカのフルーツポンチ（白山市）

スイカは上から1/3程度を切り、器にする部分をジグザグに切る。器に白玉だんごと白みつと果物を盛り込む。果物はバナナ、キウイ、サクランボなどを季節によって選ぶ。

消費者向け取り組み

- 道の駅ころ柿の里しか　志賀町

▶「恐竜のたまご」というメロン

18 福井県

地勢と気候

福井県の地形は、嶺北地域と嶺南地域で異なる。嶺北地域は、九頭竜川、日野川、足羽川からの土砂の堆積による福井平野を中心に、大野・勝山盆地やいくつかの山地などで形成されている。嶺南地域は、変化に富むリアス式海岸が続き、各湾や入り江の奥には、敦賀、美方、小浜の小平野が形成されている。

気候は全体としては、冬季に曇りや雪の日が多い日本海式気候に属している。ただ、気候も嶺北地域と嶺南地域で異なる。嶺北地域の奥越は、北陸山地型で、気温は低く、冬季の降雪が多い。対馬暖流の影響を受ける海岸沿いは温暖で、越前海岸では真冬にスイセンが咲く。嶺南地域は、山陰海岸型の気候で、全体として冬の降水量は少なく温暖である。

知っておきたい果物

ウメ ウメの栽培面積の全国順位は5位、収穫量は山梨県と同じ6位である。「福井梅」の主産地は若狭町、小浜市、南越前町、おおい町、敦賀市、美浜町などである。「福井梅」の出荷者全員が知事の認定を受けた「エコファーマー」である。

福井ウメの歴史は古く、天保年間（1830〜43）に三方五湖を中心に植えられた「平太夫梅」と「助太夫梅」に始まる。明治初期にこの2種類の品種改良が行われ、「剣先」と「紅映」が生まれた。主に、「剣先」は梅酒用として6月上旬〜下旬、「紅映」は梅干し用として6月中旬〜7月中旬頃に出荷される。

メロン メロンの作付面積、収穫量の全国順位はともに9位である。県内最大産地のあわら市を中心に、坂井市、勝山市、鯖江市、敦賀市などで生産している。

栽培品種は、最も生産量の多い「アールスメロン」をはじめ、「アンデ

スメロン」「プリンスメロン」「マルセイユメロン」「ペルルメロン」「マリアージュ」など多彩である。「ペルルメロン」は形がラグビーボールのような楕円形である。「マリアージュ」は10月に入ってからも収穫される。

勝山市には、独自の名前を付けたメロンが2種類ある。「若猪野メロン」と「恐竜のたまご」である。「若猪野メロン」の品種は「アールスメロン」である。「恐竜のたまご」は、「恐竜王国」の勝山市にちなんだネーミングである。別名は「ウズベキスタンメロン」である。果肉は淡いオレンジ色である。

スイカ

スイカの作付面積の全国順位は16位、収穫量は17位である。主産地は越前市、福井市、坂井市、あわら市などである。

あわら市、坂井市といった坂井北部丘陵地などは、火山灰を含む土で水はけが良く、福井県内最大級のスイカの産地を形成している。栽培品種は、露地ものでは「味きらら」、ハウスものでは「春のだんらん」が多い。ともに大玉である。「福井スイカ」として6月～8月頃に関西や中京市場を中心に出荷している。

「金福すいか」は福井市、越前市、坂井市、あわら市などで生産され、6月～7月頃に県内を中心に出荷している。小玉で種が少ない。糖度は12度前後である。

越前市西部の白山地区で栽培されているスイカは「しらやま西瓜」のブランドで北陸や関西市場に出荷される。「しらやま西瓜」は1975（昭和50）年から栽培されている。肥料分の多い赤土で、昼夜間の温度差が強く影響する露地栽培である。糖度は12～15度で、11度以下のものは出荷しない。出荷時期は7月中旬～8月中旬頃である。

果肉がオレンジ色の「サマーオレンジ」、小玉スイカの「ひとりじめボンボン」、JA花咲ふくいの独自ブランドである「夏の天使」などもある。

ヤマブドウ

ヤマブドウの栽培面積の全国順位は7位、収穫量は6位である。主産地は大野市などである。収穫時期は9月頃である。大野市ではヤマブドウを栽培するとともに、それを原料にしたワイン、ジュース、ジャムなども生産している。

ギンナン

ギンナンの栽培面積の全国順位は17位、収穫量は27位である。主産地は永平寺町、福井市などである。収穫時期は9月中旬～12月下旬頃である。

永平寺町では、早生の「金平(きんぺい)」から晩生までのイチョウを栽培し、「越前ぎんなん」として出荷している。

イチジク

イチジクの栽培面積の全国順位は35位、収穫量は31位である。主産地は小浜市、福井市などである。品種は「桝井ドーフィン」が中心である。出荷時期は8月上旬～11月下旬頃である。

小浜市では、JA若狭の若狭イチジク生産協議会に所属しているメンバーがビニールハウスで栽培し、「若狭イチジク」の名前で主に県内市場に出荷している。福井県農業試験場などはイチジクの収穫時期を果皮の色で判断できる「カラーチャート」を開発、品質の統一に一役買っている。

ミカン

ミカンの栽培面積の全国順位は26位、収穫量は29位である。栽培品種は「宮本早生」「宮川早生」などである。主産地は敦賀市などである。出荷時期は10月下旬～12月下旬頃である。

カキ

「越前(現在の福井県中・北部)柿に加賀(現在の石川県南部)茄子(なすび)」という言葉があるように、福井県東部は昔からカキが名産だった。現在の福井県におけるカキの栽培面積、収穫量の全国順位はともに37位である。

カキの主産地はあわら市、若狭町、小浜市、敦賀市、美浜町などである。出荷時期は10月下旬～12月中旬頃である。

「越前柿」は「刀根早生」や「平核無」などの渋ガキを炭酸ガスで脱渋した種なしのカキである。

日本ナシ

日本ナシの栽培面積、収穫量の全国順位はともに37位である。「幸水」と「豊水」を中心に、「二十世紀」「南水」「新高」も栽培している。主産地はあわら市、坂井市、若狭町などである。出荷時期は8月中旬～10月中旬頃である。

若狭町岩屋のナシ栽培は約50年の歴史がある。生産者全員が福井県のエコファーマーの認証を取得している。

リンゴ

リンゴの栽培面積の全国順位は千葉県、愛知県と並んで38位、収穫量は40位である。産地はあわら市、越前市などである。収穫時期は11月上旬～12月上旬頃である。

ブルーベリー

ブルーベリーの栽培面積の全国順位は38位、収穫量は33位である。主産地は福井市、あわら市、小浜市、越前市などである。収穫時期は6月～8月頃である。

キウイ 　キウイの栽培面積の全国順位は42位、収穫量は41位である。産地は福井市などである。収穫時期は10月中旬～12月中旬頃である。

クリ 　クリの栽培面積の全国順位は41位、収穫量は44位である。主産地はあわら市などである。収穫時期は9月下旬～10月中旬頃である。

ブドウ 　ブドウの栽培面積、収穫量の全国順位は、ともに46位である。主産地は坂井市、あわら市、鯖江市などである。収穫時期は8月中旬～10月上旬頃である。

地元が提案する食べ方の例

栗のかわりおこわ（越前市）

　北陸農政局が募集した「わが家・我が地域の自慢料理」の応募作品。クリ、シメジや野菜を加えたおこわ。クリともち米を蒸して寿司桶に移し、下煮した具材と合わせ混ぜる。

無花果のコンポートハーブ風味（福井市）

　皮つきのまま冷凍したイチジクと砂糖に水を加えて10分煮る。赤ワイン、レモン汁などを加え、一煮立ちさせて火を消し、一晩含ませる。皿に盛りバニラアイスを添える。

いちご大福（福井市）

　ボウルに白玉粉、砂糖を入れ、水を少しずつ加えて混ぜ、蒸し器で10分蒸し、練り上げる。かたくり粉を広げたバットに出して、生地を分け、ヘタを取ったイチゴを中心にしてあんで包む。

りんごのパウンドケーキ（福井市）

　ボウルにバターを入れて泡立て、砂糖、卵を加えて混ぜ、小麦粉とベーキングパウダーを混ぜ込む。切ったリンゴをカラメルとともに煮詰めて一緒に型に入れ、オーブンで焼く。

梅かつお（三方町）

　水で塩抜きした梅干しの種を除いて裏ごしする。カツオ節を鍋に入れ、弱火にかけて空煎りし布巾に包んでもみほぐす。みりんを煮立て、アルコール分をとばし梅干し、カツオ節を混ぜる。

消費者向け取り組み

- 梅の里会館　JA 三方五湖、梅干しなどのウメ製品を販売
- ミカン狩り　敦賀市東浦地区阿曽〜元比田の国道 8 号沿い、10 月 20 日頃〜11 月末
- ナシもぎ観光農園　若狭町岩屋集落、8 月下旬から

▶ 世界で最も重いスモモ（プラム）「貴陽」認定の地

19 山梨県

地勢と気候

　山梨県は、県土の78％が山地であり、甲府盆地を除いて平野部が少ない。北部に八ヶ岳、西部に南アルプス、南部に富士山があり、県境にもなっている。糸魚川―静岡構造線などの断層が通っている。土壌の水はけは良い。

　1月の平均気温は2.0℃、8月の平均気温は25.9℃であり、年間の気温差が大きいうえ、一日における昼夜の寒暖の差も大きい内陸性の気候である。一日の降水量が1.0mm以上の年間降水日数は82日で、全国の都道府県で最も少なかったこともある。このため、日照時間が長く、2014年の年間日照時間は2,335時間で全国で3番目に長かった。

知っておきたい果物

ブドウ　山梨県は果樹が農業生産額の5割以上を占め、県農業の屋台骨になっている。県内の農業産出額を品別にみると、ブドウが1位である。ブドウの栽培面積は全国の22.7％、収穫量で23.9％と約4分の1を占め、ともに日本一の「ブドウ王国」である。県庁所在都市と政令指定都市を対象にした総務省の家計調査（2012～14年の平均）によると、ブドウの1世帯当たり年間購入量は甲府市が最も多く、2位の岡山市を29.5％上回っている。栽培品種は、赤色系が「デラウェア」「甲斐路」「甲州」、黒色系が「巨峰」「ピオーネ」「藤稔」、青色系が「シャインマスカット」「ロザリオ・ビアンコ」などと多彩である。主産地は笛吹市、甲府市、山梨市、韮崎市、甲州市、南アルプス市、甲斐市などである。

　ワインの原料ではない生食用としての出荷時期は、「巨峰」が4月下旬～11月上旬、「ピオーネ」が4月下旬～11月中旬、「デラウェア」のハウスものが4月中旬～6月下旬、露地ものが7月上旬～9月中旬、「シャインマスカット」や「甲斐路」などが8月上旬～10月中旬、「アレキサンドリア」が4月下旬～10月下旬頃である。

山梨県におけるブドウの栽培は約1,300年前に始まったといわれている。「デラウェア」は最もポピュラーな品種である。一般には小粒だが、山梨には大粒の「キングデラ」もある。ほとんどが露地栽培の「甲斐路」は山梨県の発祥である。早生系のものは早生甲斐路とよばれ、9月上旬頃から出荷される。

　「甲州」は、生食だけでなく、ワインの原料にもなる。生食用の出荷は9月上旬〜10月下旬頃だが、低温貯蔵により1月頃まで店頭に並ぶ。

　「巨峰」は、種なしの栽培が増えている。種なしブドウの出荷は9月下旬頃までが中心だが、種ありは10月頃までと出荷時期が長い。「ピオーネ」は「巨峰」と並んで山梨ブドウの主力品種である。ほとんどが種なし栽培である。「巨峰」「ピオーネ」ともにハウスものは4月下旬頃から露地ものの出回る直前まで出荷される。「藤稔」は、黒色系のブドウで粒が最も大きく、30gを超えるゴルフボール大のものもある。

　「シャインマスカット」も大粒で、種がない。露地ものの出荷時期は7月下旬〜10月下旬頃、ハウスものは4月下旬頃から露地ものが出る直前までである。

　山梨県果樹試験場は、生食用ブドウのオリジナル品種として、2009（平成21）年に赤色の「サニードルチェ」、2013（平成25）年に緑色の「ジュエルマスカット」と黒系の「甲斐のくろまる」を品種登録している。

桃

　山梨県の農業産出額を品目別にみると、桃はブドウに次いで多く、コメを上回っている。桃の栽培面積は全国の32.8％、収穫量で33.9％を占め、ともに日本一である。果実に加え、桃が開花する春、甲府盆地周辺は高台から見ると、ピンクの花のじゅうたんのようになる。

　主産地は、生産量日本一の笛吹市をはじめ、甲州市、南アルプス市、山梨市、韮崎市などである。出荷時期はハウスものが4月下旬〜6月上旬、露地ものが6月中旬〜10月上旬頃である。

　品目ごとの出荷時期をみると、6月中旬頃から極早生種の「ちよひめ」「はなよめ」の出荷が始まる。早生の主力の「白川白鳳」は6月下旬頃から出荷される。7月中旬の「海の日」の頃には、中生品種主力の「白鳳」や「浅間白桃」の出荷が始まり、山梨県産の桃の出荷のピークを迎える。「なつっこ」も、8月上旬頃まで出荷される中生種である。

　「川中島白桃」や「幸茜（さちあかね）」など晩生種は、果実の生育する期間が長いた

め300gを超える大玉である。出荷時期は8月中旬～9月上旬頃である。

　山梨県果樹試験場は、オリジナル品種として、2004（平成16）年に「夢しずく」、2013（平成25）年に「夢みずき」を品種登録している。「夢しずく」は300g程度で早生品種としては大玉である。「夢みずき」は350gである。前者は7月上旬～中旬、後者は7月中旬～下旬頃に出荷される。

スモモ

スモモの栽培面積は全国の29.8％、収穫量で32.5％を占め、ともに日本一である。栽培品種は、「大石早生」「ソルダム」のほか、山梨ゆかりの「太陽」「貴陽」などである。主産地は、南アルプス市、甲州市、笛吹市などである。出荷時期は、「大石早生」については露地ものが6月中旬～7月上旬、ハウスものが5月中旬頃から露地ものの出回る直前までである。「ソルダム」については露地ものが7月中旬～8月上旬、ハウスものが6月上旬頃から露地ものの出回る直前までである。

　「太陽」は旧塩山市で発見された晩生の主力品種である。重さは150g前後である。「貴陽」は、南アルプス市発祥の品種で、200g以上の大玉になる。2013（平成25）年には、南アルプス市で生産された「貴陽」が323g余となり「最も重いスモモ（プラム）」としてギネスの認定を受けた。出荷時期は、「太陽」と「貴陽」については露地ものが7月下旬～9月上旬、ハウスものが6月上旬頃から露地ものの出回る直前までである。

　山梨県果樹試験場は、オリジナル品種として、「サマーエンジェル」と「サマービュート」を2005（平成17）年に品種登録している。「サマーエンジェル」は、「ソルダム」よりやや遅く成熟し、150g程度の大玉になる。外観は紅色、果肉は黄色、糖度は15～17度である。「サマービュート」は、「ソルダム」とほぼ同じ時期に成熟し、大きなものは200g以上になる。糖度は16～20度と高い。

ネクタリン

ネクタリンの栽培面積の全国順位は、長野県に次いで2位である。収穫量の全国順位は、長野県、福島県に次いで3位である。主産地は笛吹市、甲州市、中央市などである。

　ネクタリンは酸味の強いものが多いが、山梨県果樹試験場は酸味の少ない「黎明」「晶光」など4品種を育成した。ただ、ネクタリンは果皮が弱く傷つきやすいため、現在は流通量が減少している。

サクランボ

サクランボの栽培面積、収穫量の全国順位はともに山形県、北海道に次いで3位である。栽培品種は「高砂」「佐

藤錦」などである。主産地は南アルプス市、甲州市、山梨市などである。出荷時期は露地ものが5月中旬〜7月下旬、ハウスものが4月上旬頃から露地ものが出回る直前までである。

「高砂」とほぼ同じ時期に収穫される「富士あかね」は山梨県果樹試験場が2006（平成18）年に品種登録したオリジナル品種である。サクランボは冷涼な地域に適し、山梨県は栽培の南限とされる。

プルーン

プルーンの栽培面積、収穫量の全国順位はともに6位である。主産地は笛吹市などである。

キウイ

キウイの全国順位は、栽培面積で8位、収穫量で6位である。栽培品種は「ヘイワード」などである。主産地は、南アルプス市、山梨市、甲州市などである。市川三郷町の大塚地域は「レインボーレッド」の県内有数の産地である。この品種は、果肉が黄色で、中心部が赤い。

ウメ

ウメの栽培面積の全国順位は8位、収穫量は福井県と並んで6位である。主産地は、南アルプス市、笛吹市、山梨市などである。

カキ

カキの栽培面積の全国順位は11位、収穫量は10位である。主産地は南アルプス市、笛吹市、甲州市、中央市などである。大型の渋ガキ「甲州百目」を材料とする干し柿は「枯露柿」とよばれる。枯露柿の出荷時期は10月中旬〜2月中旬頃である。

西洋ナシ

西洋ナシの栽培面積の全国順位は、富山県と並んで13位である。収穫量の全国順位は12位である。主産地は増穂町、甲府市、南アルプス市などである。

リンゴ

リンゴの栽培面積の全国順位は15位、収穫量は16位である。主産地は北杜市、山梨市、韮崎市などである。出荷時期は「つがる」が8月上旬〜中旬頃である。

ユズ

ユズの栽培面積の全国順位は12位、収穫量は16位である。主産地は富士川町、身延町などである。

ブルーベリー

ブルーベリーの栽培面積の全国順位は21位、収穫量は34位である。主産地は鳴沢村、富士河口湖町、南アルプス市などである。

クリ

クリの栽培面積の全国順位は40位、収穫量は34位である。主産地は南部町、身延町、北杜市などである。

日本ナシ

日本ナシの栽培面積の全国順位は44位、収穫量は41位である。主産地は甲府市、笛吹市、南アルプス市などである。

地元が提案する食べ方の例

甲州葡萄ジャムの寒天寄せ（山梨県栄養士会）

粉寒天を火にかけて溶かし、甲州ブドウのジャム、砂糖で煮て、ポートワインを入れてすぐ火を止める。それを型に入れ、冷やして固める。

ブルーベリーのムース（山梨県栄養士会）

材料はブルーベリーのほか、ゼラチン、生クリーム、卵、砂糖など。ブルーベリーは生のものを裏ごしする。ゼラチン濃度は約3％。

甲州百目柿の寄せもの（山梨県栄養士会）

甲州百目柿は皮をむき、ユズの絞り汁を混ぜる。寒天粉は煮て溶かしミリンなどを加える。寒天液が冷めてからカキを加え型に流し、固める。ユズの皮を添えて盛り付ける。

栗のパウンドケーキ（富士五湖町）

クリをゆでてペーストをつくり、ボウルに入れ、アイスクリームと混ぜ合わせ、ホットケーキミックスを加える。型に流し込み、予熱しておいた180℃のオーブンで20〜30分焼く。

フルーツ牛乳かん（富士五湖町）

鍋に水を入れて粉寒天を振り入れて火にかけて煮溶かし、砂糖、牛乳を混ぜ合わせる。パイナップル缶、白桃缶、ミカン缶を入れた容器に流し入れ、冷蔵庫で冷やし固める。

消費者向け取り組み

果物の博物館など

- ぶどうの国資料館　山梨県甲州市
- 県笛吹川フルーツ公園　山梨市、フルーツをテーマにした都市公園。フルーツミュージアムがある。

果物の祭り

- 桃源郷春まつり　笛吹市、3月下旬〜4月下旬の約1か月間
- 甲州市かつぬまぶどうまつり　甲州市、10月の第1土曜日
- ゆずの里まつり　富士川町、11月中旬の日曜日に小室山妙法寺で。

▶「市田柿」は、伊那谷の気象条件を活かした郷土食

20 長野県

地勢と気候

長野県は本州の中央部に位置する内陸の県であり、日本アルプス、南アルプスなど海抜3,000m前後の高山が四方を囲んでいる。天竜川、木曽川は太平洋に、千曲川、犀川は合流して信濃川になり日本海にそれぞれ注ぐ。糸魚川―静岡構造線が南北に通過し、その北東側をフォッサマグナとよぶ。御嶽山、浅間山など活火山の活動が活発である。

気候は全体として内陸性の気候である。すなわち、①降水量が少なく、日照時間が長い、②昼夜の寒暖差が大きく、気温が一年のうちで最も高い月の平均と最も低い月の平均との差を示す年較差も大きい、③湿度が低い、といった特徴がある。降水量は、特に長野盆地から上田・佐久盆地にかけては北海道東部に次いで少ない。日照時間は、上田、原村、諏訪、松本など中部で瀬戸内海と同じように長く、野沢温泉、飯山、小谷など雪の多い北部では少なめである。

知っておきたい果物

リンゴ　リンゴは長野県内のほぼ全域で栽培されており、県内で生産される果物の中で最も広い栽培面積と収穫量を誇る。県の農業産出額では、米、レタスに次いで3位、果物ではトップである。長野県のリンゴの栽培面積、収穫量の全国順位はともに青森県に次いで2位である。全国シェアは、栽培面積で20.3%、収穫量で20.0%である。

特に生産量が多いのは長野市、松本市、須坂市、中野市などである。品種は、定番の「ふじ」「つがる」のほか、「シナノゴールド」「シナノスイート」「秋映」「シナノピッコロ」など多彩な長野県生まれのオリジナル品種がある。「シナノゴールド」は黄色に色づき、パリッとした食感に特徴がある。「シナノスイート」は鮮やかな赤色に色づく。「秋映」は夕焼けを思わせる濃い赤色に色づく。「シナノピッコロ」は丸かじりができる小さ

なサイズである。

出荷時期は「サンふじ」が10月中旬～12月下旬、「王林」が10月下旬～11月下旬、「つがる」が8月中旬～10月上旬、「紅玉」が9月中旬～10月下旬、「シナノゴールド」が10月中旬～11月中旬、「シナノスイート」が10月上旬～下旬、「秋映」が9月下旬～10月上旬頃である。全国の主要なリンゴ産地の中で南に位置するうえ、広い県土や栽培地の高低差を活かし、比較的早く8月頃から完熟したものを出荷できるのが強みである。

県庁所在都市と政令指定都市を対象にした総務省の家計調査（2012～14年の平均）によると、リンゴの1世帯当たり年間購入量は長野市が最も多く、2位の青森市をわずかに上回っている。

ブドウ

リンゴに次いで産出額の多い果物はブドウである。長野県におけるブドウの栽培面積、収穫量の全国順位は、ともに山梨県に次いで2位である。全国シェアは、栽培面積で13.1％、収穫量で15.6％である。

主産地は中野市、須坂市、塩尻市、長野市、松本市などである。ブドウの品種は、「シャインマスカット」と「ナガノパープル」が多い。両者とも、主産地は須坂市と中野市である。収穫時期は「シャインマスカット」が9月上旬～10月上旬、「ナガノパープル」が9月上旬～10月中旬頃である。「ナガノパープル」は長野県が開発した。このほかの出荷時期は「巨峰」のハウスものが4月上旬～8月中旬、露地ものが9月上旬～12月下旬、「ピオーネ」が5月上旬～12月中旬頃である。

クルミ

クルミの栽培面積は全国の87.0％、収穫量は76.0％を占め、ともに1位である。栽培品種は「シナノグルミ」である。主産地は東御市、佐久市などである。

「シナノグルミ」は、西アジアからシルクロードを通り中国などを経て江戸時代初期に日本に持ち込まれた「カシグルミ」と、明治時代に米国の貿易商が持ち込んだ「セイヨウクルミ」を交配して生まれた。

東御（とうみ）市が有数の産地になったのは、大正天皇の即位記念としてクルミの苗木を各家庭に配ったことがきっかけである。戦時中は食糧増産のためクルミ畑は一時縮小したが、戦後復活して日本を代表する産地になった。

ネクタリン

長野県はネクタリンの栽培面積で全国の66.6％、収穫量で74.9％を占めており、圧倒的な占有率を誇る。主産

地は長野地域、北信地域、松本地域などである。

マルメロ マルメロの栽培面積は全国の68.1%、収穫量は83.7%を占め、ともに1位である。主産地は諏訪市、茅野市、松本地域、佐久地域などである。

カキ カキの栽培面積の全国順位は9位、収穫量は7位である。カキの主産地は飯田市、高森町、豊丘村などである。

干し柿の「市田柿」は高森町市田が発祥の地である。その原種は、1800年代に下市田（高森町）という地籍に祀られた伊勢社の境内にあったカキの古木であり、この木から接ぎ木によって増殖されたものと考えられている。天竜川の川霧で自然加湿され、その後、ゆっくりと乾燥させる。

「市田柿」は、伊那谷の温暖で乾燥した気象条件を活かした昔からの郷土食であり、冬の保存食だった。現在は、この地域の約3,500戸のカキ農家が年間約2,500トンの干し柿生産に取り組み、約40億円の基幹産業に発展している。「市田柿」の主産地は高森町と飯田市である。出荷時期は10月中旬から2月中旬頃である。

「市田柿」は、2016年に、農産物など地域ブランド品の品質に国がお墨付きを与え、生産者を保護する「地理的表示（GI）」を取得した。商標権者はみなみ信州農協と下伊那園芸農協である。登録によると、「飯田市、高森町など下伊那郡全域、上伊那郡飯島町と中川村で栽培されている市田柿のみを原料とする」としている。

イチゴ 国内生産量が減少する夏から秋にかけて収穫する「夏秋いちご」の作付面積、収穫量とも長野県は全国2位である。同県では、涼しい気候を利用して、6月～10月頃に生産している。主産地は佐久市、松本市、諏訪市、安曇野市、下伊那地域などである。主にショートケーキなどに欠かせない食材として各地に出荷している。

千曲川と鹿由川の渓谷に挟まれた標高800mほどの広い丘陵である御牧ケ原台地は、奈良時代に馬を朝廷に献ずる勅旨牧（御料牧場）に指定されていた。JA長野県によると、日本のイチゴ生産の発祥の地でもある。明治時代、この地方にはイチゴが群生していた。大正時代にかけて御牧ケ原の開拓とともにイチゴが脚光を浴び、小諸市で製缶技術が発達していたこともあってジャム専用のイチゴ栽培が定着し、日本で初めての缶詰イチゴジャムが製造された。1939（昭和14）年に長野県農事試験場が育成した「御

牧ケ原1号」と「同2号」が日本各地の品種改良の親株になった。

明治時代、イチゴが群生していた小諸市と東御市の境付近には、現在も「いちご平」のバス停がある。御牧ケ原の名前をとった「御牧いちご」の収穫時期は5月中旬〜6月中旬頃である。

プルーン

プルーンの栽培面積、収穫量の全国順位はともに1位である。全国シェアは、栽培面積で54.8%、収穫量で67.7%である。主産地は、長野地域、佐久地域、北信地域などである。

スモモ

スモモの栽培面積、収穫量の全国順位は、ともに山梨県に次いで2位である。全国シェアは、栽培面積で13.0%、収穫量で15.5%である。

スモモの主産地は、長野市、須坂市、佐久市、中野市、飯山市、山ノ内町、木島平村などである。出荷時期は6月下旬〜10月上旬頃である。6月下旬〜7月上旬頃の「大石早生」を皮切りに、「紅りょうぜん」→「菅野中生」→「ソルダム」→「貴陽」→「太陽」→「秋姫」と10月上旬まで収穫が続く。「サマーキュート」「オータムキュート」は長野県生まれの新品種である。

桃

桃の栽培面積、収穫量の全国順位は、ともに山梨県、福島県に次いで3位である。栽培品種は「白鳳」「あかつき」「川中島白桃」など多彩である。主産地は長野市、須坂市、中野市などである。出荷時期は5月上旬〜10月上旬頃である。

「なつっこ」は長野県生まれの新品種である。

アンズ

アンズの栽培面積は全国の56.4%を占め1位である。収穫量は青森県に次いで2位、全国シェアは27.2%である。主産地は千曲市、長野市、須坂市などである。出荷時期は6月中旬〜7月下旬頃である。

ブルーベリー

ブルーベリーの栽培面積の全国順位は2位、収穫量は1位である。主産地は北信地域、下伊那地域、上伊那地域などである。

西洋ナシ

「ラ・フランス」「ル・レクチェ」など西洋ナシの栽培面積の全国順位は山形県、青森県、新潟県に次いで4位である。収穫量の全国順位は山形県、新潟県に次いで3位である。主産地は長野市、松川町、中野市などである。出荷時期は8月上旬〜12月下旬と1月中旬

頃である。

ウメ
ウメの栽培面積、収穫量の全国順位はともに4位である。主産地は飯田市、松川町、豊丘村、信州新町などである。

飯田、下伊那など南信州では「竜峡小梅」の生産が盛んである。果重は約2g程度の小ウメで、地元では塩に漬けたままの漬物としてカリカリ音をたて歯触りを楽しみながら食べるのが一般的である。このウメは、下伊那地方に自生していたウメの中から選抜され、天竜川の沿岸で多く栽培されていることから「竜峡小梅」の名前が付いた。成熟が早いため、収穫は5月下旬〜6月上旬頃である。この地方は2000（平成12）年頃まで国内有数の小ウメの産地だった。今日では、海外産ウメの流入や、生産者の高齢化、担い手不足などで生産者が減少している。

サクランボ
サクランボの栽培面積の全国順位は5位、収穫量は7位である。出荷時期は3月下旬〜6月中旬頃である。

日本ナシ
日本ナシの栽培面積、収穫量の全国順位はともに6位である。栽培品種は「南水」「二十世紀」などである。主産地は飯田市、松川町、高森町、塩尻市などである。「二十世紀」の出荷時期は9月上旬〜10月上旬頃である。「南水」は長野県のオリジナル品種である。

スイカ
スイカの作付面積の全国順位は11位、収穫量は6位である。主産地は松本市、山形村などである。出荷時期は7月中旬〜9月下旬頃である。

クリ
クリの栽培面積の全国順位は20位、収穫量は8位である。主産地は小布施町、安曇野市、長野市、飯田市、飯島町などである。飯島町では「信州伊那栗」ブランドの定着を目指し、担当JAが品評会を催すなど産地化に取り組んでいる。同町では、晩生種の「筑波」などを栽培している。

ユズ
ユズの栽培面積の全国順位は36位、収穫量は35位である。主産地は天龍村、泰阜村などである。

地元が提案する食べ方の例

干し柿の雲竜巻き（須坂市）

切れ目を入れ、中開きにした干し柿を白い粉のふいている面を外にして、まきすの上にラップを敷いて並べる。細切りにしたユズの皮を中央に並べ

巻き寿司の要領で巻く。郷土料理。

アンズのシロップ煮（須坂市）

材料はアンズ3kg、砂糖1kg。皮を付けたまま2つに割り、湯通ししたアンズを殺菌したびんに詰める。砂糖と水を沸かしたシロップを入れて、蒸かす。保存食。

市田柿とキノコとレンコンの豆腐クリームあえ（JA全農長野）

材料は市田柿、ブナシメジ、エリンギ、レンコン、木綿豆腐など。キノコ、レンコンは一口大に、市田柿は刻む。

スティックりんごパイ（JA全農長野）

リンゴは皮付きのまま、芯を除き5mm角のみじん切りに。春巻きの皮に、ヨーグルトとリンゴを細くのせ、シナモンをかける。一巻きして弱火のフライパンで焼く。

ブルーベリーのデザートトースト（JA全農長野）

食パンにクリームチーズを塗ってブルーベリーをのせ、グラニュー糖をかけてオーブントースターへ。ブルーベリーの形が崩れ、パンに焼き目がついたらOK。

消費者向け取り組み

- いいづなアップルミュージアム　飯綱町
- りんご庁舎　飯田市、地域交流センターなどが入る
- りんご並木　飯田市
- ニュートンりんご並木　飯綱町
- りんごの木のオーナー制　信州松川くだもの観光協会

▶ 飛騨郡代が将軍に献上した「高原山椒」

21 岐阜県

地勢と気候

　岐阜県は、日本のほぼ中央に位置し、関市富之保には日本の人口重心（一人ひとりが同じ重さをもつとしたときに、日本全体の人口を一点で支える点）がある。県内は北部の飛騨地域と、南部の美濃地域に分かれる。飛騨地域は、御嶽山、乗鞍岳、奥穂高岳などの山々が連なっている。美濃地域は濃尾平野に木曽川、長良川、揖斐川の木曽三川が流れている。長良川中流域は「日本の名水百選」に選ばれている。岐阜県は「飛騨の山、美濃の水」という意味で「飛山濃水」の地とよばれてきた。

　岐阜県の地形は、海抜0mの平野から3,000mを超える山々まで標高差が大きいため、気候は地域によって大きく異なる。岐阜市の年間平均気温は15.5℃、年間降水量は1,915mm、高山市の年間平均気温は10.6℃、年間降水量は1,734mm、中津川市の年間平均気温は13.4℃、年間降水量は1,813mmといった具合である。

知っておきたい果物

サンショウ　サンショウの作付面積、収穫量の全国順位はともに4位である。主産地は高山市、下呂市などである。

　「高原山椒」は主に高山市の旧上宝村地域で栽培されている。栽培の歴史は古く、岐阜県によると、飛騨郡代が将軍に献上した、と江戸時代の文書に記載されている。加工業者との契約栽培が中心で、調味料や香辛料の原料として出荷されている。

カキ　カキは、岐阜県の品目別にみた農業産出額で8位で、果物ではトップである。岐阜県におけるカキの栽培面積の全国順位は、和歌山県、奈良県、福岡県に次いで4位である。収穫量の全国順位は5位である。岐阜県内のカキ栽培面積の7割を「富有」が占めている。

　カキの主産地は、本巣市、大野町、岐阜市、瑞穂市などである。瑞穂市

は「富有」の発祥の地である。1887（明治20）年頃、当時の岐阜県川崎村（現瑞穂市）居倉で品質のよいカキとして話題になっていた「居倉御所」をもとにして、1898（明治31）年に福嶌才治が命名し、銘柄化した。明治時代に開催された品評会で何度も入賞して、その名が全国に知られ、各地で栽培されるようになった。

「富有柿」に9月上旬までに実に果実袋をかけると、通常より2週間ほど遅く12月になってから収穫される。樹上で完熟に近い状態になるため、さらに糖度が高くなる。これを「袋掛け富有柿」とよんでいる。

「袋掛け富有柿」をさらに厳選し、重さ350g以上、糖度18度以上で、色や栽培方法などにも一定の基準を設けたものが「果宝柿」である。「袋掛け富有柿」「果宝柿」ともに、化学合成農薬と化学肥料の使用量を従来より30％以上控えた「ぎふクリーン農業」を実践していることが前提である。

出荷時期は「早秋」が10月上旬～中旬、「太秋」が10月中旬～下旬、「富有」が10月中旬～2月中旬頃である。

岐阜県には、「飛騨・美濃伝統野菜」認証表示制度があり、美濃加茂市の「堂上蜂屋柿」、山県市の「伊自良大実柿（おおみ）」、下呂市の「南飛騨富士柿」が認証されている。いずれも渋ガキで、干し柿として出荷されることが多い。3品種とも、1945（昭和20）年以前から栽培され、地域に定着している。

「堂上蜂屋柿」は美濃加茂市蜂屋町原産で、この干し柿が古くから高位高官の人々に賞味されていたことが堂上と名の付いた由縁である。「伊自良大実柿」は山県市の旧伊自良村地域を中心に栽培されている。近江地方から持ち込んだことが「おおみ」という名前につながっている。「南飛騨富士柿」は300～350gと大きい。古くから家々の庭先に植えられ、熟しガキは貴重な甘味料や菓子に使われてきた。

本巣市などで栽培している「ベビーパーシモン」は、直径3cmの一口サイズで、皮をむかずにそのまま食べられる。レストランや料亭などからの引き合いが増えている。種なしで、糖度は平均20度以上である。

クリ　クリの栽培面積の全国順位は9位である。収穫量の全国順位は、茨城県、熊本県、愛媛県に次いで4位である。栽培品種は「利平ぐり」「ぽろたん」などである。主産地は中津川市、恵那市、山県市、美

濃加茂市などである。出荷時期は9月上旬～10月中旬頃である。

「利平ぐり」は山県市が発祥の地である。近年は、簡単に渋皮のむける「ぽろたん」の導入も進んでいる。県南東部の中津川市、恵那市で採れる「恵那栗」は、収穫時期が異なる多様な品種を混合栽培し、安定した収穫量を確保している。

イチゴ　イチゴの作付面積、収穫量の全国順位はともに13位である。岐阜県の品種別にみた農業産出額で10位である。ほとんどの市町村で広く栽培されているが、出荷量が比較的多いのは本巣市、岐阜市、海津市などである。

岐阜県には「濃姫(のうひめ)」「美濃娘」「華(はな)かがり」の3つのオリジナル品種がある。「濃姫」は、イチゴの県産ブランド第1号として1998（平成10）年に誕生した。大粒で香りが強い。「美濃娘」は2007（平成19）年に誕生し、ケーキなどの業務用としても使われる。2016（平成28）年にデビューした「華かがり」は、県のシンボルである金華山の華に、長良川の鵜飼いのかがり火を真っ赤な果実に見立てて命名した。「濃姫」「美濃娘」より一回り大きい。イチゴの出荷時期は11月～6月頃である。

リンゴ　リンゴの栽培面積の全国順位は13位、収穫量は11位である。栽培品種は「ふじ」が全体の3分の1である。主産地は高山市、飛騨市、恵那市などである。リンゴの栽培面積は、飛騨地域が全体の9割を占めている。

寒冷地の気候を生かして栽培される「飛騨りんご」は、主に宅配で出荷されるほか、岐阜県内市場や中京市場を中心に9月中旬～12月中旬頃に出荷される。品種は「ふじ」などである。

西洋ナシ　西洋ナシの栽培面積の全国順位は12位、収穫量は11位である。栽培品種は「パートレッド」「ラ・フランス」などである。

桃　桃の栽培面積の全国順位は17位、収穫量は15位である。栽培品種は「白鳳」が全体の40％を占めている。主産地は高山市、飛騨市、中津川市、恵那市などである。8月上旬頃から「白鳳」「昭和白桃」の主力銘柄が収穫期を迎え、盆過ぎから9月上旬頃にかけて「川中島白桃」が出荷される。

県の主要産地が集中している飛騨地域は昼夜の気温差が大きく、桃の栽

培に適しており、「飛騨桃」として知られている。

ミカン 　ミカンの栽培面積の全国順位は24位、収穫量は21位である。主産地は西濃地域の海津市である。海津市の養老山地の斜面にはミカン畑が広がっており、「南濃みかん」として出荷される。同地域では、1872（明治5）年からミカンを栽培しており、歴史は古い。品種は「普通温州」が7割を占める。「貯蔵みかん」で、12月に収穫し、集落の貯蔵施設などで貯蔵して1月上旬〜3月上旬頃に出荷する。

日本ナシ 　岐阜県で栽培するナシの96％は日本ナシである。日本ナシの栽培面積の全国順位は27位、収穫量は26位である。栽培品種は「幸水」が50％程度を占め、最も多い。主産地は美濃加茂市、大垣市、本巣市、岐阜市、各務原市などである。「幸水」は8月上旬頃から、「豊水」は9月上旬頃から収穫される。

メロン 　メロンの主産地は、海津市と高山市などである。「アールスメロン」系を栽培している。飛騨地域で夏季の昼夜の気温差を生かして生産される「飛騨メロン」は、「飛騨メロン研究会」の会員が栽培している「アールスメロン」である。収穫時期は7月中旬〜8月中旬頃である。宅配などで出荷される。

　メロンの一種である「マクワウリ」は、美濃国真桑村（現在は岐阜県本巣市）で良品を産したため、この名がついた。

ギンナン 　ギンナンの栽培面積の全国順位は20位、収穫量は9位である。主産地は羽島市、岐阜市、恵那市などである。

「藤九郎ぎんなん」は大粒で、完熟期が10月中旬〜下旬頃となる晩成種である。主に東京、大阪の市場に出荷されている。旧穂積町（現瑞穂市）の井上藤九郎宅に樹齢300年くらいの原木があったが、1914（大正3）年の台風で倒伏した。

キウイ 　キウイの栽培面積の全国順位は21位、収穫量は20位である。主産地は関市などである。

ユズ 　ユズの栽培面積の全国順位は25位、収穫量は21位である。主産地は関市などである。

ウメ 　ウメの栽培面積の全国順位は28位、収穫量は29位である。主産地は安八町、各務原市、岐阜市などである。

イチジク　イチジクの栽培面積の全国順位は30位、収穫量は28位である。主産地は海津市、輪之内町、岐阜市などである。

スモモ　スモモの栽培面積の全国順位は、東京都、石川県、静岡県と並んで36位である。収穫量の全国順位は35位である。

高山市塩屋町で30年ほど前から栽培されている「しおやもも」はスモモにしては糖度が12～13度と高い。

ブドウ　ブドウの栽培面積の全国順位は静岡県と並んで42位である。収穫量の全国順位は42位である。栽培品種は「デラウェア」などである。主産地は岐阜市、中津川市などである。

地元が提案する食べ方と加工品の例

果物の食べ方

しおやもものシャーベット（JAひだ）

グラニュー糖を水で煮て溶かして、レモンの絞り汁と、桃をミキサーにかけて混ぜ、バットに入れて冷蔵庫へ。やや凍ったら取り出し、みぞれ状にかき混ぜ、再び凍らせる。

南濃みかんのパンケーキ（JAにしみの）

ミカンの果汁を計量カップに150cc絞り卵を入れる。これとホットケーキミックス粉、牛乳を入れ混ぜ、160℃前後で焼く。気泡がまんべんなく出てきたら裏返す。

梨の胡麻味噌かけ（JAにしみの）

縦半分に切り中華スープの素で煮て冷やしたナシに、豚肉の冷シャブ、オクラ、ニンジンを添え、玉みそ、あたりごま、砂糖、みりんなどで調整したを胡麻みそをかける。

イチジクと豚肉のチーズフリッター（JAにしみの）

皮をむき4等分にしたイチジクを、塩、コショウした豚肉ロースで巻き、小麦粉、卵、パルメザンチーズなどでつくった衣にくぐらせ、180℃の油で揚げる。

蒸しイチジクの冷やし胡麻味噌がけ（JAにしみの）

イチジクを蒸す際は、バットにコンブを敷いた上に皮をむいてのせ、中火で15～20分。ごまみそは、練って冷やした甘みそと練りごま、ポン酢

を混ぜる。

果物加工品

- 富有柿ジャム
- 柿の葉そば
- 富有柿のアイスクリーム
- 柿の葉茶
- 柿ようかん
- 柿酢

消費者向け取り組み

- 梅林公園　岐阜市
- 百梅園　安八町
- 古墳と柿の館　本巣市

▶「三ケ日ミカン」が健闘するミカン王国

22 静岡県

地勢と気候

静岡県の地形は東西に長く、北側は富士山など標高3,000m級の山々から成る北部山岳地帯、南側は遠州灘、駿河湾、相模灘などに沿った約500mの海岸線である。このため、日本一の高低差がある。山地から流れ出た川は、天竜川、大井川、富士川となって県土を縦断し、海岸部に肥沃な土地を形成している。また、糸魚川—静岡構造線が通っている。

県全体としては、四季のはっきりした温暖な海洋性気候である。特に冬は乾燥して晴天が多く、平地では雪も少ない。ただ、標高差が大きいだけに、気温の差も大きい。年平均気温は、遠州灘、駿河湾に面する沿岸部では15～16℃なのに対して、中部や東部の標高の高いところでは11～12℃である。降水量は、遠州地方や伊豆半島の西海岸では年間を通して少なめであり、静岡市の山岳部や富士山麓では多い。

知っておきたい果物

ミカン 　ミカンの栽培面積、収穫量の全国順位はともに和歌山県、愛媛県に次いで3位である。主産地は浜松市、静岡市、沼津市、牧之原市、藤枝市、湖西市、伊東市、富士市、島田市、焼津市、熱海市などである。出荷時期は12月中旬～3月下旬頃である。

浜松市の「三ヶ日みかん」は、貯蔵生食用としては全国有数の規模である。JAみっかびの組合員で構成する三ケ日町柑橘出荷組合は、静岡県が認可する第三者認証制度である「しずおか農水産物認証」を2008(平成20)年に取得している。JAみっかびは「三ケ日みかん」としての地域ブランドの登録を受けている。

沼津市などで生産される「寿太郎ミカン」は、1975(昭和50)年に山田寿太郎が栽培中の青島温州の一部に枝の節間が短く葉色の濃い変異枝を発見し、濃厚な味のミカンができることを確認した。その後、「石川温州」

やカラタチに接木して苗木を育成して増殖し、「寿太郎温州」と命名した。今では、沼津市で生産されるミカンの半分を占める。

イチゴ

イチゴの作付面積、収穫量の全国順位はともに栃木県、福岡県、熊本県に次いで4位である。イチゴは静岡県内の全域で栽培されているが、出荷量の多いのは静岡市、伊豆の国市、掛川市、御前崎市などである。

主力栽培品種は「紅ほっぺ」である。「紅ほっぺ」は「章姫」と「さちのか」を交配して静岡県で生まれた。「ほっぺが落ちるほどおいしい」ということで命名された。「紅ほっぺ」の出荷時期は10月下旬～6月下旬頃である。

100年以上の歴史がある静岡市の久能山の「石垣イチゴ」は促成栽培の一つである。太陽の熱で温められた石垣のふく射熱を利用して成長を早めている。

ダイダイ

ダイダイの栽培面積、収穫量の全国順位はともに1位である。主産地は熱海市、東伊豆町、伊東市などである。

ネーブルオレンジ

ネーブルオレンジの栽培面積、収穫量の全国順位は、ともに広島県に次いで2位である。栽培品種は、県内で発見された「白柳ネーブル」などである。主産地は浜松市、静岡市、伊東市などである。出荷時期は12月上旬～3月下旬頃である。

キウイ

キウイの栽培面積、収穫量の全国順位は、ともに5位である。栽培品種は「ヘイワード」「レインボーレッド」などである。主産地は静岡市、富士市、浜松市、掛川市、島田市などである。出荷時期は「ヘイワード」が12月上旬～4月下旬、「レインボーレッド」が10月中旬～12月中旬頃である。

メロン

メロンの作付面積の全国順位は7位、収穫量は6位である。栽培品種は「アールスメロン」「マスクメロン」などである。主産地は御前崎市、菊川市、森町、牧之原市などである。

「アールスメロン」の出荷時期は通年である。ガラス温室で栽培する磐田市の「マスクメロン」の生産高は日本一。「静岡温室メロン」の主産地は袋井市、磐田市、掛川市、森町、浜松市などである。

ナツミカン

ナツミカンの栽培面積の全国順位は6位、収穫量は7位である。主産地は静岡市、東伊豆町、伊東市などである。

旬の時期は2月～5月頃である。

ポンカン 　ポンカンの栽培面積の全国順位は6位、収穫量は8位である。主産地は静岡市、松崎町、浜松市などである。旬の時期は12月下旬～2月中旬頃である。

ギンナン 　ギンナンの栽培面積の全国順位は7位、収穫量は4位である。主産地は静岡市、富士宮市、富士市などである。出荷時期は9月下旬～12月下旬頃である。

イチジク 　イチジクの栽培面積、収穫量の全国順位はともに9位である。主産地は静岡市、藤枝市、焼津市などである。旬の時期は6月～10月頃である。

カキ 　カキの栽培面積の全国順位は12位、収穫量は11位である。主産地は浜松市、静岡市、伊豆の国市、森町、富士宮市、下田市などである。

栽培品種は甘ガキの「次郎」と、渋ガキの「四ツ溝」などである。「次郎」の主産地は浜松市、磐田市、森町などである。出荷時期は「次郎」が8月中旬～12月下旬、「四ツ溝」が10月中旬～12月中旬頃である。

ブルーベリー 　ブルーベリーの栽培面積の全国順位は13位、収穫量は19位である。主産地は静岡市、浜松市、菊川市などである。旬の時期は4月下旬～8月下旬頃である。

クリ 　クリの栽培面積の全国順位は16位、収穫量は14位である。主産地は掛川市、下田市、静岡市、御殿場市、伊豆市などである。出荷時期は9月上旬～10月下旬頃である。

ウメ 　ウメの栽培面積の全国順位は17位、収穫量は18位である。主産地は静岡市、磐田市、浜松市、伊豆市、下田市、島田市などである。

日本ナシ 　日本ナシの栽培面積、収穫量の全国順位はともに22位である。主産地は富士市、静岡市、浜松市、焼津市、藤枝市などである。出荷時期は7月上旬～9月下旬頃である。

富士市では、主に「幸水」「豊水」を栽培し、「富士梨」としてシーズン中はJA富士市産直市などでも販売している。

桃 　桃の栽培面積の全国順位は、宮城県と並んで23位である。収穫量の全国順位も23位である。主産地は静岡市、浜松市、牧之原市などである。出荷時期は5月中旬～7月中旬頃である。

リンゴ
リンゴの栽培面積の全国順位は、佐賀県と並んで31位である。収穫量の全国順位は26位である。

スモモ
スモモの栽培面積の全国順位は、東京都、石川県、岐阜県と並んで36位である。収穫量の全国順位は島根県と並んで29位である。

ブドウ
ブドウの栽培面積の全国順位は、岐阜県と並んで42位である。収穫量の全国順位は43位である。栽培品種は「ピオーネ」などである。ブドウの主産地は浜松市、静岡市、伊豆市などである。

「ピオーネ」は、「巨峰」と「マスカット」を交配して静岡県で生まれた。イタリア語で「開拓者」を意味する。その名のように新しいおいしさを追求している。「ピオーネ」の出荷時期は6月下旬～9月下旬頃である。

グレープフルーツ
農林統計によると、日本でのグレープフルーツの主な生産地は静岡県だけである。主産地は浜松市である。

ニューサマーオレンジ
主産地は東伊豆町、河津町、下田市などである。旬の時期は4月～6月頃である。

ビワ
ビワの栽培面積の全国順位は15位、収穫量は14位である。主産地は浜松市、静岡市、伊豆市などである。伊豆市土肥地区では、普通のビワに比べて果肉の白い白ビワを生産している。「土肥白ビワ」とよばれる全国的にも珍しいビワの生産は明治時代にさかのぼる。1877（明治10）年頃、静岡県令の大迫貞清が、中国の洞底湖を旅した友人からビワの種を譲り受け、静岡県下13郡に配布した。1886（明治19）年に、石原重兵衛土肥村長が、この木から接木苗を育成して村民に配布したことが産地化のきっかけになった。

その後、栽培農家は増加し、最盛期には約200戸になった。しかし、1959（昭和34）年の伊勢湾台風で壊滅的な被害を受け、生産農家は激減した。現在は、土肥地区の一部でしか栽培されていない。しかも、食べごろが5月下旬～6月上旬頃の一時期に限られ、地元でしか手に入らない希少品になっている。

地元が提案する食べ方の例

冷凍みかん(静岡県)

　冷凍庫にキッチンラップを敷いてミカンを並べる。凍ったミカンを冷水にくぐらせ表面に薄い氷の膜をつくる。冷凍庫のキッチンラップに戻し氷の膜を凍らせる。ポリ袋に入れて冷凍庫で保存。

寿太郎みかんとショコラブランのタルト(静岡県)

　ショコラブランを削って湯せんし、冷凍ミカンの皮をすりおろし生クリームを混ぜ沸騰直前まで温めてミカンの果肉を入れる。カップに流し込み冷蔵庫で冷やす。

紅ほっぺのパルフェ(静岡県)

　生クリーム、グラニュー糖を泡立て器で泡立て、イチゴとグラニュー糖をミキサーで混ぜたイチゴのペースト、卵黄と混ぜる。器に入れて約4時間冷凍。イチゴなどをトッピング。

温室メロンのサマースイーツ(静岡県)

　器にパンナコッタとメロンジュレを入れて、メロンと桃を盛り付け、フルーツソースをかける。材料はゼラチン、グラニュー糖、生クリーム、牛乳、メロンリキュールなど。

するがの柿と旬の野菜の食感マチュドニアサラダ(静岡県)

　カキ、ニンジン、セロリ、大根、カブ、キュウリを1.5cm角の小角切りにして器に入れ冷やす。食べる直前に、ヨーグルトなどのドレッシングを。

消費者向け取り組み

- 掛川市森林果樹公園　掛川市、40種1,200本の果樹を栽培

▶ カキ、イチゴ、メロン、ナシの主産地は三河

23 愛知県

地勢と気候

愛知県は、日本のほぼ中央に位置し、古来の尾張と三河を合わせた地域である。木曽・庄内の両河川が濃尾平野、矢作川が岡崎平野、豊川が豊橋平野をそれぞれ形成している。濃尾平野の東側は尾張丘陵で、その南に知多半島、豊橋平野の南に渥美半島がそれぞれ延びている。北部から東北部は長野県から木曽山脈が南に延びて三河山地を形成している。

気候に関しては夏季に雨が多く、冬季は少ない。渥美半島や知多半島は黒潮の影響を受けて温暖である。三河の山間部は、冬季に冷え込む。濃尾平野の北西から西にかけては、伊吹山地、養老山地、鈴鹿山脈などがあり、冬季には大陸方面からの季節風による降雪がみられる。

知っておきたい果物

イチジク イチジクの栽培面積、収穫量の全国順位はともに1位である。主産地は安城市、碧南市、常滑市、豊田市、西尾市、豊川市などである。出荷時期は、ハウスものが1月中旬〜7月下旬、露地ものが8月上旬〜11月下旬頃である。

ミカン ミカンの栽培面積の全国順位は、福岡県と並んで8位である。収穫量の全国順位は7位である。主産地は蒲郡市、美浜町、東海市、豊川市、南知多町、田原市などである。栽培品種は「宮川早生」「青島温州」などである。出荷時期は、「宮川早生」のハウスものが4月上旬〜10月上旬、露地ものが11月中旬〜12月下旬、「青島温州」が1月下旬〜2月下旬頃である。

蒲郡市では、天保年間（1830〜44）に同市神ノ郷町に温州ミカンが導入された。大正初期からミカン園地が増加し、一時は寒波や養蚕の好況により桑園に転換されたものの、昭和初期からミカン栽培が本格化した。蒲郡産のミカンは、「蒲郡みかん」として地域ブランドの登録を受けている。

温室ミカンの栽培は1973（昭和48）年から始まった。品種を「宮川早生」に統一し、土を冷やして木に冬が来たと思わせて花を早く咲かせる地温冷却栽培法を取り入れている。この結果、出荷時期が4月上旬〜9月下旬頃となり、露地ミカンと温室ミカンを組み合わせて、周年供給態勢をほぼ確立している。

ギンナン

　ギンナンの栽培面積、収穫量の全国順位は、ともに大分県に次いで2位である。主産地は稲沢市などである。

　稲沢市祖父江町は、江戸時代から続くギンナンの産地である。木曽3川がもたらした肥沃な大地で育つため、粒が大きく、もっちりした食感が特徴である。祖父江町内で生産されたギンナンは「祖父江ぎんなん」として地域ブランドの登録を受けている。同町内には、樹齢100年を超える古木を含め、1万本を超えるイチョウの木がある。

カキ

　カキの栽培面積の全国順位は6位、収穫量は和歌山県、奈良県、福岡県に次いで4位である。主産地は幸田町、豊橋市、新城市、豊川市、豊田市、みよし市、小牧市などである。出荷時期は、「次郎柿」のハウスものが9月上旬〜下旬、「次郎柿」の露地ものが10月上旬〜12月上旬、「富有柿」が11月上旬〜下旬頃である。

　三ケ根山麓の幸田町は全国の90％以上を出荷する「筆柿」の大産地である。「筆柿」はもともと三ケ根山麓に自生していた品種で、江戸時代には農家の庭先で栽培され「珍宝柿」とよばれ、砂糖の代用甘味料としても使われた。出荷、販売されるようになったのは昭和30年代からで、形が毛筆の筆先に似ていることから「筆柿」と名付けられた。「筆柿」は、1本の木から甘ガキと渋ガキがとれる不完全甘ガキである。果肉に黒いごまが多い。収穫時期は9月下旬〜10月下旬頃で比較的早い。

イチゴ

　イチゴの作付面積の全国順位は5位、収穫量は6位である。主産地は愛西市、豊橋市、豊川市、蒲郡市、幸田町、西尾市、岡崎市などである。栽培品種は、主力の「とちおとめ」のほか、「章姫」「ゆめのか」などである。出荷時期は10月中旬〜6月中旬頃である。

ブドウ

　ブドウの栽培面積の全国順位は7位、収穫量は8位である。主産地は豊橋市、豊田市、大府市、新城市、岡崎市、東浦町、安城市、みよし市、豊川市、春日井市などである。栽培品種は「巨峰」「デラウェア」などである。「巨峰」は種ありと種なしがある。「巨峰」を種な

しにする栽培方法は愛知県から始められた。出荷時期は、「巨峰」のハウスものが6月上旬～7月中旬、露地ものが8月上旬～9月上旬、「デラウェア」が7月中旬～8月上旬頃である。

メロン

メロンの作付面積の全国順位は6位、収穫量は7位である。主産地は田原市、豊橋市、豊川市などである。出荷時期は、「タカミメロン」「クレオパトラメロン」「ホームランメロン」など露地ものが5月中旬～7月下旬、「アールスメロン」が6月下旬～9月上旬頃である。

桃

桃の栽培面積、収穫量の全国順位はともに8位である。主産地は小牧市、豊田市、幸田町、豊橋市、春日井市、犬山市などである。栽培品種は「日川城鳳」「白鳳」「勘助白桃」「愛知白桃」「川中島白桃」「ゴールデンピーチ」などである。「ゴールデンピーチ」を除き6月上旬～8月中旬頃までリレー出荷される。「ゴールデンピーチ」の出荷時期は9月上旬～中旬頃である。

スイカ

スイカの作付面積の全国順位は7位、収穫量は10位である。主産地は田原市、豊橋市、豊田市などである。出荷時期は5月上旬～7月中旬頃である。

日本ナシ

日本ナシの栽培面積の全国順位は11位、収穫量は12位である。主産地は豊田市、安城市、豊橋市、みよし市などである。栽培品種は「愛甘水(あいかんすい)」「幸水」「豊水」「新高」「歓月」「愛宕」などである。「歓月」は愛知県で育成された。「愛宕」以外は7月下旬～10月下旬頃にリレー出荷される。「愛宕」の出荷時期は11月下旬～12月中旬頃である。

西三河の安城市では、明治時代からナシの栽培が始まり、市内で生産するナシは「安城梨」とよばれている。安城ブランドナシの「甘ひびき」は、市内の猪飼孝志氏が「愛甘水」をもとに自ら育成し、2010（平成22）年に品種登録した。早生の大玉で、糖度は13度以上である。

キウイ

キウイの栽培面積、収穫量の全国順位はともに15位である。栽培品目は「ヘイワード」などである。主産地は南知多町などである。収穫時期は11月中旬～下旬、出荷時期は1月頃からである。

ビワ

ビワの栽培面積、収穫量の全国順位はともに16位である。主産地は南知多町などである。

ウメ ウメの栽培面積の全国順位は11位、収穫量は19位である。栽培品種は、小ウメが「竜狭小梅」「宮口小梅」、大ウメが「玉英」「南高」などである。主産地は新城市などである。収穫時期は6月上旬～下旬頃である。

ハルミ ハルミの栽培面積、収穫量の全国順位はともに5位である。主産地は蒲郡市、美浜町、東海市などである。出荷時期は2月中旬～下旬頃である。

不知火 不知火の栽培面積の全国順位は14位、収穫量は12位である。主産地は蒲郡市、東海市、美浜町などである。出荷時期は3月上旬～中旬頃である。

ポンカン ポンカンの栽培面積、収穫量の全国順位はともに12位である。主産地は美浜町、蒲郡市、常滑市などである。出荷時期は1月下旬～2月中旬頃である。

伊予カン 伊予カンの栽培面積の全国順位は14位、収穫量は15位である。主産地は蒲郡市、美浜町、常滑市、幸田町などである。出荷時期は3月上旬～中旬頃である。

スモモ スモモの栽培面積の全国順位は、兵庫県、長崎県と並んで29位である。収穫量の全国順位は26位である。

ブルーベリー ブルーベリーの栽培面積、収穫量の全国順位はともに35位である。主産地は豊根村、蒲郡市、常滑市などである。

リンゴ リンゴの栽培面積の全国順位は、千葉県、福井県と並んで38位である。収穫量の全国順位は37位である。産地は豊根村、豊田市、春日井市などである。

地元が提案する食べ方の例

みかん釜（名古屋市）

ミカンを半分に切って、果肉を取り出す。皮の部分を器にして、フルーツ寒天15gを入れ、カキの串切りをのせる。生クリーム10gとミカンの果肉を入れる。

バナナケーキ（長久手市）

ボールにバターとサラダ油を入れてホイッパーでやわらげる。砂糖と卵

を加え、小麦粉を振るって混ぜる。包丁でたたいてペースト状にし、牛乳に浸したバナナを入れ、型に流して焼く。

いちごのババロア（JAあいち経済連）

（1）粉ゼラチンを水でふやかし湯せんにかけて溶かす、（2）イチゴ、砂糖、牛乳をミキサーに、（3）上記2つと、レモン汁、生クリームを混ぜてカップに注ぎ冷蔵庫で固める。

いちじくの天ぷら（JAあいち経済連）

へたを少し切り落としたイチジクを天ぷらの衣を付けて170～180℃の油でカラッと揚げる。一口大に切って、おろした大根とショウガを添えて、天つゆとともに食卓に。

いちじくの田楽（JAあいち経済連）

鍋に田楽みその材料を入れ、弱火で練る。イチジクは半分に切り、底の部分は切り落として平らに。これに田楽みそを塗り、木の芽などをのせて、オーブンで5～7分焼く。

消費者向け取り組み

- 東谷山（とうごくさん）フルーツパーク　名古屋市
- 蒲郡オレンジパーク　蒲郡市
- 季果旬菜の店あぐりす　JAあいち知多、中部国際空港セントレア内のアンテナショップ

▶ 知事が命名した超極早生ミカン「みえの一番星」

24 三重県

地勢と気候

　三重県は、東西約80km、南北約170kmで、県土は南北に細長い。県のほぼ中央を通る中央構造線を境に、北部は伊勢湾を望む平地・丘陵地を経て、養老、鈴鹿、笠置、布引などの山地・山脈、伊賀盆地へとつながっている。南部は、志摩半島から熊野灘に沿ってリアス式海岸が続きその背後には起伏に富んだ紀伊山地が迫っている。

　このように、地形が複雑なため気候は地域によって大きく異なる。熊野灘沿岸は県内で最も温暖で、雨が多い。特に、尾鷲から、奈良県の大台ケ原山系一帯は多雨地帯として知られる。上野盆地は、気温の年間や一日の変化が大きく、年間を通して霧が発生しやすい。伊勢平野には冬季、北西の季節風である「鈴鹿おろし」が吹く。

知っておきたい果物

ウメ　ウメの栽培面積の全国順位は21位、収穫量は5位である。主産地は御浜町、南伊勢町、津市、熊野市などである。出荷時期は5月上旬〜6月下旬頃である。

　五ケ所湾に臨む南伊勢町の「五ケ所小梅」は「みえの伝統果実」に選定されている。真珠のようだということで「パール小梅」の愛称もある。小梅としては大粒である。出荷は県内の市場が中心である。

ミカン　ミカンの栽培面積、収穫量の全国順位はともに11位である。主産地は御浜町、尾鷲市、紀北町、熊野市などである。出荷時期は7月上旬〜4月下旬頃である。

　「みえの一番星」は、県農業研究所が育成し、2008（平成20）年に品種登録された「みえ紀南1号」である。御浜町生まれの「崎久保早生」と「サマーフレッシュ」を交配して育成した。県の主力品種である「崎久保早生」より1週間早く9月中旬頃から収穫できる超極早生ミカンで、当時の知事

が命名した。

「五ヵ所みかん」は南伊勢町五ヵ所地域で、マルチ栽培によって収穫した温州ミカンである。

カキ

カキの栽培面積、収穫量の全国順位はともに13位である。主産地は多気町、玉城町、松阪市、伊勢市などである。出荷時期は9月上旬〜12月下旬頃である。

「蓮台寺」と「前川次郎」は「みえの伝統果実」に選定されている。「蓮台寺」は渋ガキで、300年以上前から伊勢市勢田町で栽培され、鳥羽市にも広がっている。1958（昭和33）年に伊勢市の天然記念物に指定されている。人のような名前の「前川次郎」は、「次郎」のもととなる品種である。多気町、玉城町などで栽培されている。

セミノール

セミノールの栽培面積、収穫量の全国順位は、ともに和歌山県、大分県に次いで3位である。主産地は御浜町、紀宝町、南伊勢町などである。出荷時期は4月上旬〜下旬頃である。

ナツミカン

ナツミカンの栽培面積の全国順位は9位、収穫量は6位である。主産地は御浜町、尾鷲市、紀北町などである。アマナツミカンの出荷時期は3月上旬〜5月下旬頃である。

不知火

不知火の栽培面積の全国順位は12位、収穫量は11位である。主産地は御浜町、熊野市、紀宝町などである。収穫時期は2月〜4月頃である。

ビワ

ビワの栽培面積の全国順位は17位、収穫量は15位である。栽培品種は「長崎早生」「茂木」「田中」などである。主産地は松阪市などである。収穫時期は品種によって異なるが、5月下旬〜6月下旬頃である。

松阪市嬉野島田町で産出するビワは「島田ビワ」として知られている。

イチゴ

イチゴの作付面積の全国順位は18位、収穫量は19位である。主産地は松阪市、伊勢市、玉城町、津市、志摩市などである。出荷時期は11月上旬〜5月下旬頃である。

日本ナシ

日本ナシの栽培面積、収穫量の全国順位はともに21位である。主産地は津市、伊賀市、四日市市などである。出荷時期は7月上旬〜9月下旬頃である。

キウイ キウイの栽培面積の全国順位は27位、収穫量は26位である。産地は鈴鹿市などである。収穫時期は11月上旬～中旬頃である。

ブドウ ブドウの栽培面積、収穫量の全国順位はともに28位である。主産地は伊賀市、名張市、津市などである。出荷時期は7月上旬～9月下旬頃である。

クリ クリの栽培面積の全国順位は32位、収穫量は28位である。産地は津市などである。収穫時期は9月中旬～10月下旬頃である。

イチジク イチジクの栽培面積の全国順位は31位、収穫量は25位である。主産地は鈴鹿市、松阪市、津市などである。出荷時期は9月上旬～10月上旬頃である。

桃 桃の栽培面積の全国順位は、茨城県と並んで40位である。収穫量の全国順位は41位である。産地は津市などである。収穫時期は6月中旬～8月下旬頃である。

ブルーベリー ブルーベリーの栽培面積の全国順位は41位、収穫量は44位である。主産地は度会町、津市などである。収穫時期は7月中旬～8月下旬頃である。

津市では「白山のブルーベリー」を生産している。

サマーフレッシュ ナツミカンとハッサクの交配でつくられた。独特の舌触りと風味のある品目である。御浜町の御浜農地開発団地で栽培されており、産地は御浜町など紀南地域である。農林統計によると、主な生産地は三重県だけである。収穫時期は6月上旬～7月下旬頃である。

シュンコウカン 春光柑と書く。農林統計によると、主な生産地は三重県だけである。主産地は御浜町、熊野市などである。収穫時期は3月～5月頃である。春光柑は和歌山県新宮市出身の作家、佐藤春夫が命名した。外皮の色が春の光を思わせるように淡い。

ニイヒメ 新姫と書く。農林統計によると、主な生産地は三重県だけである。主産地は熊野市である。ニイヒメは、熊野市の天然記念物である「ニホンタチバナ」とミカン類の交雑種として発見され、1997（平成9）年に熊野市が品種登録し、命名した。同市は2006（平成18）年度から産地化に向けて苗木を増産し、市民に無償配布して生産拡大に努めた。2014（平成26）年の栽培面積は8ha、収穫量は48トンである。

熊野市ふるさと振興公社は果実を買い取り、ポン酢などの加工品としても販売している。

メロン 　名張市美旗(みはた)とその周辺地域で生産されたメロンは「美旗メロン」として地域ブランドに登録されている。美旗メロンは1995（平成7）年に公民館でのサークル活動として始まり、2005（平成17）年にJAの部会となり、地域の特産品を目指して活動してきた。

マイヤーレモン 　マイヤーレモンはメイヤーレモンともいう。レモンと、オレンジかマンダリンが自然交雑して誕生した。主産地は御浜町、紀宝町などである。収穫時期は10月上旬〜1月下旬頃である。紀宝町には、農事組合法人紀宝マイヤーレモン生産組合がある。

平成ミカン 　清見と温州ミカンの交配でつくられた。収穫時期は1月下旬〜2月下旬頃である。全国的に生産量は少ない。主産地は御浜町、新宮市などである。

ヤマトタチバナ 　もともとは鳥羽市答志島などに自生していた。500円玉程度の小果である。香りが強く、生食より、果汁、果皮、葉などを調味料の原料などに利用している。鳥羽商工会議所は農工商連携として新商品の開発に力を入れている。果実や葉の香りがよく、古来から「非時香果(ときじくのかぐのこのみ)」、すなわち「永遠に香っている果実」として珍重されてきた。ヤマトタチバナは鳥羽市の木でもある。

カラ 　晩生のマンダリンで、カラマンダリン、カラオレンジともいう。主産地は御浜町など紀南地域である。出荷時期は4月中旬である。

地元が提案する食べ方の例

柿ようかん（玉城町）

砂糖を加え布巾でこした寒天液を、つぶあんと混ぜて煮、水をはったボウルの上で冷ます。流し箱の内側を水で濡らして、これを入れ、皮をむき小さく切ったカキを加え、冷やして固める。

柿フリッター（玉城町）

卵の黄身は砂糖、バターを混ぜ、牛乳で緩める。白身は硬めに泡立てる。これらを泡が消えないように混ぜ、衣にする。輪切りのカキに小麦粉をまぶし衣をつけて油で揚げ、粉砂糖を振る。

柿パイ（玉城町）

　強力粉、薄力粉でパイ生地をつくる。生地に、厚さ2mmのくし形に切ったカキを立てるようにしてのせ、別のパイ生地でふたをし、縁をくっつける。全体に卵黄を塗り、180℃で約25分焼く。

イチゴのプチタルト（JA全農みえ）

　市販のタルトにチーズのマスカルポーネ、粉糖、レモン果汁を混ぜ合わせて入れ、へたをとったイチゴをのせて器に盛る。材料はイチゴ10個、マスカルポーネ100gなど。

イチゴサンド（JA全農みえ）

　ボウルに生クリーム、砂糖を入れ、泡立て器で八分立てにしてホイップクリームをつくる。食パンの片側に塗ってイチゴを並べる。同じクリームですき間を埋めて別のパンで挟み、切る。

消費者向け取り組み

- ほほえみかん　JA三重南紀、熊野市にある直売所

▶ 競い合う地域ブランドメロン

25 滋賀県

地勢と気候

滋賀県は、若狭湾、伊勢湾、大阪湾に挟まれ、本州のくびれに位置している。周囲に伊吹、鈴鹿、比良、比叡の山脈が連なり、中央部は琵琶湖を擁する大きな盆地になっている。琵琶湖は日本最大の淡水湖で、県の面積の約6分の1を占めている。湖北地方には伊吹山地や野坂山地、湖東地方には後在所山、雨乞岳などの鈴鹿山脈、湖南地方には信楽高原や比叡山地など、湖西地方には比良山地や朽木山地などがある。

くびれに位置しているため、日本海、太平洋、瀬戸内海からの風の通り道になっている。このため、滋賀県は天気の変わり目となり、湖南と湖東は瀬戸内、湖西と湖北は日本海側、鈴鹿山麓は太平洋側の気候に区分される。

知っておきたい果物

メロン 守山市、草津市などではこだわりのメロンを栽培している。守山市と野洲で生産している「モリヤマメロン」と、草津市産の「草津メロン」で、それぞれ地元のJAが地域ブランドの登録を受けている。

守山市が、柱となる地域特産物を育成しようと、メロン栽培の試作を開始したのは1977（昭和52）年である。ハウスごとの土壌診断の結果に基づく施肥設計や共撰共販によって品質管理を徹底してきた。当初から直売所だけの販売に限定しているものの、贈答品としての発送は全国に及んでいる。

「草津メロン」は1982（昭和57）年から栽培を始めた。当時の品種は、網目の入らない「バンビーメロン」だった。現在も生産している「アムスメロン」の栽培を始めたのは1985（昭和60）年である。現在は、「タカミメロン」、アールス系の「センチュリーメロン」なども栽培している。JA

草津市が、栽培から検査、出荷、販売まで一貫した管理を行っている。リピーターの予約販売が大半を占めている。

東近江市愛東地域では「あいとうメロン」を生産している。上岸本温室組合はガラス温室でアールスメロンを育てている。主に、地元の「道の駅あいとうマーガレットステーション」の直売館で5月上旬～7月下旬頃に販売している。

サクランボ サクランボの栽培面積の全国順位は12位、収穫量は13位である。主産地は高島市などである。出荷時期は5月下旬～6月中旬頃である。

イチジク イチジクの栽培面積の全国順位は22位、収穫量は18位である。主産地は栗東市、高島市、東近江市、甲賀市、守山市などである。出荷時期は7月中旬～12月下旬頃で、産地によって異なる。

ブルーベリー ブルーベリーの栽培面積の全国順位は20位、収穫量は21位である。主産地は米原市、高島市、野洲市、甲賀市などである。出荷時期は6月上旬～9月中旬頃で産地によって異なる。

スイカ スイカの作付面積の全国順位は奈良県と並んで23位である。収穫量の全国順位も23位である。主産地は高島市、東近江市、近江八幡、大津市などである。出荷時期は7月上旬～8月下旬頃である。

大津市の「比良おろし」という強い風の吹く地域では、「比良すいか」を生産している。

ユズ ユズの栽培面積の全国順位は37位、収穫量は32位である。主産地は甲良町、大津市などである。出荷時期は8月上旬～12月下旬頃である。

カキ カキの栽培面積、収穫量の全国順位はともに34位である。主産地は、高島市、米原市、竜王町、東近江市などである。出荷時期は10月上旬～12月下旬頃である。

ブドウ ブドウの栽培面積、収穫量の全国順位はともに39位である。主産地は、東近江市、竜王町、長浜市、高島市などである。出荷時期は7月下旬～10月中旬頃で、産地によって異なる。長浜市では、「マスカット・ベリーA」と「アーリースチューベン」を中心に生産している。

桃 桃の栽培面積の全国順位は、北海道と並んで38位である。収穫量の全国順位は39位である。主産地は竜王町、栗東市、甲賀市などで

ある。出荷時期は7月上旬～8月下旬頃である。

日本ナシ
日本ナシの栽培面積の全国順位は39位、収穫量は40位である。主産地は東近江市、竜王町、彦根市などである。出荷時期は8月上旬～10月下旬頃である。竜王町では、「幸水」と「豊水」を中心に生産している。

彦根市では、荒神山の麓の曽根沼干拓地で彦根梨生産組合が、県内では珍しいナシの団地で「彦根梨」として「幸水」「豊水」の栽培を行っている。完熟をモットーに収穫し、ただちに消費者に届けるため、直売だけで、市場へは出荷していない。

クリ
クリの栽培面積の全国順位は38位、収穫量は41位である。主産地は高島市、大津市、甲賀市などである。出荷時期は9月中旬～11月中旬頃である。

ブラックベリー
ブラックベリーの栽培面積の全国順位は神奈川県と並んで3位である。収穫量の全国順位は1位で、全国の66.1％を産出している。主産地は高島市などである。

ウメ
ウメの栽培面積の全国順位は41位、収穫量は42位である。主産地は米原市、大津市、東近江市などである。出荷時期は6月上旬～7月下旬頃である。

キウイ
キウイの栽培面積の全国順位は、岩手県と並んで43位である。収穫量の全国順位は44位である。

イチゴ
イチゴは彦根市などで生産されている。県内産イチゴの代表は「章姫」と「紅ほっぺ」である。産地は大津市などである。出荷時期は12月～6月頃である。

ミカン
統計によると、ミカンを生産するのは37都府県である。滋賀県におけるミカンの栽培面積の全国順位は石川県と並んで36位である。収穫量の全国順位は35位である。

アドベリー
ボイズンベリーともいう。主産地は高島市などである。高島市安曇川町の特産品である。

リンゴ
リンゴの栽培面積の全国順位は、奈良県、和歌山県、宮崎県と並んで33位である。収穫量の全国順位は39位である。産地は高島市などである。

昔、「彦根りんご」とよばれたリンゴがあった。日本に古くから伝わる

和リンゴの一種で、江戸時代には彦根藩士の屋敷で栽培され、社寺や将軍家などに献上された。しかし、西洋リンゴに押されて衰退し、1955（昭和30）年頃には姿を消した。そのリンゴを再びと、有志約30人が2003（平成15）年に「彦根りんごを復活する会」を発足させ、石川県の農業試験場から提供された和リンゴの実の中から最も近い品種を選び、「平成の彦根りんご」と名前を付けて、栽培している。

地元が提案する食べ方の例

柿と鯖酢じめ、市松白雲巻（滋賀県）

カキは水平に切ってカキ釜をつくる。拍子木切りしたしめサバとカキを白板コンブに市松になるように巻いて3等分に切りカキ釜に盛る。大根とカキをおろして、土佐酢をかける。

柿味噌サンド（滋賀県）

牛薄切り、シメジ、ピーマンなどを油で焼き、みそ、ニンニク、酒などを加えて肉みそをつくる。カキは皮をむいて2cm幅に切って両面を焼き、肉みそを挟む。カイワレなどを添える。

柿の天ぷら（滋賀県）

小麦粉、卵に水を混ぜた天ぷらの衣に、薄くスライスしたカキをくぐらせ、170℃くらいの油で揚げる。カキはスライスした後、キッチンペーパーに並べて半日乾燥させると甘みが増す。

ブルーベリー酢豚（滋賀県）

フライパンにサラダ油を入れ、キュウリ、ニンジン、シイタケなどを炒め、合わせた調味料を加える。下味をつけて揚げた豚肉、ブルーベリーを入れて片栗粉を加え、とろみをつける。

中国風いちごまんじゅう（滋賀県）

ボウルに白玉粉、砂糖、ラードを入れてつぶし、水を加えてなめらかな生地にして8等分する。黒こしあんで包んだイチゴを生地で包み、白ゴマをまぶし低温でゆっくり揚げる。

消費者向け取り組み

観光農園

● ファーマーズマーケットおうみんち　JAおうみ冨士、「モリヤマメロン」

を限定販売
- **野菜センター**　JA草津市、「草津メロン」を限定販売
- **農畜産物交流センター草津あおばな館**　JA草津市、「草津メロン」を限定販売
- **いちじく収穫体験**　びわ湖高島観光協会、8月下旬～10月中旬の土曜日
- **富有柿がりもぎ体験**　びわ湖高島観光協会、11月
- **道の駅あいとうマーガレットステーション**　東近江市、イチゴ狩り園などがある。

▶「京たんご梨」「丹波クリ」は果物の京ブランド

26 京都府

地勢と気候

京都府の面積の4分の3以上が山地や丘陵地である。県北部には丹後山地や福知山盆地があり、丹後半島と、舞鶴湾や宮津湾などで日本海に面している。丹後半島の日本海沿岸には砂丘地がある。県中央部には丹波高地や亀岡盆地、南部には京都盆地がある。

気候は、丹後山地を境にして、北部と南部で異なる。北部の福知山盆地から丹後山地一帯は内陸性、丹後半島地域は日本海側の特性がある。舞鶴湾や宮津湾付近一帯は両者の中間の気候である。南部では亀岡盆地から南山城の山間地にかけては内陸性の気候である。京都市の市街地では近年、平均気温が上昇している。

知っておきたい果物

クリ 亀岡市から北に、南丹市、京丹波町から綾部市、福知山市あたりまでを丹波地方とよぶ。この地域で生産されるのが「丹波くり」である。「丹波くり」の歴史は古く、平安時代にさかのぼる。「丹波くり」は日本のクリのルーツといわれる。丹波のクリは、古くから献上物として都に運ばれるとともに、江戸時代には年貢米の替わりとして上納された。江戸時代に、尼崎の商人が丹波からクリを持ち帰り、京阪神で売り歩いたのがきっかけで全国に広まった。京都の秋を代表する味覚で、京のブランド産品である。

京都府内のクリの生産量は1978（昭和53）年は1,500トンだった。現在では346トンに減少している。京都府におけるクリの栽培面積の全国順位は10位、収穫量は16位である。福知山市では、毎年、収穫期に合わせて「福知山地方丹波くりまつり」が催される。

日本ナシ 京都府北部の丹後半島で栽培されている「京たんご梨」は、2000（平成12）年に京のブランド産品に認定されている。

光センサーで糖度を計り、一定以上の糖度があり、Lサイズ以上で、形が良く傷がないなど条件を満たしたものをブランド産品としている。

京都府における日本ナシの栽培面積の全国順位は32位、収穫量は33位である。主産地は京丹後市で、ほかに八幡市、久御山町などである。京丹後市久美浜町は、京都府内で生産されるナシの9割を占める。明治時代に、砂丘地で基幹作物がなく、新たな現金収入を求めて取り組んだのが始まりである。当時、同じ日本海側に位置し、気候、風土が似た鳥取県を手本にしてナシ園を造成した。その後、国営農地開拓事業で造成された畑で規模を拡大していった。京丹後市産のナシは「京たんご梨」としてJA全農が地域ブランドの登録を受けている。京丹後市の現在の主力は「ゴールド二十世紀」である。「ゴールド二十世紀」は、「二十世紀」を改良した品種で、黒斑病に強い。このほか、「幸水」「豊水」「新興」「晩三吉」「新雪」などを生産している。出荷時期は8月上旬〜12月下旬頃である。

サンショウ

サンショウの栽培面積の全国順位は5位、収穫量は3位である。主産地は福知山市、綾部市、京丹波町などである。

ユズ

ユズの栽培面積の全国順位は19位、収穫量は11位である。主産地は京都市、宇治市、京丹波町などである。

ハッサク

ハッサクの栽培面積の全国順位は14位、収穫量は15位である。主産地は宮津市などである。

イチジク

イチジクの栽培面積の全国順位は15位、収穫量は8位である。主産地は城陽市、木津川市、京都市などである。収穫時期は7月上旬〜8月下旬頃である。

カキ

カキの栽培面積の全国順位は、香川県と並んで27位である。収穫量の全国順位は20位である。カキの主産地は木津川市、与謝野町、宇治田原町などである。

大江山の麓に位置する与謝野町は、「大美濃柿」を使った「与謝ころ柿」とよぶ干し柿の産地である。同町加悦地域では、元日の朝にころ柿を食べる習慣があり、「年とり柿」ともよんだ。三方（儀式などで使われる台）に米を敷き、その上にダイダイと人数分のころ柿を並べて食べた。

このため、どこの家にもカキの木があった。収穫後、家々の軒に吊るしたカキは、大江山から吹き下ろす「大江山おろし」の寒風によっておいし

い干し柿に仕上がった。当初は自家用だったが、明治中期にはころ柿づくりが農家の副業になり、発達した。

ミカン ミカンの栽培面積の全国順位は25位、収穫量は26位である。主産地は宮津市、舞鶴市などである。

由良川と北近畿タンゴ鉄道の橋りょうを望む宮津市由良地区の山手では、安土桃山時代からミカンの栽培が行われている。現在は由良みかん組合の80人が35haの丘陵地で「由良みかん」などを生産している。舞鶴市の「大浦みかん」は、若狭湾と舞鶴湾に面した大浦半島の山間地で栽培している。

ビワ ビワの栽培面積の全国順位は、東京都、神奈川県、奈良県と並んで26位である。収穫量の全国順位は東京都と並んで26位である。

リンゴ リンゴの栽培面積の全国順位は、島根県、大分県と並んで28位である。収穫量の全国順位は38位である。

桃 桃の栽培面積の全国順位は31位、収穫量は32位である。主産地は京丹後市などである。京都府の最北端、日本海に面した京丹後市丹後町徳光の国営開発農地高山団地では、約2.5haのほ場で、「八幡白鳳」「塚平白鳳」「長沢白鳳」「山根白桃」などが栽培されている。ここでは1991（平成3）年から「桃の木オーナー制」を実施している。オーナーを呼んでの夏の収穫祭は恒例の行事になっている。

ブドウ ブドウの栽培面積の全国順位は、山口県と並んで32位である。収穫量の全国順位は33位である。主産地は京丹後市などである。

キウイ キウイの栽培面積の全国順位は、兵庫県と並んで32位である。収穫量の全国順位は38位である。

ウメ ウメの栽培面積の全国順位は40位、収穫量は35位である。主産地は城陽市などである。城陽市の青谷梅林では主に「城州白」を栽培している。

メロン 主産地は京丹後市などである。京丹後市網野町は「琴引メロン」の産地である。琴引メロンは、鳴き砂で知られる地元の琴引浜から命名された。当初は露地栽培だったが、1990（平成2）年にハウス栽培に転換した。品種はハウス用の「アールスセイヌ」である。一株一果で大切に育て、糖度15度以上といった条件を満たしたものを「琴引メロン」としている。

同市久美浜町の砂丘地ではネットメロンの「ボーナス2号」を中心に栽

培している。JA 京都は、成長したメロンの中から、糖度が高く、容姿端麗なものを厳選して「砂姫メロン」という商標で出荷している。

スイカ

主産地は京丹後市、精華町などである。京丹後市網野町は小玉スイカ「砂丘パロディ」の生産地である。海岸線に広がる砂丘地の畑にスプリンクラーなど散水設備を導入して栽培している。

イチゴ

主産地は精華町などである。栽培品種は「とよのか」「さがほのか」などである。収穫時期は1月上旬～5月下旬頃である。

地元が提案する食べ方の例

アップル餃子（京都市）

フライパンにバターを入れ、火にかけ溶けたら、皮をむき薄いイチョウ切りにしたリンゴを砂糖を加えて炒める。シナモンを振り、粗熱がとれたら餃子の皮で包み、揚げ焼きする。

いちごミルクパンリゾット（京都市）

牛乳と砂糖を混ぜ、食べやすい大きさにちぎった食パンを耳から浸す。冷凍イチゴをかけ、混ぜながら食べる。冷凍イチゴがなければ、砂糖を使わず、イチゴジャムでもよい。

りんごとサツマイモのオレンジ煮（京都市）

鍋に、輪切りにしたサツマイモを並べる。その上に、8等分のくし形に切ったリンゴを重ね、干しブドウを散らす。オレンジジュースを注ぎ、落とし蓋をして煮る。

梅干しの甘辛煮（JA 京都）

塩抜きした梅干し、酒、醤油、砂糖、みりんを鍋に入れ、火にかける。アクをとり、煮汁が少なくなったら、ハチミツを入れ、煮汁が少し残っているくらいで火を止める。

梅ジャム（JA 京都）

一晩水に浸けたウメと水を火にかけ沸騰直前に止めてウメを水に30分浸す。これを3回繰り返す。裏ごしした果肉を混ぜながら煮詰め、とろみがついたら砂糖、レモン汁を加え再び煮詰める。

消費者向け取り組み

● みどり農園　井出町

▶府内で選べる30種のブドウ

27 大阪府

地勢と気候

大阪府は西に大阪湾が広がっているものの、北が丹波高地、東が生駒山地や金剛山地、南が和泉山脈と山々に囲まれている。大阪平野は、大部分が淀川や大和川の氾濫によって形成された、地盤高の低い沖積平野である。河川勾配が比較的緩やかなこともあって、何度も洪水や浸水の被害にあい、対策がとられてきた。

大阪府の気候は瀬戸内の気候に属し、年間を通して天気は安定し、降水量は少なめである。降水量が少ないのは、山に囲まれ風の通りが悪いためである。ただ、北部の山沿いでは、夏季に六甲山などで発生した積乱雲が流れてきて雨が降りやすい。

知っておきたい果物

ブドウ ブドウの栽培面積の全国順位は9位、収穫量は7位である。大阪府で栽培しているブドウの品種は、大きさでは小粒の「デラウェア」から中粒の「マスカット・ベリーA」、大粒の「巨峰」まで、種の有無でいえば、種ありのブドウだけでなく、種なしの「ピオーネ」など幅広い。「シャインマスカット」「甲州」「ネオマスカット」「マスカット・アレキサンドリア」なども生産しており、栽培品種は30種を超える。

主産地は、金剛・生駒山麓の羽曳野市、柏原市、太子町、大阪狭山市、交野市、河内長野市などである。ハウス栽培が多く、4月〜8月頃の長期間にわたって出荷している。河内地域が主産地である「デラウェア」の出荷時期は5月中旬〜8月下旬頃である。

大阪狭山市の「大野ぶどう」は直売が中心である。7月〜9月上旬頃に産地の沿道に並ぶ直売所は夏の風物詩である。

大阪府でブドウの栽培が本格的に始まったのは柏原市堅下に「甲州」が導入された1884（明治17）年である。枚方市では1945（昭和20）年頃か

らガラス温室を使って高級ブドウの栽培が始まっている。

ミカン
ミカンの栽培面積の全国順位は10位、収穫量は16位である。主産地は和泉市、太子町、岸和田市、貝塚市、堺市、千早赤阪村、富田林市、河南町などである。出荷時期は10月上旬〜3月下旬頃である。

大阪府におけるミカンの栽培面積は大正末期には2,000haを超え、和歌山県に次いで全国2位だった。その後、最盛期には3,000haを上回ったが、現在は749haに減少している。

和泉市のミカン栽培は200年の歴史があり、大阪府有数の生産量を誇るミカンの産地である。太子町では丘陵地を中心に栽培されている。

イチジク
イチジクの栽培面積の全国順位は8位、収穫量は愛知県、和歌山県に次いで3位である。

イチジクは果肉がやわらかく運搬が難しいため、消費地である都市近郊での栽培がふさわしいとされ、大阪では明治以前から栽培されていた。現在の主要品種は、大正時代に導入された「桝井ドーフィン」である。主産地は羽曳野市、河南町、岸和田市、藤井寺市、富田林市などである。収穫時期は8月上旬〜9月下旬頃である。

藤井寺市では主に地元で販売しており、朝市などでの朝採りイチジクは人気がある。

サンショウ
サンショウの栽培面積の全国順位は11位、収穫量は9位である。主産地は箕面市、豊能町、能勢町などである。箕面市北部の止々呂美地区では、5月中旬〜下旬頃に収穫される。

同地区では実サンショウの塩漬けなど加工品も製造されている。

ハッサク
ハッサクの栽培面積の全国順位は11位、収穫量は10位である。主産地は和泉市、岸和田市、貝塚市などである。

桃
桃の栽培面積の全国順位は21位、収穫量は18位である。主産地は岸和田市、河内長野市などである。

大阪府における桃の栽培は江戸時代後期に寝屋川市に伝わった。その後、交野市、豊中市、羽曳野市などに広がった。1965（昭和40）年頃からの都市化に伴い、栽培面積は激減した。

奈良県、和歌山県に隣接する河内長野市産の桃は「小山田の桃」として知られている。

クリ クリの栽培面積、収穫量の全国順位はともに29位である。主産地は能勢町、豊能町、箕面市などである。

能勢地方は、大粒の高級クリである「銀寄(ぎんよせ)」の原産地である。江戸中期に、現在の能勢町倉垣の人が、広島から持ち帰って植えたところ、立派な実を付ける樹があり、これが増殖されて近隣に広がった。天明・寛政年間(1781〜1800)の大飢饉のときにこのクリを出荷したところ、多くの銀札を寄せて農民を救ったことから銀寄とよばれるようになったという。

スモモ スモモの栽培面積の全国順位は新潟県、島根県、山口県と並んで32位である。収穫量の全国順位も32位である。主産地は枚方市などである。

カキ カキの栽培面積の全国順位は44位、収穫量は35位である。主産地は和泉市、河内長野市などである。

キウイ キウイの栽培面積の全国順位は島根県、宮崎県と並んで38位である。収穫量の全国順位は32位である。主産地は交野市などである。

ウメ ウメの栽培面積の全国順位は45位、収穫量は43位である。主産地は和泉市などである。

ブルーベリー 大阪府におけるブルーベリーの栽培面積の全国順位は45位、収穫量は41位である。主産地は和泉市、高槻市などである。

日本ナシ 日本ナシの栽培面積、収穫量の全国順位はともに46位である。主産地は河内長野市などである。

スダチ スダチの栽培面積の全国順位は6位、収穫量は5位である。主産地は和泉市、岸和田市、貝塚市などである。

清見 清見の栽培面積の全国順位は13位、収穫量は10位である。主産地は和泉市、岸和田市、貝塚市などである。

レモン レモンの栽培面積の全国順位は16位、収穫量は13位である。主産地は和泉市、岸和田市、貝塚市などである。

不知火 不知火の栽培面積の全国順位は17位、収穫量は16位である。主産地は和泉市、岸和田市、貝塚市などである。

ナツミカン ナツミカンの栽培面積の全国順位は21位、収穫量は19位である。主産地は和泉市、岸和田市、貝塚市などである。

近畿地方

ユズ　ユズの栽培面積の全国順位は33位、収穫量は23位である。主産地は箕面市、和泉市、岸和田市などである。収穫時期は11月上旬～12月下旬頃である。

　箕面市でユズ生産が盛んなのは同市北部の止々呂美地区である。古くから料亭などで使われている。

イチゴ　イチゴは高槻市、交野市、富田林市、和泉市などで生産されている。栽培品種は「章姫」「紅ほっぺ」「かおり野」「おいCベリー」などである。

ビワ　ビワは箕面市などで生産されている。箕面市北部の止々呂美地区では、山の斜面を利用して栽培している。品種は「田中」などである。収穫時期は7月上旬頃である。

地元が提案する食べ方の例

せとか寿司（大阪市）

　セトカの絞り汁に酢、砂糖、塩を加え寿司酢に。シイタケの戻し汁に調味料を加え、シイタケ、ニンジンなどを煮て具材にする。ご飯に寿司酢と具材を入れて混ぜ、上にセトカの実をのせる。

リンゴのトースト（大阪市）

　リンゴをスライスし、フライパンで両面が色づく程度に焼く。焼き上がったリンゴにハチミツとバターを入れて絡める。バターを塗ったトーストにのせ、シナモンパウダーをかける。

さくらんぼのクラフティー（大阪市）

　焼き型にバターを塗り、砂糖、小麦粉、卵、牛乳、生クリームを混ぜ合わせた半分を流し込み、柄と種を取ったサクランボをのせて、8分焼く。さらに残りを入れて8分焼く。

マンゴープディング（大阪市）

　マンゴーのピューレ、砂糖、レモン汁などを火にかけて溶かし、ゼラチンを入れ余熱で溶かす。冷蔵庫で冷やして固める。砂糖とレモン汁のシロップをかけ、チェリーなどを添える。

りんごの皮のかりんとう（能勢町）

　熱したフライパンにリンゴの皮が上になるように入れて焼く。弱火でバターを溶かしながら両面を焼き、砂糖を混ぜ、砂糖が薄茶色になったら、

火を止めてシナモンを振る。

消費者向け取り組み

- 農産物朝市直売所　JA大阪北部、箕面市

▶ 淡路島特産の鳴門オレンジはシェア100%

28 兵庫県

地勢と気候

兵庫県は、北は日本海に面し、南は瀬戸内海、太平洋を望んでいる。県土の中央部のやや北寄りを中国山地の延長である播但山地が横断している。その東部は丹波高地で、県土を日本海側と瀬戸内側に分けている。瀬戸内側には沖積平野が広がっている。

気候も播但山地を境に、冬に降水量の多い北側の日本海型と、冬は乾燥した晴天が続き雨の少ない南側の瀬戸内型に分かれる。南側のうち、南東部は大阪湾に面し、六甲山地の影響で梅雨の時期に局地的に大雨が降ることがある。南西部は播磨灘に面し典型的な瀬戸内型の気候である。淡路島は春先から梅雨期に霧が多く発生する。

知っておきたい果物

サンショウ サンショウの栽培面積の全国順位は3位、収穫量は5位である。主産地は篠山市、丹波市、香美町、神戸市などである。

神戸市北区有馬町は、江戸時代からのサンショウの産地である。この地域で採れる「有馬山椒」を材料にして、地元ではサンショウ入りの佃煮、サンショウオイル、サンショウみそなどを商品化している。

イチジク イチジクの栽培面積の全国順位は4位、収穫量は5位である。主産地は川西市、神戸市、小野市、淡路市、洲本市、南あわじ市、太子町などである。出荷時期は8月～10月頃である。

1909（明治42）年に広島県の苗業者だった桝井光次郎が米国から北米原産のドーフィン種を持ち帰り各地で試行錯誤を繰り返しながら、果樹地帯だった川西で新品種の栽培に成功し、「桝井ドーフィン」をつくり出した。これによって、川西市は現代イチジク発祥の地とされる。現在、川西市のイチジク産地は市の南部地域に集中している。完熟したものを朝採りして

京阪神の市場を中心に出荷している。

太子町産のイチジクは「太子いちじく」として出荷される。

ビワ　ビワの栽培面積、収穫量の全国順位はともに8位である。主産地は洲本市、淡路市、南あわじ市などである。「淡路びわ」として6月〜7月頃に出荷している。

クリ　クリの栽培面積の全国順位は7位、収穫量は12位である。主産地は猪名川町、丹波市、篠山市、宝塚市などである。出荷時期は9月〜10月である。

「クリの王様」ともいわれる「銀寄」は北摂地方の原産である。川西市などで生産される「北摂栗」は1,000年以上の歴史があり、朝廷や将軍家にも献上されていた。

ナツミカン　ナツミカンの栽培面積の全国順位は12位、収穫量は15位である。主産地は淡路市、洲本市、南あわじ市などである。

ユズ　ユズの栽培面積の全国順位は17位、収穫量は13位である。主産地は神河町、姫路市、養父市などである。出荷時期は10月〜11月頃である。神河町産のユズは「神崎の柚子」として知られる。

ブドウ　ブドウの栽培面積の全国順位は14位である。収穫量の全国順位は茨城県と並んで16位である。主産地は神戸市、三木市、加西市などである。

加西市は古くからのブドウの産地で、「マスカット・ベリーA」「ピオーネ」「藤稔」などを生産している。「マスカット・ベリーA」は同市で昭和初期から栽培されている。加西市産の「マスカット・ベリーA」は「加西ゴールデンベリーA」として地域ブランドに登録されている。兵庫県の「ひょうご安心ブランド」の認定も受け、土づくりを基本とし、農薬や化学肥料の使用を逓減する生産態勢を整えている。ハウスものと露地ものがある。

サクランボ　サクランボの栽培面積の全国順位は、埼玉県、福井県、京都府、鳥取県、島根県、熊本県と並んで18位である。収穫量の全国順位は埼玉県、岐阜県、鳥取県、香川県、高知県、熊本県と並んで19位である。主産地は豊岡市、養父市、朝来市などである。

ミカン

ミカンの栽培面積、収穫量の全国順位はともに20位である。主産地は淡路市、南あわじ市、赤穂市、洲本市などである。

赤穂市産の「赤穂みかん」は市街を望む山の中腹で栽培されており、11月にはミカン狩りが楽しめる。

イチゴ

イチゴの作付面積の全国順位は10位、収穫量は21位である。主産地は神戸市、豊岡市、洲本市などである。

桃

桃の栽培面積、収穫量の全国順位はともに22位である。主産地は加東市、川西市、養父市、神戸市などである。

リンゴ

リンゴの栽培面積、収穫量の全国順位はともに24位である。主産地は西脇市、三木市、小野市などである。

カキ

カキの栽培面積の全国順位は30位、収穫量は25位である。主産地は神戸市、淡路市、養父市などである。

ブルーベリー

ブルーベリーの栽培面積の全国順位は31位、収穫量は16位である。主産地は養父市、洲本市、丹波市などである。

日本ナシ

日本ナシの栽培面積の全国順位は35位、収穫量は32位である。栽培品種は「二十世紀」などである。主産地は神戸市、新温泉町、豊岡市、養父市、丹波市などである。

ウメ

ウメの栽培面積の全国順位は、長崎県と並んで33位である。収穫量の全国順位は40位である。主産地はたつの市、三田市、淡路市などである。

ナルトオレンジ

漢字を入れて鳴門オレンジとも書く。古くは鳴門ミカンとよばれた。淡路島固有の中晩生種で、兵庫県だけで産出する。主産地は淡路市、洲本市などである。

江戸時代、徳島藩は阿波国（現在の徳島県）と淡路国（淡路島）を領有していた。淡路島は徳島藩の領地だったのである。現在の洲本市で武士が庭で栽培していた無名のかんきつに、鳴門海峡にちなんで鳴門と冠して命名したのも徳島藩の藩主だった。その後、1871（明治4）年の廃藩置県によって淡路島は兵庫県に編入された。

ナルトオレンジは香りが強く、酸っぱくて独特のほろ苦さがある。1945（昭和20）年頃の栽培面積は100ha以上だったが、現在はその1割程度に減少している。出荷時期は5月～8月頃で、個人的な市場への出荷や直売

が中心である。

メロン 主産地は明石市、加古川市、西脇市、三木市などである。なお、姫路市西部で大正時代から栽培されている「網干(あぼし)メロン」はマクワウリの仲間である。果重は150g前後のだ円形で、果色は緑白色、果肉は淡緑色である。糖度は15〜16度である。

スモモ スモモの栽培面積の全国順位は、愛知県、長崎県と並んで29位である。収穫量の全国順位は40位である。主産地は明石市、加古川市、高砂市などである。

ナンコウ 漢字では南香と書く。農林統計によると、ナンコウの全国のまとまった産地は、収穫量で約90％を占める宮崎県と、約10％の兵庫県だけである。主産地は淡路市などである。

キウイ キウイの栽培面積の全国順位は、京都府と並んで32位である。収穫量の全国順位は鳥取県と並んで33位である。

不知火 不知火の栽培面積、収穫量の全国順位はともに19位である。主産地は洲本市、南あわじ市、淡路市などである。

ネクタリン ネクタリンの栽培面積、収穫量の全国順位はともに19位である。主産地は豊岡市、養父市、朝来市などである。

パッションフルーツ 主産地は西脇市、三木市、小野市、加西市などである。出荷時期は7月〜10月頃である。

地元が提案する食べ方の例

栗蒸し（篠山市）

蒸しわんに、一塩のアマダイの切り身を入れ強火で蒸し、中まで火を通す。硬く泡立て、ゆでクリを混ぜた卵白をかけて再び蒸す。取り出して熱い吸い物汁をかけ、ユズの小口切りなどを浮かす。

栗もち（篠山市）

クリはゆがいて、2つに割ってスプーンで中身を取り出し、つぶすか、裏ごしする。砂糖、塩を加えて煮て、クリあんにする。もちをついて回りにまぶすか、中にクリあんを入れる。

栗と小エビのマヨネーズあえ（篠山市）

鬼皮のままゆでて中身をスプーンで取り出し塩で味をつけたクリと、殻付きのままゆでて殻をむき、塩、コショウした小エビをマヨネーズソース

で和え、レタスの上に盛る。
みかんとレタスのサラダ（洲本市）
　サラダ油、酢、塩、コショウ、卵でドレッシングをつくり、白菜、タマネギ、キュウリ、ミカン、リンゴを和える。卵を固ゆでにし、白身は短冊に切り、黄身は裏ごしして飾る。
レモンとレーズンのバタークッキー（洲本市）
　バターに砂糖を加えてすり混ぜ、全卵、レモン表皮を入れて乳化させる。振るった小麦粉を混合し、絞れる固さにする。プレートに星口金で渦巻き状に絞り、レーズンを散らし、焼く。

消費者向け取り組み

● みとろフルーツパーク　加古川市

▶ 和歌山県に次ぐカキの産地

29 奈良県

地勢と気候

奈良県は紀伊半島の中央部に位置する内陸県である。北部に大和川と淀川、北部と南部にまたがって紀ノ川、南部に熊野川の4水系が流れている。紀ノ川上流の吉野川の北側に奈良盆地があり、盆地の周囲には生駒・金剛山地、竜門山地、宇陀山地、大和高原がある。南部は山岳地帯が広がり、県面積の3分の1を占めている。

気候は、吉野川を境にして異なる。北部の盆地は、雨が少なく、夏は蒸し暑く、冬は底冷えの厳しい内陸性気候、南部は夏は局地的な豪雨が起こり、冬は積雪の多い山岳性気候である。東部山地は、内陸性気候と山岳性気候の特徴を併せもっている。

知っておきたい果物

カキ 「御所ガキ」の原産地は御所市である。「御所柿と渋柿は皮むかいでも知れる」ということわざがある。奈良県におけるカキの栽培面積、収穫量の全国順位は、ともに和歌山県に次いで2位である。栽培品種は「富有」「刀根早生」「平核無」などである。

主産地は五條市で、下市町、天理市などが続いている。特に五條市の旧西吉野村は「富有」の産地である。五條では12月になると、皮をむいた渋ガキを縄で連ね軒に干す「つるし柿」が農家のあちこちでみられる。師走の風物詩である。「つるし柿」の出荷は12月である。

出荷時期はハウスものが8月中旬～下旬、「刀根早生」が7月中旬～10月下旬、「富有」が10月中旬～1月下旬、「平核無」が10月下旬～11月上旬である。

「刀根早生」は天理市萱生町の刀根淑民氏の平核無園から枝変わりとして発見されたことで、その名が付いた。1980（平成55）年に品種登録された。原木の地に「刀根早生柿発祥の地」の碑が立っている。刀根早生は

種がなく、果肉がやわらかい。

天理市のカキの産地は、東部山麓地域の「山の辺の道」沿いに広がっている。

ウメ

ウメの栽培面積の全国順位は10位、収穫量は3位である。主産地は五條市で、下市町、奈良市などが続いている。

五條市の賀名生梅林、奈良市の月ケ瀬梅林、下市町の広橋梅林は奈良県の3大梅林である。ウメの本数は賀名生梅林が2万本で最も多い。五條市の旧西吉野村は青梅の主産地である。下市町では、広橋地区で「南高梅」を中心に栽培が盛んだ。梅干しも出荷している。

サンショウ

サンショウの栽培面積の全国順位は、福岡県と並んで6位である。収穫量の全国順位も6位である。主産地は五條市、下市町などである。

イチジク

イチジクの栽培面積の全国順位は13位、収穫量は7位である。主産地は大和郡山市、斑鳩町、天理市などである。

ハッサク

ハッサクの栽培面積の全国順位は10位、収穫量は7位である。主産地は天理市、桜井市、明日香村などである。

イチゴ

イチゴの作付面積の全国順位は16位、収穫量は18位である。主産地は天理市、大和郡山市、奈良市、平群町、安堵町、三宅町などである。出荷時期は12月〜5月である。

「古都華」は、奈良県農業総合センターが「7-3-1」と「紅ほっぺ」を掛け合わせて育成し、2011（平成23）年に品種登録され、奈良県だけで生産されているオリジナル品種である。平群町などでの栽培が多い。

「あすかルビー」も奈良県のオリジナル品種である。三宅町、明日香村、上牧町などでの生産が多い。

サクランボ

サクランボの栽培面積の全国順位は、茨城県、広島県と並んで15位である。収穫量の全国順位は福井県と並んで16位である。

スイカ

スイカの作付面積の全国順位は、滋賀県と並んで23位である。収穫量の全国順位は20位である。主産地は下市町、天理市、奈良市などである。

奈良県では、大正時代後期に奈良盆地の農業を米麦二毛作から田畑輪換方式に転換するため、県農事試験場が米国からスイカの種を取り寄せて品

種改良に乗り出したことが、「大和スイカ」が各地に普及するきっかけになった。1945（昭和20）年頃までは奈良盆地全体がスイカ畑で、収穫期にはスイカ泥棒を見張る番小屋もできた。1955（昭和30）年代以降はスイカがイチゴに代わり、スイカ畑は大幅に減少した。ただ、全国で使われるスイカの種の8割方は奈良県内の種苗会社が供給しているという伝統は今も続いている。

日本ナシ 日本ナシの栽培面積の全国順位は34位、収穫量は29位である。主産地は大淀町、斑鳩町などである。出荷時期は8月～10月である。

町全体が南向き斜面の地形である大淀町では、温暖な気候を利用して1902（明治35）年頃から大阿太高原を中心に「二十世紀」の栽培が始まっている。同町は、県内最大の「二十世紀」の産地であり、「二十世紀」を中心に「大阿太高原梨」の名前で出荷している。斑鳩町での栽培品種は「幸水」「豊水」などである。

ミカン ミカンの栽培面積の全国順位は26位、収穫量は24位である。主産地は桜井市、明日香村などである。

スモモ スモモの栽培面積の全国順位は、香川県と並んで21位である。収穫量の全国順位は23位である。

キウイ キウイの栽培面積の全国順位は31位、収穫量は21位である。主産地は五條市、吉野町などである。

桃 桃の栽培面積の全国順位は、佐賀県と並んで28位である。収穫量の全国順位は25位である。

ブドウ ブドウの栽培面積の全国順位は38位、収穫量は29位である。栽培品種は「デラウェア」などである。主産地は平群町、大淀町などである。平群町では、「デラウェア」などが丘陵地のハウスで栽培されており、7月～8月に出荷する。大淀町では「巨峰」を中心に8月～10月に出荷する。

リンゴ リンゴの栽培面積の全国順位は、滋賀県、和歌山県、宮崎県と並んで33位である。収穫量の全国順位は28位である。

ビワ ビワの栽培面積の全国順位は、東京都、神奈川県、京都府と並んで26位で、ビワを生産する29都府県で最下位である。収穫量の全国順位は22位である。

不知火
不知火の栽培面積、収穫量の全国順位はともに22位である。主産地は桜井市、明日香村などである。

ユズ
ユズの栽培面積の全国順位は27位、収穫量は24位である。主産地は十津川村、下北山村、五條市などである。

ブルーベリー
ブルーベリーの栽培面積の全国順位は25位、収穫量は26位である。主産地は宇陀市、五條市、奈良市などである。

クリ
クリの栽培面積の全国順位は39位、収穫量は38位である。主産地は三郷町などである。

地元が推奨する食べ方と加工品の例

果物の食べ方

柿と大根のタイ風なます（奈良県）
カキと大根を拍子木切りにして、ボウルに合わせ、よく混ぜる。これに香菜（シャンツァイ）を加え、ナンプラー、レモン汁、砂糖で和える。冷蔵庫に1～2時間置く。

柿のパリパリタルト（奈良県）
春巻きの皮2枚を型に敷き、アーモンドクリームを絞り入れ、180℃で30分焼成する。焼き上がりにシロップを塗り、カスタードクリームをのせる。シロップに漬けたカキを飾る。

豚肩ロースのカツレツ、柿のマスタード和え添え（奈良県）
豚肩ロースに、塩、コショウを振り、強力粉、卵、パン粉などの順にまぶし、オリーブ油で揚げ焼きにする。角切りしたカキを調味料で和え、かける。

さくらんぼのパンナコッタ（奈良県）
牛乳と生クリームをわかし、ふやかした板ゼラチンを加え、溶かして容器に入れ、冷蔵庫で約4時間固める。サクランボにナパージュなどを加えて混ぜパンナコッタにのせる。

古都華のグラタン（奈良県）
卵黄とグラニュー糖を混ぜ、薄力粉を加える。バニラビーンズを入れて牛乳を加え加熱し、耐熱容器に角切りにしたカステラを並べて、かける。

イチゴを上に並べ、オーブンで焼く。

果物加工品

- 柿酢　五條市

消費者向け取り組み

- 奈良県果樹振興センター柿博物館　五條市
- 奈良市月ケ瀬梅の資料館　奈良市

▶ 生産量トップを独走するウメの大産地

30 和歌山県

地勢と気候

和歌山県は紀伊半島の南西部に位置する。県の面積の約8割が山地で、紀伊山系を中心とした山林地帯が広がっている。古くから良木を産出したこのから「木の国」ともよばれた。紀伊山地から西に延びる山脈が、西は紀伊水道、南は太平洋に迫り、典型的なリアス式海岸を形成している。

降水量は南部の山地で多く、年平均降雨量が3,500mmを超えたこともある。過去、大型台風や梅雨前線によって、紀ノ川、有田川、熊野川などが氾濫し、土砂災害が発生するなど大きな被害をもたらしている。南部は黒潮の影響で温暖であり、最も寒い月でも平均気温は9℃以上ある。

知っておきたい果物

ミカン　ミカンの栽培面積、収穫量の全国順位は、ともに1位であり、県の生産農業所得でも1位を占めている。温州ミカンを含めたカンキツ類は県の基幹産業である。

ミカンの主産地は有田市、有田川町、海南市、紀の川市などである。出荷時期はハウスミカンが5月中旬～7月下旬と9月中旬～下旬、早生ミカンが10月上旬～2月上旬、普通ミカンが12月上旬～2月下旬である。

有田市の主力農業であるかんきつ類の90％は温州ミカンである。急傾斜を利用した石垣階段畑が続き、日照、排水、土質、気温がミカンの生産に適している。開花期にはまち中がミカンの花の香りに包まれ、秋には山々がミカン色に染まる「ミカンのまち」である。JAありだ管内のミカンの栽培面積は3,500ha、収穫量は10万トンに及び、単独JAでは有数のミカンの生産量を誇る。有田地域産のミカンは「有田みかん」として地域ブランドに登録されている。

海南市下津地域は、全国でも珍しい本格貯蔵ミカンの産地である。12月に収穫した完熟ミカンを木造、土壁の呼吸する蔵で、糖や酸味のバラン

スがよくなるまで貯蔵し、「蔵出ししもつみかん」として3月まで出荷している。海南市下津町産のミカンは「しもつみかん」として地域ブランドの登録を受けている。また、和歌山県は優良県産品「プレミア和歌山」に認定している。

田辺市を中心とした「紀南みかん」もブランドとして名高い。由良町では、極早生の「ゆら早生」を出荷している。

ウメ　ウメの栽培面積、収穫量の全国順位はともに1位である。主産地はみなべ町、田辺市、上富田町などである。江戸時代中期の天明の大飢饉の際に、紀州藩だけは梅干しによって死者がほとんど出なかった。

みなべ・田辺地域は、「養分に乏しい山の斜面で高品質のウメを持続的に生産する技術を開発し、ウメを中心とした農業や伝統文化で生活を支えてきた」として、FAO（国連食糧農業機関）の世界農業遺産に認定されている。

県の中央部に位置し、黒潮暖流の恩恵を受けるみなべ町は、「南高」の生誕地である。品種の統一をはかるため、みなべ町の篤志家たちが1950（昭和25）年に優良母樹選定委員会を設立し、5年の歳月をかけて生み出した。当時、選定、調査に深く関わった和歌山県立南部高校にちなみ、1965（昭和40）年に「南高梅」と命名し、種苗登録された。JAみなべいなみは、みなべ地方産の南高梅と、同地方産の南高梅を主要な原材料とする梅干しを「紀州みなべの南高梅」の地域ブランドとして登録している。

これとは別に、紀州みなべ梅干協同組合と紀州田辺梅干協同組合は、和歌山県産のウメを使用して印南町、みなべ町、田辺市、西牟婁郡で生産された梅干しを「紀州梅干」の地域ブランドとして登録している。

みなべ町うめ21研究センターは、南高梅の原木保存や、優良品種への改良、ウメ加工品の開発など栽培から加工までの総合試験研究に取り組んでいる。

カキ　カキの栽培面積、収穫量の全国順位はともに1位である。主産地はかつらぎ町、紀の川市、橋本市などである。栽培品種は「富有」「刀根早生」「平核無」などである。出荷時期は「刀根早生」が7月下旬～10月下旬、「平核無」が10月中旬～11月下旬、「富有」が11月上旬～12月下旬である。

ハッサク

ハッサクの栽培面積は全国の57.6％、収穫量は67.5％を占め、ともに全国一の産地である。主産地は紀の川市、有田川町、日高川町などである。通常は、降霜を避けて11月下旬頃から収穫し、貯蔵して4月頃まで出荷される。霜の降りない沿岸部では、樹上で完熟させてから収穫することもある。

バレンシアオレンジ

バレンシアオレンジの栽培面積は全国の77.3％、収穫量は80.6％を占め、ともに全国一の産地である。主産地は田辺市、湯浅町、有田市、広川町などである。

サンショウ

和歌山県は、全国のサンショウの栽培面積の55.8％、収穫量の77.7％を占めている日本一のサンショウの産地である。主産地は有田川町、紀美野町、海南市などである。

清見

清見の栽培面積、収穫量の全国順位は、ともに愛媛県に次いで2位である。主産地は紀の川市、有田川町、有田市、海南市などである。出荷時期は2月上旬～5月中旬である。

イチジク

イチジクの栽培面積の全国順位は、愛知県、福岡県に次いで3位である。収穫量の全国順位は愛知県に次いで2位である。主産地は紀の川市、和歌山市、岩出市などである。出荷時期は6月下旬～11月下旬である。

不知火

不知火の栽培面積の全国順位は4位、収穫量は3位である。主産地は紀の川市、有田川町、有田市などである。出荷時期は12月上旬～下旬と1月中旬～5月中旬である。

スモモ

スモモの栽培面積、収穫量の全国順位は、ともに山梨県、長崎県に次いで3位である。主産地はかつらぎ町、田辺市、紀の川市、有田川町などである。出荷時期は5月下旬～7月中旬である。

伊予カン

伊予カンの栽培面積、収穫量の全国順位はともに愛媛県に次いで2位である。主産地は有田川町、日高川町、湯浅町、有田市などである。

ネーブルオレンジ

ネーブルオレンジの栽培面積、収穫量の全国順位はともに広島県、静岡県に次いで3位である。主産地はかつらぎ町、紀の川市、有田川町などである。

キウイ

キウイの栽培面積、収穫量の全国順位は、ともに愛媛県、福岡県に次いで3位である。主産地は紀の川市、有田川町、海南

市などである。出荷時期は12月上旬～下旬と1月中旬～4月中旬である。

桃

桃の栽培面積、収穫量の全国順位は、ともに山梨県、福島県、長野県に次いで4位である。主産地は紀の川市、かつらぎ町、海南市などである。出荷時期は6月中旬～8月上旬である。

紀の川市の旧桃山町は「あら川桃」とよばれる桃の産地で、西日本最大級の産地を形成している。

ナツミカン

ナツミカンの栽培面積の全国順位は5位、収穫量は4位である。主産地は日高川町、御坊市、日高町、田辺市などである。

ビワ

ビワの栽培面積の全国順位は7位、収穫量は6位である。主産地は海南市、湯浅町などである。出荷時期は6月中旬～下旬である。

スイカ

スイカの作付面積の全国順位は20位、収穫量は19位である。主産地は印南町、御坊市、紀の川市などである。

ブドウ

ブドウの栽培面積の全国順位は27位、収穫量は22位である。主産地はかつらぎ町、紀の川市、有田川町などである。

リンゴ

リンゴの栽培面積の全国順位は、滋賀県、奈良県、宮崎県と並んで33位である。収穫量の全国順位も33位である。

ブルーベリー

ブルーベリーの栽培面積の全国順位は36位、収穫量は22位である。主産地は和歌山市、広川町、有田市などである。

ジャバラ

ジャバラは果汁が豊富なかんきつ系果実である。「邪を払う」ということでこの名前が付けられ、村では正月料理に欠かせない縁起物の材料である。原木が北山村内に自生していたため、村は1980（昭和55）年に産地化して、本格的な生産を始めた。現在は、新宮市でも栽培している。「花粉症に効くので愛用している」という人の増えていることがマスコミで紹介され、話題になった。

チェリモヤ

マンゴー、マンゴスチンとともに世界3大美果の一つとされ、「森のアイスクリーム」ともいわれる。チェリモヤはペルー語で「冷たい種子」の意味である。ペルーでは、古代文明が栄えた有史以前から栽培されていたという。原産地は南米アンデスの高地である。産地は紀の川市などである。収穫時期は9月～12月頃である。和歌山県のほか、沖縄県でも栽培されている。

サンポウカン

漢字では三宝柑と書く。文政年間から、和歌山藩士の邸内にあった木を原木として栽培された。三方(儀式などで使われる台)にのせて和歌山城藩主に献上されたため、「三宝柑」の名が付いた。和歌山県では全国の9割以上を生産している。主産地は湯浅町で、県内産の約3分の2を生産している。

イチゴ

主産地は那智勝浦町、新宮市、串本町などである。出荷時期は11月～5月頃である。産地は温暖な東牟婁地方に集中している。

1963(昭和38)年に新宮市でイチゴの露地栽培が始まった。1971(昭和46)年に那智勝浦町で施設栽培が導入され、「くろしおイチゴ生産販売組合」が結成された。現在は、県オリジナル品種の「まりひめ」と、「さちのか」を栽培し、「くろしおいちご」として出荷している。

クリ

クリの栽培面積の全国順位は45位、収穫量は40位である。主産地は紀美野町などである。

日本ナシ

日本ナシの栽培面積の全国順位は45位、収穫量は42位である。主産地は橋本市、かつらぎ町などである。

地元が提案する食べ方の例

みかんパン (JAありだ)

ミカンをミキサーにかけ、砂糖を加えて煮詰め、最後にレモンを絞ってミカンジャムをつくる。乾燥させたミカンの皮を粉にして混ぜたパン生地を発酵させ、ジャムを包んで焼く。

みかん羊羹 (JAありだ)

ミカン8～10個の表皮をむいて絞った汁に粉寒天4gを入れ、煮溶かす。これに砂糖200gとミカンの皮を入れ、滑らかになるまで混ぜ合わせ、型に流し込み、冷やし固める。

イカとみかんのごま酢みそ和え (JAありだ)

材料はミカン2個、イカ200g、コンニャク、キュウリ、ワカメなど。材料をよく混ぜ、少し煮てトロミをつけ酢を加えて冷まし、マヨネーズ、ゴマで和える。

柿のキンピラ（紀の川市フルーツツーリズム推進協議会）

　カキは7～8mm角の棒状に切る。フライパンでゴマ油を熱し、カキを入れて炒める。醤油、ミリンで味付けし、ミツバを入れて火を止める。

ハッサクのサラダ（JAありだ）

　袋をとったハッサク、ゆでたレンコンをドレッシングで和え、ハッサクの皮の器に盛ったレタスの上にのせる。スモークサーモン、パセリを添える。

消費者向け取り組み

- みかん資料館　有田市
- うめ振興館　みなべ町

▶「二十世紀」から生まれた「なつひめ」「新甘泉」の姉妹

31 鳥取県

地勢と気候

　鳥取県の南側には標高1,000m程度の中国山地があり、北側は日本海に面している。県内には中国山地に源流をもつ千代川、天神川、日野川が日本海に流れている。各河川の下流部には、鳥取、倉吉、米子を中心とした沖積平野が形成されている。東部には鳥取砂丘、西部には大山が独立峰としてそびえている。

　冬は北西からの季節風の影響を受けて雪が多く、夏は晴れた日が多く気温も高い典型的な日本海側の気候である。大山や中国山地を中心に冬季にはかなりの積雪がある。瀬戸内の気候に比べると、全体として日照時間は短い。

知っておきたい果物

日本ナシ　日本ナシの栽培面積の全国順位は3位、収穫量は5位である。栽培品種は「二十世紀」「秋栄」「なつひめ」「新甘泉」などである。主産地は湯梨浜町、鳥取市、琴浦町、倉吉市、大山町、八頭町などである。鳥取県産ナシの出荷時期は8月上旬〜11月中旬である。「二十世紀」は鳥取県の秋の味覚の代表である。8月下旬頃に消費地で初せりが行われる。

　鳥取県における「二十世紀」の生産は1904（明治37）年に千葉県から導入されて以来、100年を超える歴史を誇る。「二十世紀」は千葉県生まれだが、病気対策に力を入れた鳥取県が大産地になった。鳥取県の「二十世紀」は、台湾、米国などにも輸出されている。

　次世代の有力品種として鳥取県やJA全農とっとりが力を入れているのが鳥取県オリジナルの新品種の「なつひめ」と「新甘泉」である。「なつひめ」は青ナシで、「新甘泉」は赤ナシだが、両者はともに「筑水」と、「二十世紀」の枝変わり品種である「おさ二十世紀」を交配して育成した姉妹品

種である。糖度は有袋栽培で「なつひめ」が12度程度、「新甘泉」が13～14度程度で、11～12度程度の「二十世紀」より高い。「二十世紀」の良さを受け継いでおり、「新甘泉」は赤ナシでありながら、青ナシのような歯触りの食感が楽しめる。

「秋栄」も鳥取大学が「二十世紀」と「幸水」を交配し、育成した赤ナシで、鳥取のオリジナル品種である。

7月4日の梨の日は、2004（平成16）年に当時の東郷町（現湯梨浜町）の「東郷町二十世紀梨を大切にする町づくり委員会」が語呂合わせで決めた。湯梨浜町の旧東郷町は「二十世紀」の大産地である。大規模なナシ選果場や、30haの大きなナシ狩り園もある。「二十世紀」梨の花は鳥取県の県花でもある。4月に満開になる。

スイカ

スイカの作付面積の全国順位は8位、収穫量は4位である。主産地は北栄町、倉吉市、琴浦町などである。出荷時期は6月上旬～7月中旬と9月中旬～下旬頃である。

「大栄西瓜」のブランドで知られる北栄町の旧大栄町はスイカの大産地であり、100年の歴史がある。作付面積、販売額とも全国2位になったこともある。JA鳥取中央は6月上旬頃に「大栄西瓜」のトップセールスを行っている。中東・ドバイに売り込んだところ、あまりのおいしさに「ドバイの太陽」と絶賛されたこともある。

「がぶりこすいか」は倉吉市、琴浦町、湯梨浜町などで生産している。「東伯がぶりこ」は黒皮で、種が少ない。倉吉市の「極実すいか」はスイカ本来の味を求めて栽培方法にこだわっている。

メロン

メロンの作付面積、収穫量の全国順位はともに8位である。栽培品種は「プリンスメロン」「アムスメロン」をはじめ、「タカミメロン」「エリザベスメロン」「アールスメロン」などである。県中部から西部にかけて栽培が盛んで、主産地は倉吉市、北栄町、大山町などである。出荷時期は5月中旬～7月下旬頃である。

サンショウ

サンショウの栽培面積の全国順位は8位、収穫量は7位である。主産地は鳥取市、三朝町、八頭町などである。

カキ

カキの栽培面積の全国順位は20位、収穫量は16位である。栽培品種は「西条」「花御所」「富有」などである。主産地は八頭町、南部町、鳥取市などである。

「西条」は渋ガキのため、ドライアイスで渋抜きして出荷する。「花御所」と「富有」は甘ガキである。「花御所」は鳥取県八頭町の郡家が原産地である。鳥取県産の「富有」は輸出もされている。カキの出荷時期は10月〜1月頃である。

サクランボ
　サクランボの栽培面積の全国順位は、埼玉県、福井県、京都府、兵庫県、島根県、熊本県と並んで18位である。収穫量の全国順位は、埼玉県、岐阜県、兵庫県、香川県、高知県、熊本県と並んで19位である。産地は琴浦町などである。収穫時期は5月下旬〜6月下旬頃である。

リンゴ
　リンゴの栽培面積の全国順位は、京都府、大分県と並んで28位である。収穫量の全国順位は19位である。主産地は大山町、八頭町、鳥取市などである。収穫時期は8月下旬〜11月下旬頃である。

ブルーベリー
　ブルーベリーの栽培面積の全国順位は26位、収穫量は36位である。主産地は江府町、鳥取市、大山町などである。収穫時期は6月中旬〜8月下旬頃である。観光摘み取り園としての栽培が中心である。

キウイ
　キウイの栽培面積の全国順位は34位、収穫量は兵庫県と並んで33位である。産地は鳥取市などである。収穫時期は11月頃である。

ユズ
　ユズの栽培面積の全国順位は34位、収穫量は千葉県と並んで27位である。主産地は伯耆町、大山町などである。収穫時期は11月頃である。

ブドウ
　ブドウの栽培面積の全国順位は36位、収穫量は鹿児島県と並んで30位である。栽培品種は「デラウェア」「巨峰」「ピオーネ」「シャインマスカット」などである。主産地は北栄町で、湯梨浜町、琴浦町などが続いている。出荷時期は6月下旬〜8月下旬頃である。

　鳥取県のブドウ栽培は、江戸時代末期に甲斐の国（山梨県）から苗木を取り寄せ、北条町（現北栄町）に植えたのが始まりである。本格的な栽培は1907（明治40）年頃から始まり、1921（大正10）年にはブドウ組合が結成され、県外市場にも出荷された。戦後、砂丘地を中心に植栽が進み、1965（昭和40）年以降は「巨峰」、1975（昭和50）年以降は「ピオーネ」が植栽された。

北栄町の砂丘地で育ったブドウは「砂丘ぶどう」とよばれる。「巨峰」を中心に、「デラウェア」「ネオマスカット」「ハニービーナス」「瀬戸ジャイアンツ」などが生産されている。湯梨浜町では「ピオーネ」「シャインマスカット」、琴浦町、鳥取市などでは「瀬戸ジャイアンツ」も生産されている。

桃　桃の栽培面積の全国順位は埼玉県と並んで33位である。収穫量の全国順位は31位である。主産地は鳥取市で、倉吉市、米子市でも生産している。鳥取市神戸(かんど)地区の収穫時期は7月下旬頃である。

イチジク　イチジクの栽培面積の全国順位は32位、収穫量は33位である。主産地は北栄町、南部町、日吉津村などである。収穫時期は8月下旬～10月下旬頃である。

ウメ　ウメの栽培面積の全国順位は42位、収穫量は39位である。主栽培品種は「紅サシ」「野花(のきょう)豊後」が中心である。産地は湯梨浜町、鳥取市、琴浦町などである。出荷時期は6月頃である。

スモモ　スモモの栽培面積の全国順位は、沖縄県と並んで41位である。収穫量の全国順位は39位である。産地は鳥取市などである。収穫時期は6月下旬頃である。

クリ　クリの栽培面積の全国順位は43位、収穫量は富山県と並んで42位である。主産地は日南町、大山町、鳥取市などである。

イチゴ　イチゴは湯梨浜町など県中部地区を中心に生産されている。栽培品種は「章姫(あきひめ)」「紅ほっぺ」「とよのか」などである。近年では、立ったまま栽培を行う高設栽培も増えている。出荷時期は11月上旬～5月中旬頃である。

地元が提案する食べ方と加工品の例

果物の食べ方

梨と鶏肉のカレー（JA全農とっとり）

　鍋でタマネギを炒め、おろしニンニクなどを加えてカレー粉で炒め合わせ、一口大のナシを入れて煮る。炒め焼きした鶏肉を入れ、ココナッツミルクを加えて混ぜ合わせる。

梨の豚巻き照り焼き風(JA 鳥取いなば)

　青シソに一口大のナシをのせて巻き、さらに豚肉を巻いて、肉の巻き終わりを下にして肉に火が通る程度に焼く。調味料を入れて味がなじむように一煮立ちさせる。

イチゴのパンナコッタ(JA 鳥取いなば)

　パンナコッタはイタリアのデザート。固まったパンナコッタの上にイチゴソースをかけて、ミントの葉を飾る。パンナコッタの材料は粉ゼラチン、豆乳、生クリームなど。

ブドウのタルト(JA 鳥取いなば)

　豆乳と、砕いたビスケットを使った丸いタルト生地の外周に、湯むきしたブドウを盛り付け、カスタードクリームをのせる。湯でゼラチンを溶かし、ブドウに塗る。

赤ナシの米粉ロールケーキ(JA 鳥取いなば)

　米粉でモチモチ食感のスポンジをつくり、八分立てに泡立てた生クリームを塗り、ナシのコンポートを散らす。オーブン用シートを巻紙にして巻き、約 1 時間冷やす。

果物加工品

● 北条ワイン

消費者向け取り組み

● 鳥取二十世紀梨記念館・なしっこ館　倉吉市

▶「西条」の栽培面積は最大級

32 島根県

地勢と気候

島根県は、北が日本海に面し、南は中国山地を隔てて広島県に接している。汽水湖の中海と宍道湖があり、それぞれ国内で5番目と7番目の広さである。県東北部には、島と本土とが河川の沖積作用によってできた島根半島がある。北方の海上には、島前、島後からなる隠岐諸島がある。

島根県の気候は、全体としては日本海側の気候に区分される。ただ、県東部は冬季多雨雪の北陸型に近く、西部は北九州の気候に似ている。隠岐は日本海独特の海洋性気候である。

知っておきたい果物

ブドウ ブドウの栽培面積の全国順位は17位、収穫量は15位である。栽培品種は「デラウェア」が中心で、「シャインマスカット」が新品種として加わっている。主産地は出雲市、益田市、安来市、雲南市、浜田市などである。

島根県は「デラウェア」のハウス栽培では有数の産地である。加温により早出しが可能になり、4月中旬頃から出荷する。出荷は「デラウェア」が7月中旬まで、「シャインマスカット」が7月中旬～9月下旬頃などである。

浜田市は「ピオーネ」の産地である。「デラウェア」は出雲市、益田市、大田市など、「シャインマスカット」は出雲市、雲南市、益田市、大田市などで栽培されている。

プルーン プルーンの栽培面積の全国順位は12位、収穫量は9位である。主産地は出雲市などである。

ユズ ユズの栽培面積の全国順位は14位、収穫量は12位である。主産地は益田市美都町で、雲南市、大田市などでも生産されている。出荷時期は11月上旬～12月下旬頃である。

イチジク

イチジクの栽培面積、収穫量の全国順位はともに14位である。主産地は出雲市、松江市、浜田市などである。出荷時期は8月中旬～10月下旬頃である。

日本海に面し、水はけの良い土壌、潮風、山おろしなどイチジクの栽培に合った気候風土をもつ多伎町（現在は出雲市多伎町）では1970（昭和45）年頃からイチジクの産地化が進められた。出雲市多伎町産のイチジクは「多伎いちじく」として地域ブランドに登録されている。「多伎いちじく」の品種は、寛永年間に中国から伝来した「蓬莱柿」である。

カキ

カキの栽培面積、収穫量の全国順位はともに19位である。栽培品種は、中国地方特有の「西条」が中心である。主産地は出雲市、松江市、浜田市、大田市、益田市、海士町、川本町などである。

島根県の「西条」の栽培面積は最大級である。「西条」は形が打ち出の小槌を連想させるため、「こづち」の愛称でよばれることもある。

「西条」の皮をむき乾燥させたものは「あんぽ柿」として出荷している。出荷時期は、生果実が10月上旬～11月中旬、干し柿が10月下旬～12月下旬頃である。

標高150～200mの山間に位置する松江市東出雲町の畑地区では、200年以上前から、干し柿専用の「カキ小屋」を利用した天日乾燥による生産が行われており、冬の風物詩になっている。天日乾燥による加工技術そのものは、約450年前に毛利軍によってもたらされたとされる。

出雲市では「富有」も生産されている。

ハッサク

ハッサクの栽培面積の全国順位は、神奈川県と並んで22位である。収穫量の全国順位は24位である。主産地は隠岐の島町などである。収穫時期は1月～2月頃である。

ビワ

ビワの栽培面積の全国順位は、福井県、宮崎県と並んで23位である。収穫量の全国順位も23位である。主産地は邑南町などである。

リンゴ

リンゴの栽培面積の全国順位は、京都府、大分県と並んで28位である。収穫量の全国順位は31位である。栽培品種は「ふじ」「王林」「つがる」「千秋」などである。主産地は松江市、飯南町などである。収穫時期は9月上旬～11月中旬頃である。

ミカン

ミカンの栽培面積、収穫量の全国順位はともに31位である。主産地は海士町、安来市などである。収穫時期は10月上旬～

11月中旬頃である。

スモモ　スモモの栽培面積の全国順位は、新潟県、大阪府、山口県と並んで32位である。収穫量の全国順位は、静岡県と並んで29位である。主産地は雲南市、安来市などである。

日本ナシ　日本ナシの栽培面積、収穫量の全国順位はともに33位である。栽培品種は「幸水」「二十世紀」「豊水」「新高」「愛宕」「晩三吉」などである。

主産地は、「二十世紀」が安来市など、「幸水」「豊水」「新高」「愛宕」「晩三吉」が浜田市、安来市、出雲市などである。出荷時期は8月中旬〜2月中旬で、品種や地域によって異なる。

ブルーベリー　ブルーベリーの栽培面積の全国順位は34位、収穫量は大分県と並んで27位である。主産地は浜田市、邑南町、雲南市、大田市、出雲市などである。出荷時期は6月中旬〜8月上旬頃で、直売所や道の駅を中心に生果のほか加工品としても販売されている。

邑南町の標高300〜400mの地域では20品種近くが栽培されている。

桃　桃の栽培面積の全国順位は、宮崎県と並んで36位である。収穫量の全国順位は33位である。主産地は雲南市、大田市、安来市などである。出荷時期は7月下旬〜8月上旬頃である。

クリ　クリの栽培面積の全国順位は34位、収穫量は37位である。中山間地の傾斜地で栽培されており、主産地は津和野町、吉賀町、雲南市などである。出荷時期は9月上旬〜10月下旬頃で、京都市場や地元市場に出荷される。

ウメ　ウメの栽培面積の全国順位は36位、収穫量は37位である。栽培品種は「甲州最小」などである。主産地は松江市、益田市、雲南市などである。収穫時期は6月頃である。

江戸時代、ウメの実は、石見銀山で働く人たちの健康を維持し、鉱毒を防ぐ健康食品として活用された。

キウイ　キウイの栽培面積の全国順位は、大阪府、宮崎県と並んで38位である。収穫量の全国順位は40位である。産地は安来市、松江市などである。

メロン　メロンは益田市、出雲市、大田市、飯南町、安来市、雲南市などで栽培されている。栽培品種は「アムスメロン」と「アー

ルス系メロン」である。出荷時期は、春夏作が5月下旬～8月中旬、秋作が10月下旬～11月下旬頃である。

イチゴ　イチゴは安来市を中心に出雲市、大田市、斐川町、益田市などで生産されている。収穫時期は1月中旬～5月下旬頃である。

サンショウ　栽培品種は「朝倉山椒」などである。主産地は雲南市などである。サンショウは古名では「かわはじかみ」といった。

> 地元が提案する食べ方と加工品の例

果物の食べ方

フルーツカスタード　（浜田市）

　スキムミルクを水で溶き、卵、砂糖、コーンスターチを混ぜ合わせ火にかけて、かき混ぜながらカスタードクリームをつくる。任意の果物を食べやすく切り、器に入れて混ぜる。

芋柿ハムカツ（JAいずも）

　ボウルに卵、小麦粉など衣の材料を入れて混ぜ、斜め切りのサツマ芋、半分に切ったハム、薄切りのカキ、ハム、カキ、サツマ芋の順に重ねて通し、パン粉をつけて中温で揚げる。

イチジクの生ハム包み（JAいずも）

　皮をむいて縦に4つに切ったイチジクを、1枚を半分にカットした生ハムで包む。器に盛り、カッテージチーズをのせる。ホイップクリームをのせてもよい。

栗と生ハムのリゾット（JA西いわみ）

　オリーブオイルでクリを炒め、白ワインを加えアルコールを飛ばす。リゾット米とブロードを入れ、中火で炊く。生クリーム、パルメザンチーズを加え生ハムなどを散らす。

益田産アムスメロンのスープ、ヨーグルトムースと共に（JA西いわみ）

　グラニュー糖と生クリームを八分立てにし、ヨーグルトとゼラチンを加えて冷やす。メロンを入れたグラスに入れ、果肉を砕いて加える。

ゆで卵と干し柿の天ぷら（浜田市）

　縦に包丁を入れて広げ、種をとった干し柿で、ゆで卵を包み、小麦粉を

薄くまぶして、小麦粉と卵の衣をつけて油で揚げる。干し柿を軽くたたいてのばすと包みやすい。

果物加工品

- 干し柿　畑ほし柿生産組合

消費者向け取り組み

- 赤来高原観光りんご園　飯南町

33 岡山県

▶ 知事も売り込むブドウ「シャインマスカット」

地勢と気候

　岡山県は、北は中国山地、南は瀬戸内海に接している。北から南に徐々に高度が下がり、東西に広がりをもつ階段状の地形である。中段にあたる吉備高原は、県面積の7割を占める。県南部には岡山平野が広がっている。中国山地に源を発する高梁川、旭川、吉井川の3大河川は県を横断し、瀬戸内海に注ぐ。

　北部の中国山地は平均気温が低く、降水量は年間を通じて多い。吉備高原など中央部は、温暖で、降水量は、梅雨や台風の時期以外は少ない。瀬戸内海に面した南部は、温暖で、降水量は年間を通じて少ない。このように、北部を除いて、岡山県の気候は温暖で、自然災害も少ない。

知っておきたい果物

ブドウ　ブドウの栽培面積、収穫量の全国順位は、ともに山梨県、長野県、山形県に次いで4位である。栽培品種は「マスカット・アレキサンドリア」「シャインマスカット」「ピオーネ」「吉備路」「コールマン」「瀬戸ジャイアンツ」「紫苑」「ニューピオーネ」などと多彩である。「瀬戸ジャイアンツ」は岡山県が開発した。

　主産地は岡山市、倉敷市、高梁市、新見市、赤磐市などである。出荷時期は「ピオーネ」が5月中旬～10月下旬、「マスカット・アレキサンドリア」が5月上旬～12月上旬頃などである。

　「紫苑」の収穫は10月下旬～12月下旬頃で、日本では珍しい冬のブドウである。岡山を代表する「マスカット」や「ピオーネ」に次いで、次世代を担うブドウとして地元の期待は大きい。

　岡山県内では明治初期にブドウの栽培が始まった。国内初のブドウのガラス温室栽培や、袋かけ栽培に取り組んできた。大阪市中央卸売市場によると、岡山県産果実の4割が大阪市場で流通している。「シャインマスカ

ット」のシーズン始めには、知事らが大阪でトップセールスを行っている。

桃 　岡山県では高級フルーツの生産が多い。桃の王者とされる「白桃」もその一つである。桃の栽培面積、収穫量の全国順位はともに6位である。栽培品種は「白桃」をはじめ、「白鳳」「黄金桃」「清水白桃」などである。主産地は倉敷市、岡山市、赤磐市、浅口市などである。出荷時期は7月中旬〜9月中旬頃である。

　岡山県内では明治初期に桃の栽培が始まった。赤磐市の旧山陽町では1887（明治20）年から「白桃」の生産を続けており、古くからの「白桃」の生産地の一つである。岡山県産の「白桃」についてはJA全農が「岡山白桃」として地域ブランドに登録している。

レモン 　レモンの栽培面積の全国順位は三重県と並んで7位である。主産地は瀬戸内市、岡山市、倉敷市などである。収穫時期は10月中旬〜1月中旬頃である。瀬戸内市では、「日本のエーゲ海」などともいわれる牛窓地域での栽培が盛んである。

西洋ナシ 　西洋ナシの栽培面積、収穫量の全国順位はともに10位である。栽培品種は「シルバーベル」「パスクラサン」などである。産地は赤磐市などである。

　赤磐市赤坂地区は、「パスクラサン」の全国でも数少ない産地である。同地区の「パスクラサン」の栽培は明治時代に始まった。「パスクラサン」はフランス原産で、1玉500〜700gの大玉である。11月中旬頃に収穫して追熟させ、12月頃に出荷する。

メロン 　メロンの作付面積、収穫量の全国順位はともに11位である。主産地は岡山市、瀬戸内市、総社市などである。出荷時期は4月上旬〜11月下旬頃である。

　岡山市の足守地区はメロンの大産地である。「足守メロン」として知られ、岡山県内で生産するアールスメロンの大部分を占めている。年間を通して温室で栽培されているが、特に7月と10月は生産量が多い。

カキ 　カキの栽培面積の全国順位は14位、収穫量は15位である。主産地は岡山市、津山市などである。渋を抜いた干し柿「西条」の出荷時期は10月上旬〜1月中旬頃である。

サクランボ 　サクランボの栽培面積の全国順位は14位である。収穫量の全国順位は、広島県と並んで14位である。主産地は

備前市、赤磐市などである。

ユズ
ユズの栽培面積の全国順位は15位である。主産地は久米南町、井原市、高梁市などである。

イチジク
イチジクの栽培面積の全国順位は16位である。主産地は笠岡市、岡山市、倉敷市、和気町などである。出荷時期は6月上旬〜10月下旬頃である。

クリ
クリの栽培面積の全国順位は15位、収穫量は17位である。産地は井原市、新見市などである。出荷時期は9月上旬〜10月上旬頃である。

ビワ
ビワの栽培面積、収穫量の全国順位はともに18位である。産地は赤磐市などである。

ミカン
ミカンの栽培面積の全国順位は21位、収穫量は23位である。主産地は備前市、瀬戸内市などである。収穫時期は10月中旬〜12月中旬頃である。

スモモ
スモモの栽培面積の全国順位は19位、収穫量は21位である。栽培品種は「大石早生」「ソルダム」などである。主産地は和気町などである。収穫時期は6月下旬〜8月上旬である。

スイカ
スイカの作付面積の全国順位は、沖縄県と並んで21位である。収穫量の全国順位は24位である。出荷量は県内では瀬戸内市が最も多く、倉敷市、津山市、岡山市、井原市などでも出荷している。出荷時期は6月上旬〜7月下旬頃である。

リンゴ
リンゴの栽培面積の全国順位は20位、収穫量は22位である。主産地は新見市、和気町などである。収穫時期は8月下旬〜10月下旬頃である。

ブルーベリー
ブルーベリーの栽培面積の全国順位は22位である。主産地は吉備中央町、真庭市、西粟倉村などである。出荷時期は6月中旬〜8月下旬頃である。

キウイ
キウイの栽培面積の全国順位は、石川県と並んで28位である。収穫量の全国順位は30位である。産地は岡山市などである。収穫時期は9月下旬〜11月下旬頃である。

日本ナシ
日本ナシの栽培面積の全国順位は28位、収穫量は27位である。栽培品種は「愛宕」「新高」などである。主産地は岡

山市、新見市、赤磐市などである。出荷時期は10月上旬～1月下旬頃である。

「ヤーリー（鴨梨）」は中国原産のナシで、その形はカモが首をすくめた姿に似ているところから名前が付いた。岡山市東区西大寺などで生産されている。強い香りに特徴があり、独特の香りを楽しむこともできる。

ウメ　ウメの栽培面積の全国順位は30位、収穫量は31位である。主産地は津山市、岡山市などである。出荷時期は6月上旬～下旬頃である。

イチゴ　イチゴは岡山市、倉敷市、笠岡市などで生産されている。栽培品種は「さがほのか」が主力で、ほかには「紅ほっぺ」「章姫」「さちのか」などである。出荷時期は12月上旬～5月下旬頃である。

ヤマブドウ　ヤマブドウの栽培面積の全国順位は4位である。主産地は真庭市などである。

オリーブ　オリーブの栽培面積の全国順位は5位である。主産地は瀬戸内市などである。

地元が提案する食べ方と加工品の例

果物の食べ方

栗小豆おこわ（岡山県）

蒸し器の底に敷き布を濡らして敷き、軽くゆでたクリを底に敷き、上にもち米とゆでた小豆を混ぜて入れ、蒸す。小豆煮汁、砂糖、酒、塩を入れて混ぜ、再び蒸し器で約10分蒸す。

蒜山おこわ（岡山県）

五目おこわの一種で、小豆の代わりに、クリと押し麦を入れる。クリは渋皮を取り、一日天日に。他の材料はもち米、鶏肉、ゴボウ、ニンジン、フキ、干しシイタケ、油揚げ、サヤインゲン。

梨とキノコのゴマ酢あえ（津山市）

皮と芯を取り一口大の薄切りにしたナシと、食べやすい大きさでさっとゆでたシメジとシイタケを、だし汁、すりごま、酢などで和える。器に盛ってユズの皮の千切りを散らす。

ユズのうま煮（津山市）

ユズ 1kg を半分に切り、汁を絞った後で、種を取り小口切りに。水煮大豆、じゃこを加え、砂糖、酒、醤油とともに、はじめは強火、途中から中火にして水気がなくなるまで煮詰める。

小カブとシメジの柚子ドレッシング（倉敷市）

小カブは薄くイチョウ切りにし、塩でもみ、絞る。シメジはゆで、水を切る。ユズ果汁とオリーブオイルをよく混ぜて、これらを和える。冷やしてスプラウトを飾る。

果物加工品

- 岡山県産フルーツ缶詰セット　JA 全農おかやま

消費者向け取り組み

- 梅の里公園　津山市
- 岡山後楽園　岡山市、ウメの実の収穫が恒例行事
- 町営室原すもも園　和気町
- 観光りんご園　和気町、14 品種、1,060 本のリンゴの木を栽培

▶ 国産レモンの6割を収穫

34 広島県

地勢と気候

広島県は、中国地方を東西に連なる中国山地の南側に位置している。標高800mの北部、200～500mの台地が広がる中央部を経て瀬戸内海に臨んでいる。瀬戸内海の138の島々を擁する。総土地面積は8,479km²で、中国・四国地方では最も広い。

沿岸部や島しょ部は瀬戸内式気候に属し、比較的少雨で年間を通じて晴天が多く、温暖である。北部の山間地域は、冬季は寒冷で積雪や降水量が多く、夏季は冷涼である。北部の平均気温は沿岸部より約5℃低い。江の川が流れる県中央部の三次盆地には霧が発生する。

知っておきたい果物

レモン レモンの栽培面積、収穫量の全国順位はともに1位である。全国シェアは、栽培面積で39.8％、収穫量で60.9％に達する。主産地は呉市、大崎上島町、尾道市などである。

広島県産のレモンについては「大長レモン」「広島レモン」の二つの地域ブランドが登録されている。前者は、呉市豊町大長地区が発祥の地である。このため、呉市豊町、同市豊浜町、大崎上島町で生産されるレモンに限定して、JA広島ゆたかが登録している。後者はJA広島県果実連が広島県産のレモンを対象に登録している。

両ブランドとも、通年で安定供給する態勢を整えている。出荷時期は露地ものが10月上旬～5月下旬、貯蔵ものが5月上旬～8月下旬、ハウスものが7月上旬～9月下旬頃である。

呉市の旧下蒲刈町は、大正初期からの歴史があるグリーンレモンの産地である。

ネーブルオレンジ ネーブルオレンジの栽培面積、収穫量の全国順位はともに1位である。主産地は尾道市で、江田

島市、大崎上島町、呉市、三原市などでも生産している。

ハッサク
ハッサクの栽培面積、収穫量の全国順位は、ともに和歌山県に次いで2位である。全国シェアは、栽培面積が15.4％、収穫量が20.2％である。主産地は尾道市で、大崎上島町、呉市、三原市、江田島市などが続いている。出荷時期は1月上旬～4月下旬頃である。

ハッサクは尾道市因島の恵日山浄土寺で1860（万延元）年頃発見され、旧暦8月朔日(ついたち)の頃から食されるとして八朔(はっさく)と命名された。ブンタンとミカンの交配種とされる。明治期以降、因島を中心に県内で増殖され、戦後各地に広がった。広島県産のハッサクは「広島はっさく」として地域ブランドに登録されている。

ハルカ
ハルカの栽培面積は愛媛県に次いで2位である。収穫量は1位で、占有率が41.9％である。主産地は尾道市、呉市、三原市、大崎上島町などである。出荷時期は3月上旬～下旬頃である。

不知火
不知火の栽培面積の全国順位は熊本県、愛媛県に次いで3位である。収穫量の全国順位は熊本県、愛媛県、和歌山県に次いで4位である。主産地は呉市、大崎上島町、尾道市などである。出荷時期は3月上旬～4月下旬頃である。

アンズ
アンズの栽培面積の全国順位は5位、収穫量は青森県、長野県、福島県に次いで4位である。主産地は福山市などである。出荷時期は6月上旬～中旬頃である。

福山市田尻町は、西日本では数少ないアンズの産地である。地元には田尻町あんずの古里振興会ができている。

伊予カン
伊予カンの栽培面積の全国順位は7位、収穫量は5位である。主産地は呉市、尾道市、大崎上島町、江田島市などである。

イチジク
イチジクの栽培面積、収穫量の全国順位はともに6位である。主産地は尾道市、福山市、江田島市などである。出荷時期は7月上旬～10月下旬頃である。

ミカン
ミカンの栽培面積の全国順位は7位、収穫量は8位である。主産地は尾道市、呉市、大崎上島町などである。出荷時期は10月上旬～2月下旬頃である。

広島県産のミカンについては、「高根(こうね)みかん」「大長(おおちょう)みかん」「広島みかん」

の3つの地域ブランドが登録されている。

「高根みかん」は、JA三原が尾道市瀬戸田町高根地区産のミカンだけを対象に登録している。

「大長みかん」は、呉市豊町大長地区が発祥である。呉市豊町、同市豊浜町、大崎上島町で生産されるミカンを対象に、JA広島ゆたかが登録している。呉市豊町は早生温州ミカンの発祥の地であり、「大長みかん」は1903（明治36）年に「青江早生」を本格導入したのが始まりである。豊町や近隣の島々は、温暖な気候、水はけの良い段々畑、日当たりの良さ、海からの照り返しという好条件に恵まれている。大崎上島町の旧木江はミカンの栽培がとりわけ盛んだ。

「広島みかん」は、JA広島果実連が広島県産のミカンを対象に登録している。島しょ部で多く栽培されている。

ナツミカン

ナツミカンの栽培面積の全国順位は8位、収穫量は5位である。主産地は尾道市、呉市、江田島市、三原市などである。

プルーン

プルーンの栽培面積の全国順位は10位、収穫量は8位である。主産地は神石高原町、三次市、大崎上島町などである。

ブドウ

ブドウの栽培面積の全国順位は12位、収穫量は10位である。栽培品種は「マスカット・ベリーA」「デラウェア」「ピオーネ」などである。主産地は福山市、三次市で、尾道市などでも生産している。出荷時期は6月上旬～10月下旬頃である。

中国山地の山々に抱かれた三次盆地の三次市は、昼夜の寒暖差が大きくブドウ栽培の好適地である。三次ピオーネ生産組合は、1974（昭和49）年に創立され、当時広島県立果樹試験場で育成段階にあった「ピオーネ」の栽培を始めた。生産団地を造成し、関係者は種なしで大粒の生産技術を独自に開発した。今日、三次産のピオーネ品種のブドウは「三次ピオーネ」として地域ブランドに登録されている。「三次ピオーネ」には「黒い真珠」の愛称がある。出荷は県内市場が中心である。

同市三良坂地区では、農事組合法人三良坂ピオーネ生産組合が「みらさかピオーネ」を生産している。

ビワ

ビワの栽培面積、収穫量の全国順位はともに13位である。栽培品種は「長崎早生」「茂木」などである。主産地は東広島市、呉市

などである。長崎早生の出荷時期はハウスものが2月下旬〜5月上旬、露地ものが6月上旬〜中旬頃である。

サクランボ
サクランボの栽培面積の全国順位は茨城県、奈良県と並んで15位、収穫量は岡山県と並んで14位である。

リンゴ
リンゴの栽培面積、収穫量の全国順位はともに14位である。主産地は庄原市、三次市、北広島町などである。

スモモ
スモモの栽培面積の全国順位は、熊本県と並んで14位である。収穫量の全国順位は、佐賀県と並んで16位である。主産地は呉市などである。出荷時期は6月上旬〜7月下旬頃である。

西洋ナシ
西洋ナシの栽培面積の全国順位は茨城県と並んで16位である。収穫量の全国順位は17位である。

桃
桃の栽培面積の全国順位は岩手県と並んで15位である。収穫量の全国順位は16位である。主産地は尾道市、三原市で、東広島市などでも生産している。出荷時期は5月上旬〜8月下旬頃である。三原市旧大和町の「阿部白桃」は、普通の白桃の2倍の重さがある"ジャンボ桃"である。

ブルーベリー
ブルーベリーの栽培面積の全国順位は27位、収穫量は17位である。主産地は大崎上島町、神石高原町、福山市などである。出荷時期は6月上旬〜8月下旬頃である。

カキ
カキの栽培面積の全国順位は18位、収穫量は22位である。主産地は福山市で、安芸太田町、尾道市、三原市、東広島市、呉市などでも生産している。出荷時期は10月上旬〜下旬頃である。

「祇園坊（ぎおんぼう）」は1661（寛文元）年以前に佐東郡祇園（現在は広島市安佐南区）の祇園社（現在は安神社）に最初に植栽された。昭和初期まではその周辺が一大生産地だったが、現在の産地は隣接する安芸太田町に移っている。渋ガキのため、多くが干し柿に加工して販売されている。

日本ナシ
日本ナシの栽培面積の全国順位は23位、収穫量は25位である。栽培品種は「幸水」「豊水」などの赤ナシが多い。主産地は世羅町で、安芸高田市、三次市、庄原市などでも生産している。出荷時期は8月上旬〜下旬頃である。

世羅町は、「新水」「幸水」「豊水」の赤ナシ三水を中心に無袋栽培を行い、「せらナシ」として出荷している。

アンセイカン 漢字では安政柑と書く。ミカン科ミカン属に属するブンタン類の一種である。安政年間に現在の尾道市因島に、南方から持ち帰ったカンキツの種から生じた偶発実生らしい。アンセイカンの栽培面積、収穫量の全国順位はともに1位である。全国シェアは、栽培面積が82.2％、収穫量が89.5％である。主産地は尾道市、三原市などである。

ジャボン 農林統計によると、主な生産地は広島県だけである。栽培面積は1.3ha、収穫量は2.2トンである。主産地は東広島市などである。

ニシノカオリ 西之香とも書く。農林統計によると、主な生産地は広島県だけである。栽培面積は5.3ha、収穫量は89.0トンである。主産地は呉市、尾道市、東広島市などである。

ハルミ ハルミの栽培面積の全国順位は愛媛県に次いで2位である。収穫量は1位で、占有率は41.2％である。主産地は尾道市、呉市、大崎上島町などである。出荷時期は2月上旬～下旬頃である。

イチゴ イチゴは尾道市、廿日市市などで生産されている。出荷時期は12月上旬～5月下旬頃である。

スイカ スイカは尾道市などで生産されている。出荷時期は6月上旬～7月下旬頃である。

ユズ ユズの栽培面積の全国順位は18位、収穫量は14位である。主産地は安芸高田市などである。安芸高田市高宮町川根では「川根柚子」を生産している。ユズが育つのは、最低気温が－8℃までの土地とされる。川根の最低気温は－10℃に達するが、江の川の朝霧がユズを霜から守ってくれ産地になっている。無農薬栽培のうえ、皮に含まれる苦みの成分であるナリンギンが他のユズの3分の2程度のため、皮も食べられるとPRしている。

地元が提案する食べ方の例

海老とレモンのちらし寿司（広島県）

炊きたてのご飯に、レモン果汁、砂糖、塩を混ぜ合わせ酢めしにして器に入れる。その上に、塩ゆでして皮をむいたエビ、レモンスライス、カイワレ、白ゴマを盛り付ける。

レモンそうめん（広島県）

だし汁にうすくち醤油、みりんを入れて一煮立ちさせ、1個分のレモン果汁を入れた後、粗熱をとって冷やす。ゆでたそうめんにこれを注ぎ、レモンの輪切りをたっぷりのせる。

レモンと豆のフレッシュサラダ（広島県）

ボウルにミックスビーンズ、マカロニ、インゲン、ニンジン、セロリ、トマトを入れて塩を振り、全体にレモン果汁をかけ、オリーブオイル、レモンの皮などを加える。

牡蠣と豚肉のレモンみぞれ鍋（広島県）

鍋にだし汁、醤油、みりんを入れてひと煮たちさせ季節の野菜を入れて、火が通ったらカキ、豚肉を加え、レモン果汁を絞り入れる。上に大根おろし、レモンスライスをのせてさっと煮、火を止めて黒こしょうを振る。

みかん味噌（呉市豊町の郷土料理グループ）

ミカンは皮ごと使い、ゴボウ、ニンジン、シイタケ、ニンニク、レモンなども混ぜる。野菜につけ、ご飯のともや酒のつまみにもなる食べるみそである。

消費者向け取り組み

直売所

- 沼隈町果樹園芸組合沼隈ぶどう直売所　福山市沼隈町のJA福山市沼隈ぶどう選果場で、7月中旬～9月下旬に開設
- 「福山市ぶどう生産販売組合瀬戸ぶどう直売所　JA福山市瀬戸支店隣接の瀬戸ぶどう共同選果場で、8月上旬～9月下旬に開設

▶長門市の「大日比ナツミカン原木」は国の天然記念物

35 山口県

地勢と気候

　山口県は、本州の最西端に位置し、西と北は響灘と日本海、南は瀬戸内海に面し、長い海岸線をもっている。秋吉台には、石灰岩が水に溶けるためにできたカルスト地形が発達し、130km²にわたる日本で最も広いカルスト台地を形成している。

　冬季、萩や下関など県の北部や西部では黄海や日本海からの北西の季節風を直接受けるため、風が強い。一日の最高気温と最低気温の差を示す日較差は、春、秋には関門海峡に面した下関が約6℃なのに対し、内陸部の県都、山口市では約11℃になっている。

知っておきたい果物

クリ　クリの栽培面積の全国順位は5位、収穫量は7位である。主産地は岩国市、美祢市などである。出荷時期は9月中旬～11月下旬頃である。岩国市旧美和町は、大粒な晩生種の「岸根栗」の原産地である。「岸根栗」は1粒の大きさが普通のクリの1.5倍あり、重さは30g前後、なかには70gの実ができることもある。

　美祢市は中山間地域で寒暖の差が大きく、土壌が適していることもあってクリの栽培が盛んである。同市厚保地区と、その周辺地域産のクリは「厚保くり」として地域ブランドに登録されている。「厚保くり」は大玉である。

ナツミカン　夏ミカンとも書く。ナツミカンの栽培面積の全国順位は4位、収穫量は10位である。主産地は萩市で、長門市、阿武町などでも生産している。出荷時期は4月上旬～5月下旬頃である。

　ナツミカンは江戸時代に長門市青海島で偶然発生した。原木は「大日比ナツミカン原木」として国の天然記念物に指定されている。ナツミカンの花は山口県の県花である。

　萩市では、1876（明治9）年に、元武士たちが生活の糧にするため、武

家屋敷の中でナツミカンの栽培を大々的に開始した。白い土塀から枝を張り出してたわわに実る城下町独特の景観は今日まで残っている。

セトミ

農林統計によると、主な生産地は山口県だけである。山口県が清見と山口県原産の「吉浦ポンカン」を交配して育成し、2004（平成16）年に品種登録された。主産地は周防大島町、萩市、下関市などである。出荷時期は3月上旬〜4月下旬頃である。

「セトミ」のうち、糖度14度以上など一定の品質基準を満たしたものを「ゆめほっぺ」とよんでいる。「ゆめほっぺ」はJA全農やまぐちの登録商標である。

ナガトユズキチ

長門ユズキチとも書く。萩市原産の香酸かんきつで、本格的に出荷しているのは山口県だけである。生産地は長門市、萩市、下関市などである。出荷時期は8月中旬〜10月下旬頃である。他の香酸かんきつより大きめで、ユズとスダチをブレンドしたようなまろやかな香りが特徴である。山口県長門地域産のユズキチは「長門ゆずきち」として地域ブランドに登録されている。

伊予カン

伊予カンの栽培面積の全国順位は3位、収穫量は4位である。主産地は周防大島町、萩市、柳井市などである。

リンゴ

リンゴの栽培面積の全国順位は17位、収穫量は15位である。主産地は山口市である。出荷時期は8月上旬〜11月下旬頃である。山口市阿東町は県内産リンゴの主力産地である。阿東町徳佐でのリンゴ栽培は1946（昭和21）年に始まった。16のリンゴ園から成る徳佐リンゴ園は24haで、リンゴの南限地近辺では最大の広さをもつ観光リンゴ園である。

ミカン

ミカンの栽培面積の全国順位は16位、収穫量は18位である。主産地は周防大島町で、下関市、防府市、柳井市、宇部市などでも生産している。

周防大島町は、雨が少なく、日当たりや水はけの良いことから栽培が盛んで、県内産の約8割を生産している。出荷時期は9月下旬〜2月下旬頃である。

宇部市の「西岐波みかん」の栽培は、米の減反政策の一環として半世紀以上前に西岐波の丘陵地を開墾して始まった。1963（昭和38）年には西岐波みかん生産組合が発足している。栽培品種は「宮川早生」「南柑4号」「大津4号」などである。栽培面積は最盛期の3分の1程度に減少している。

日本ナシ

日本ナシの栽培面積の全国順位は18位、収穫量は24位である。栽培品種は「幸水」「豊水」「二十世紀」などである。主産地は下関市、美祢市などである。出荷時期は8月上旬～11月下旬頃である。

「秋芳梨(しゅうほうなし)」で知られる美祢市秋芳町に「二十世紀」が導入されたのは1904(明治37)年である。今日、ナシ園の多くはカルスト台地である秋吉台石灰岩地帯の山麓などに広がっている。このあたりは、長い年月で風化、浸食された石灰分が流入し、土壌の水はけが良い。土壌には、草原の草などを堆肥にした肥沃な有機物が豊富に含まれており、昼夜の気温差が大きいといったナシ栽培の条件に恵まれていたため、ナシ園が広がった。秋芳梨生産販売協同組合が結成されたのは1955(昭和30)年である。

阿武町福賀地域では1973(昭和48)年に福賀梨生産組合を発足させ、共同で生産、出荷を行っている。栽培品種は「南水」「二十世紀」「豊水」などである。福賀という地名から「福が来る」縁起物を前面に押し出し「福賀のナシ」として出荷している。

スイカ

スイカの作付面積の全国順位は19位、収穫量は22位である。主産地は萩市、長門市、阿武町などである。出荷時期は6月上旬～8月下旬頃である。

萩から北に約1.4kmの沖合に浮かぶ萩市相島(あい)は火山活動に伴う隆起によってできた島である。火山灰性の土壌で水はけが良く、気候が安定していることもあり、スイカの栽培が盛んで約40年の歴史がある。「相島スイカ」として主に山口県内の市場に出荷している。

標高350～400mで、準高冷地である阿武町福賀地域は、その肥沃な土地と、昼夜の温度差を生かして「福賀すいか」を生産している。スイカの成長過程でミネラル塩を施肥する「ミネラルすいか」でもある。これによって独特のシャリ感が増し、農薬や化学肥料の削減にもつながっている。

ビワ

ビワの栽培面積の全国順位は14位、収穫量は17位である。主産地は上関町、萩市などである。収穫時期は5月～6月頃である。上関町祝島産のビワは「祝島びわ」とよばれる。

キウイ

キウイの栽培面積の全国順位は新潟県と並んで18位である。収穫量の全国順位は17位である。栽培品種は「ヘイワード」などである。主産地は阿武町などである。収穫時期は11月下旬、出荷時期は12月上旬～3月下旬頃である。

ウメ ウメの栽培面積の全国順位は18位、収穫量は25位である。主産地は光市、下松市などである。収穫時期は5月下旬～6月頃である。

桃 桃の栽培面積の全国順位は20位、収穫量は26位である。栽培品種は「あかつき」「よしひめ」「川中島白桃」などである。主産地は萩市などである。収穫時期は7月上旬～8月上旬頃である。

イチジク イチジクの栽培面積の全国順位は28位、収穫量は24位である。主産地は田布施町、岩国市、光市などである。収穫は7月～9月頃である。

ブルーベリー ブルーベリーの栽培面積の全国順位は30位、収穫量は29位である。主産地は美祢市、下関市、光市などである。収穫時期は6月中旬～8月中旬頃である。

ブドウ ブドウの栽培面積の全国順位は京都府と並んで32位である。収穫量の全国順位は38位である。主産地は周南市などである。出荷時期は8月中旬～10月中旬頃である。

周南市北部の須金地区では、16haのブドウ畑で「巨峰」「ピオーネ」「安芸クイーン」「シャインマスカット」などを生産し、「須金ブドウ」として出荷している。

カキ カキの栽培面積の全国順位は25位、収穫量は32位である。栽培品種は「西条」などである。主産地は萩市、美祢市などである。出荷時期は10月上旬～11月中旬頃である。

スモモ スモモの栽培面積の全国順位は新潟県、大阪府と並んで32位である。収穫量の全国順位は41位である。

イチゴ 栽培品種は「とよのか」「さちのか」などである。産地は柳井市、山口市、長門市、下関市などである。ハウス栽培が中心で、出荷時期は11月上旬～6月下旬頃である。

> 地元が提案する食べ方と加工品の例

果物の食べ方

みかん鍋（周防大島町）

野菜や魚介と一緒に、焼いたミカンをまるごと入れたミカンの産地ならではの郷土料理。海鮮鍋料理の一種で、地魚のつみれも入れる。ミカンコ

ショウで風味を付けて食べる。

ゆずきち豆腐ゼリー（JA 全農やまぐち）

　豆腐と牛乳をミキサーでかくはんし、鍋に移して中火にかけ砂糖とゼラチンを加える。粗熱をとってナガトユズキチの果汁を加えて型に流し、冷蔵庫で冷やし、固める。

伊予柑寿司（JA 全農やまぐち）

　伊予カンの上部4分の1を切って果肉を取り出し、器にする。炊きあがったご飯に合わせ酢を混ぜ、焼きアナゴ、ゆでた海老、伊予カンの果肉などを混ぜて、器に盛って具を飾る。

みかんのスープ（JA 全農やまぐち）

　鍋に水、固形スープ、ニンジンを入れて火にかけ、沸騰したらごはんを入れて煮、粗熱をとってミキサーに。これを鍋に戻し、ミカンの絞り汁などを加え、沸騰前に器に注ぐ。

焼き梅干しとごまのご飯（JA 全農やまぐち）

　米と、フライパンで焼き付けるようにして表面に焼き色をつけた梅干しを炊飯器で炊き、炊きあがったら梅干しをほぐしながら混ぜる。茶碗に盛って炒りごまをかける。

果物加工品

- **大したジャム蜜柑**　柳井市生活改善実行グループ連絡協議会大畠特産開発部、やまぐち農山漁村女性起業統一ブランド「やまみちゃん」認定

消費者向け取り組み

- **かんきつ公園**　萩市
- **相島スイカ作りオーナー**　萩市相島、相島スイカ作りオーナー実行委員会が募集

▶ 神山町中心に「スダチ王国」

36 徳島県

地勢と気候

徳島県は、四国の東端に位置する。北は瀬戸内海から紀伊水道、南は太平洋に面している。中央部を四国山地が東西に走り、県土を南北に分けている。四国山地の北側を流れる吉野川は、三好市を頂点にくさび形の徳島平野を形成している。阿南市以南の県南部は山地が海に迫り、海岸線は荒磯が多い。

県内の気候は剣山を境にして南北に分かれる。年降水量は南部沿岸地方をはじめ剣山の南側は多い。剣山の北側は南側の降水量の2分の1から3分の1にとどまっている。年平均気温は海岸部は16℃と温暖である。中西部の山間部は12℃と冷涼である。標高1,964mの剣山では4℃である。

知っておきたい果物

スダチ スダチという名前は「酢橘(すたちばな)」に由来する。徳島県におけるスダチの栽培面積は全国の97.9%、収穫量は98.4%を占める「スダチ王国」である。主産地は神山町、佐那河内村、徳島市、阿南市、勝浦町、上勝町、海陽町などである。

神山町のスダチの栽培面積、収穫量はともに2位の佐那河内村を上回り、日本一である。神山町には、推定樹齢200年以上の古木がある。

露地ものの出荷時期は8月上旬～10月下旬頃である。ただ、最近は貯蔵技術が発達し、年間を通して出荷されるようになった。ハウスものは3月中旬～8月中旬、冷蔵ものは10月上旬～3月下旬頃に出荷される。

ユズ ユズの栽培面積は全国の16.4%、収穫量は17.5%を占め、ともに高知県に次いで2位である。主産地は那賀町、美馬市、海陽町などである。出荷時期は1月上旬～10月下旬頃である。

那賀町の木頭(キトウ)地区では、「木頭ユズ」を使ったユズの酢、ユズジュース、ユズみそなどを商品化している。

ヤマモモ

ヤマモモの栽培面積は全国の92.1％、収穫量は76.5％を占めている。栽培品種は「瑞光」「森口」などである。主産地は小松島市、勝浦町、徳島市などである。ヤマモモは徳島県の木でもある。ヤマモモは徳島藩時代に伐採禁止の御禁木として保護された。初夏に赤く熟し、甘ずっぱい味覚である。

ハッサク

ハッサクの栽培面積、収穫量の全国順位は、和歌山県、広島県、愛媛県に次いで4位である。主産地は美馬市、三好市、鳴門市などである。

徳島県の場合、ハッサクは12月中旬頃に収穫して、追熟のため貯蔵庫に保管する。これによって酸が抜け、適度な甘さと、ほのかな苦みのハッサクになる。出荷時期は2月上旬〜4月下旬頃である。

キウイ

キウイの栽培面積の全国順位は大分県と並んで13位である。収穫量の全国順位は14位である。産地は小松島市などである。出荷時期は10月上旬〜5月下旬頃である。

不知火

不知火の栽培面積、収穫量の全国順位はともに13位である。主産地は阿波市、徳島市、美馬市などである。出荷時期は12月上旬〜4月下旬頃である。

日本ナシ

日本ナシの栽培面積の全国順位は15位、収穫量は14位である。栽培品種は「幸水」「新高」などである。主産地は鳴門市、松茂町で、藍住町、徳島市などでも生産している。出荷時期は7月上旬〜10月下旬頃である。

松茂町では、「阿波おど梨」の名前で出荷している。無袋露地栽培で育て、光糖度センサー方式の選別機で選別しているため、品質が安定している。

ミカン

ミカンの栽培面積の全国順位は14位、収穫量は15位である。主産地は勝浦町、徳島市、阿南市、小松島市などである。出荷時期はハウスミカンが4月上旬〜10月下旬、果皮が緑色のグリーンハウスミカンが7月上旬〜10月下旬、温州ミカンが10月上旬〜4月下旬頃である。勝浦町では、温州ミカンを土壁の貯蔵庫で熟成させ、甘みとこくを引き出した「貯蔵みかん」としても出荷している。出荷時期は2月〜3月頃である。

カキ

カキの栽培面積の全国順位は26位、収穫量は17位である。主産地は上板町、つるぎ町、阿波市などである。生食としてのカキの

出荷時期は9月上旬〜12月下旬頃である。「あんぽ柿」などの干し柿は1月以降も出荷される。

県東北部で、南は吉野川、北は阿讃山脈に接している上板町の大山地区では「富有」「大和柿（やまと）」などを栽培し、「大山の柿」として10月〜11月頃に出荷している。

ギンナン
ギンナンの栽培面積の全国順位は23位、収穫量は18位である。主産地はつるぎ町、三好市、阿南市などである。

ウメ
ウメの栽培面積の全国順位は24位、収穫量は20位である。主産地は神山町、阿波市、吉野川市、美馬市、勝浦町などである。出荷時期は5月上旬〜7月下旬頃である。

桃
桃の栽培面積の全国順位は19位、収穫量は20位である。主産地は上板町、板野町、鳴門市などである。出荷時期は6月中旬〜7月下旬頃である。

上板町では、大山地区を中心に都市近郊型農業の一つとして桃の栽培が盛んである。

ビワ
ビワの栽培面積、収穫量の全国順位はともに20位である。産地は小松島市、三好市などである。

イチジク
イチジクの栽培面積の全国順位は25位、収穫量は23位である。主産地は三好市、吉野川市、鳴門市などである。

スモモ
スモモの栽培面積の全国順位は26位、収穫量は27位である。産地は鳴門市、小松島市などである。

ブドウ
ブドウの栽培面積の全国順位は31位、収穫量は34位である。主産地は阿波市で、吉野川市、板野町、美馬市などでも生産している。「デラウェア」の出荷時期は5月上旬〜8月下旬頃である。

阿波市のブドウ栽培は1955（昭和30）年頃から盛んになった。今では京阪神市場に出荷されているほか、ブドウ狩りなども行われている。

クリ
クリの栽培面積の全国順位は36位、収穫量は35位である。主産地は三好市、阿南市、美馬市などである。

ブルーベリー
ブルーベリーの栽培面積の全国順位は39位、収穫量は37位である。主産地は美馬市、小松島市、三好市などである。収穫時期は6月〜9月頃である。美馬市では無農薬、有機肥料による栽培を続けている。観光ブルーベリー園で摘み取りができる。

リンゴ 　リンゴの栽培面積の全国順位は、香川県と並んで41位である。徳島県の収穫量の全国順位も41位である。

ユコウ 　農林統計によると、主な生産地は徳島県だけである。栽培面積は33.5ha、収穫量は231.8トンである。主産地は上勝町、神山町、勝浦町などである。

イチゴ 　イチゴは徳島市、阿南市、阿波市、佐那河内村、小松島市などで生産されている。出荷時期は4月上旬〜5月下旬、7月上旬〜下旬、11月上旬〜下旬頃である。

　佐那河内村では、「ももいちご」「さくらももいちご」を生産している。出荷時期は12月〜2月頃である。

メロン 　栽培品種は「アムスメロン」「アールスメロン」「タカミメロン」などである。主産地は阿波市などである。出荷時期は6月上旬〜7月下旬頃である。

スイカ 　主産地は阿波市、上板町、板野町などである。露地ものの出荷時期は6月上旬〜8月下旬頃である。

地元が提案する食べ方の例

すだちとかぼちゃの麻婆茄子（徳島県）

　ニンニク、ネギなどに豚ひき肉などを加え炒める。揚げ焼きしたナスなどを加えて煮込み、片栗粉でとろみをつける。蒸したカボチャを並べた器にこれとスダチを盛り付ける。

鶏ときのこのすだちバター炒め（JA全農とくしま）

　バターで鶏肉を炒め、八分どおり火が通ったらシメジとエリンギを加える。スダチの絞り汁と醤油、薄切りのスダチを加えてさらに混ぜる。

すだち入りオムレツ（JA全農とくしま）

　スダチは皮をすりおろし、汁は絞ってコンソメスープに加える。卵にスープを混ぜて、タマネギとニンジンをみじん切りにして炒めたものに流し入れオムレツにする。

ストロベリーフォンデュ（JA全農とくしま）

　耐熱鍋に生クリームと小さく割ったチョコを入れ、電子レンジを強にして2分加熱する。余熱でよく溶かし、温めながら、フォークでイチゴをつけて味わう。

キウイのサンドイッチ（JA 全農とくしま）
　キウイは皮を除き、5mm の厚さで輪切りにしてハチミツをかけておく。サンドイッチ用のパンにクリームチーズを塗って、これを挟む。

消費者向け取り組み

- フルーツガーデン山形　鳴門市

▶ 国産オリーブの97%を産出

37 香川県

地勢と気候

香川県は四国の北東部に位置し、南部には讃岐山脈が連なり、北部には讃岐平野が広がっている。北に望む瀬戸内海には、小豆島をはじめとする大小110余の島々が点在している。河川は流路延長が短く、降水量の少ないこともあって水量が少ないため、県内には多くのため池が築かれてきた。吉野川から水を取り込む香川用水が、ため池とともに耕地を潤している。

このように香川県は降水量が少なく、県都・高松市の年降水量の平年値は、瀬戸内海沿岸部の県庁所在地では最も少ない。太平洋側の高知市の半分以下である。気温は高めであり、高松市では最も寒い1月の月平均気温は5℃以下にはならない。

知っておきたい果物

オリーブ オリーブの栽培面積は全国の60.0%、収穫量では96.6%を占めている。オリーブは香川県の県花、県木でもある。

香川県は国産オリーブの発祥の地である。それは、1908(明治41)年に試験栽培した三重県、香川県、鹿児島県の3県のうち、小豆島に植えられた苗木だけが根付いたからである。

栽培品種は「ミッション」「マンザニロ」などである。「ミッション」は漬物用とオイル用のどちらにも加工でき、小豆島で栽培しているオリーブの8割を占めている。「マンザニロ」は新漬けに用いられる。新漬けは、オリーブ緑果の渋を抜いたものを塩水で漬けたオリーブの漬物である。

オリーブの主産地は小豆島の小豆島町、土庄町だが、近年は、高松市、多度津町、三豊市などにも広がっている。出荷時期は10月中旬〜2月頃である。

小豆島産のオリーブオイルはNPO法人小豆島オリーブ協会が「小豆島オリーブオイル」として地域ブランドの登録を行っている。「小豆島オリ

ーブオイル」は、小豆島と豊島を合わせた小豆郡内で栽培したオリーブから収穫された果実から採油し、添加物などを加えていないバージンオイルである。国産オリーブオイルのパイオニアとして各社が高品質オイルの生産を競っている。

カリン
カリンの栽培面積の全国順位は4位、収穫量は3位である。主産地は三豊市、まんのう町などである。

ビワ
ビワの栽培面積、収穫量の全国順位はともに5位である。主産地は高松市、三豊市、善通寺市、土庄町などである。

土庄町の位置する小豆島では、約120年に及ぶ栽培の歴史があり、「茂木」を中心に、「田中」なども栽培している。出荷時期は5月下旬～7月頃である。

ハッサク
ハッサクの栽培面積の全国順位は5位、収穫量は8位である。主産地は丸亀市、高松市、三豊市などである。

丸亀市綾歌町の大原地区は、香川県を代表するハッサクの産地である。「紅ハッサク」などを栽培しており、竜王山にちなんだ「龍はっさく」として出荷されている。

ギンナン
ギンナンの栽培面積の全国順位は29位、収穫量は6位である。主産地はまんのう町、三豊市などである。

ネーブルオレンジ
ネーブルオレンジの栽培面積、収穫量の全国順位はともに7位である。主産地は高松市、三豊市で、坂出市、土庄町でも生産している。

桃
桃の栽培面積、収穫量の全国順位はともに9位である。栽培品種は「なつおとめ」などである。主産地は丸亀市、三豊市、高松市などである。出荷時期は7月下旬～8月上旬頃である。

伊予カン
伊予カンの栽培面積の全国順位は5位、収穫量は9位である。主産地は坂出市、高松市、三豊市などである。

キウイ
キウイの栽培面積の全国順位は千葉県と並んで10位である。収穫量の全国順位も10位である。栽培品種は「香緑」などである。主産地は高松市、坂出市、善通寺市などである。出荷時期は11月上旬～3月下旬頃である。

「香緑」は、「ヘイワード」の偶発実生から育成され、香川県が1987（昭和62）年に品種登録したオリジナル品種である。香川県産のオリジナル

キウイとしては、「香緑」を母親にもつ「讃緑」、一口サイズの「香粋」、果肉が黄金色の「さぬきゴールド」などもある。

イチジク イチジクの栽培面積、収穫量の全国順位はともに10位である。主産地は高松市、まんのう町、三豊市などである。出荷時期は7月上旬～11月下旬頃である。

レモン レモンの栽培面積、収穫量の全国順位はともに11位である。栽培品種は「アレンユーレカ」などである。主産地は高松市、坂出市、土庄町、三豊市などである。

イチゴ イチゴの作付面積の全国順位は17位、収穫量は12位である。主産地は観音寺市、三木町、綾川町、三豊市、高松市、丸亀市、東かがわ市、さぬき市などである。出荷時期は12月上旬～5月下旬頃である。「さぬき姫」は2000（平成12）年、香川県農業試験場が新しい品種として育成した。

ミカン ミカンの栽培面積、収穫量の全国順位はともに12位である。主産地は三豊市、坂出市、高松市、観音寺市などである。出荷時期は9月～4月頃である。

高松市西部の中山町はハウスミカンの発祥の地である。ミカンは冬の定番の果物だったが、夏の出荷を目指し1975（昭和50）年頃からハウスミカンの栽培を始めた。

不知火 不知火の栽培面積の全国順位は10位、収穫量は15位である。主産地は高松市、坂出市、観音寺市などである。出荷時期は2月上旬～4月下旬頃である。

スモモ スモモの栽培面積の全国順位は奈良県と並んで21位である。収穫量の全国順位は18位である。主産地は小豆島町などである。5月～7月頃に京阪神や香川県内に出荷している。

1934（昭和9）年に植物学者の八代田貫一郎が小豆島へ「メスレー」を持ち込んだことが小豆島での栽培のきっかけになった。

ブドウ ブドウの栽培面積の全国順位は20位、収穫量は23位である。栽培品種は「翠峰」「シャインマスカット」などである。主産地は三豊市、多度津町、高松市、さぬき市、綾川町などである。出荷時期は7月上旬～9月下旬頃で、品種によって異なる。

カキ カキの栽培面積の全国順位は京都府と並んで27位である。収穫量の全国順位は23位である。主産地は綾川町、高松市、三豊市などである。「富有」の出荷時期は10月下旬～12月下旬頃である。

クリ クリの栽培面積の全国順位は42位、収穫量は45位である。主産地はまんのう町、高松市、さぬき市、三豊市などである。

日本ナシ 日本ナシの栽培面積の全国順位は43位、収穫量は45位である。主産地は観音寺市で、丸亀市、坂出市、高松市などでも生産している。品種は「幸水」「豊水」「二十世紀」「あきづき」「新高」などである。出荷時期は8月上旬～10月下旬頃である。

ウメ ウメの栽培面積の全国順位は46位、収穫量は45位である。収穫時期は、「甲州最小」「信濃小梅」が5月下旬、「月世界」が6月上旬～6月中旬、「南高」が6月下旬である。

地元が提案する食べ方の例

オリーブピラフ（香川県）

材料は冷ごはん、オリーブの塩漬け、オリーブ油、金時ニンジン、タマネギ、ピーマン、卵など。卵はいり卵にする。オリーブの実は輪切りにして上に盛り付ける。

苺と豆腐のババロア（香川県）

裏ごししたイチゴ、溶かしたゼラチン、レモン汁、豆腐、クリームチーズ、ヨーグルトなどを混ぜる。砕いたクッキーを器の底に敷いて流し込み、冷蔵庫で冷し、固める。

キウイの肉巻き上げ（香川県）

皮をむいたキウイを豚ロース肉で巻いて揚げる。肉が小さい場合は2枚使う。半分に切って盛り付け、付け合わせにレタス、ミニトマトなど。オーロラソースで食べる。

白菜とみかんの白あえ（香川県）

材料は白菜、ミカン、豆腐、白ごまである。ミカンはひょうのうを取る。缶詰でもよい。白菜は醤油で下味をつける。豆腐は巻きすで巻いて水を切り、布巾で軽く絞る。

柿のみぞれあえ（香川県）

材料はカキ、スダチ、ダイコン、本シメジ、三杯酢などである。カキは

皮、種、ヘタを取って短冊切り、スダチは皮を薄くむいて千切りに。本シメジはゆでる。

消費者向け取り組み

県推奨のオリジナル品種

- さぬき讃フルーツ　県オリジナル品種を中心とした果物で、県が認定した生産者が栽培し、一定の品質基準を満たしたものを推奨。対象品目(カッコ内は品種)は次のとおり。
　〔オリジナル〕温州ミカン(小原紅早生)、キウイ(香緑、さぬきゴールド、香粋、さぬきエンジェルスイート、さぬきキウイっこ)、イチゴ(さぬきひめ)
　〔一般〕ブドウ(シャインマスカット、ピオーネ)、桃(白鳳・白桃系品種)、ナシ(幸水、豊水)

果物の博物館など

- オリーブ記念館　小豆島町
- 小豆島オリーブ公園　小豆島町
- 飯山のもも直売所　JA香川県坂本撰果場、シーズンのみ

▶ 国産キウイ市場で占有率1位

38 愛媛県

地勢と気候

愛媛県は、四国の北西部に位置し、北は瀬戸内海、西は宇和海に面し、南は西日本最高峰の石槌山や四国カルストから成る四国山脈に続いている。東西に走る中央構造線を境にして、北側の沿岸部は平野が多く、南側は山地や盆地が多い。海岸線は1,633kmで、全国5位の長さである。リアス式海岸の入り江でできた天然の良港も多い。

気候は、全体としては降水量が比較的少なく、晴天が多いなど穏やかである。ただ、冬の北西の季節風は、瀬戸内海側の中予では中国山地が風をさえぎるため弱く、豊後水道に面した南予では関門海峡を吹き抜けてくるため強くなる。東予東部では、台風や低気圧が日本海を通過するときに「やまじ風」とよばれる南寄りの風が吹き、農作物などに被害をもたらすことがある。春から梅雨期にかけては瀬戸内海を中心に濃霧が発生することもある。

知っておきたい果物

ミカン 　ミカンの栽培面積、収穫量の全国順位はともに和歌山県に次いで2位である。

主産地は八幡浜市、宇和島市、今治市、松山市、西予市などである。出荷時期はハウスミカンが6月上旬〜9月下旬、極早生ミカンが10月上旬〜下旬、早生ミカンが10月下旬〜2月上旬、普通ミカンが11月下旬〜1月下旬頃である。

JAにしうわは「西宇和みかん」「真穴みかん」の二つの地域ブランドを登録している。前者は、八幡浜市、西宇和郡、西予市三瓶町産を対象にしている。JAにしうわ管内の選果場10か所から出荷されるミカンの総称でもある。気象条件や土壌に恵まれたこの地域では100年以上にわたってミカンの生産が続いている。

後者は、前者の「西宇和みかん」の一つである。八幡浜市の真網代と穴井産のミカンだけを対象にしている。過去に品評会などで好成績をおさめている。

伊予カン

　伊予カンの栽培面積は全国の88.1％、収穫量は90.8％を占め、圧倒的である。主産地は松山市で、八幡浜市、今治市、宇和島市などでもかなり生産している。出荷時期は12月下旬～4月上旬頃である。

　JA全農えひめは、毎年1月に東京・文京区の湯島天神境内で「伊予カン＝いい予感」をキャッチフレーズに、合格祈願の参拝者に愛媛産の伊予カンを無料で配布している。「合格まで風邪をひかずにがんばって」と受験生を励ます恒例の行事である。

キウイ

　キウイの栽培面積、収穫量の全国順位はともに1位である。主産地は伊予市、松山市、西条市、大洲市、今治市などである。出荷時期は11月上旬～5月上旬頃である。

ポンカン

　ポンカンの栽培面積は全国の29.3％、収穫量は35.1％を占め、ともに全国1位である。主産地は宇和島市、西予市、愛南町などである。出荷時期は12月中旬～3月上旬頃である。

セトカ

　セトカの栽培面積は全国の75.4％、収穫量は71.4％を占め、ともに全国1位である。主産地は松山市、今治市、八幡浜市などである。出荷時期は2月下旬～4月上旬頃である。

清見

　清見の栽培面積は全国の44.9％、収穫量は40.0％を占め、全国順位はともに1位である。

　主産地は八幡浜市、伊方町、西予市などである。出荷時期は2月下旬～5月中旬頃である。

カワチバンカン

　カワチバンカンの栽培面積は全国の59.2％、収穫量は72.0％を占め、全国順位はともに1位である。

　主産地は愛南町、宇和島市、西予市などである。出荷時期は4月上旬～6月下旬頃である。

アマクサ

　アマクサの栽培面積は全国の42.0％、収穫量は46.1％を占め、ともに全国1位である。主産地は松山市、今治市、伊方町などである。出荷時期は2月上旬～下旬頃である。

カラ　カラの栽培面積は全国の65.4％、収穫量は65.0％を占め、ともに全国1位である。主産地は松山市、伊予市、今治市などである。出荷時期は4月上旬～5月下旬頃である。

ハレヒメ　ハレヒメの栽培面積は全国の78.2％、収穫量は74.2％を占め、ともに全国1位である。主産地は今治市、松山市、砥部町などである。出荷時期は12月中旬～1月下旬頃である。

タマミ　タマミの栽培面積は全国の83.1％、収穫量は74.7％を占め、ともに全国1位である。主産地は上島町、今治市などである。出荷時期は2月上旬～3月中旬頃である。

アンコール　アンコールの栽培面積は全国の64.5％、収穫量は70.5％を占め、ともに全国1位である。主産地は八幡浜市、松山市、西条市などである。出荷時期は2月下旬～4月下旬頃である。

ナツミ　ナツミの栽培面積は全国の53.6％、収穫量は40.3％を占め、ともに全国1位である。主産地は宇和島市、伊予市、今治市などである。出荷時期は4月上旬～5月下旬頃である。

不知火　デコポンである。不知火の栽培面積は全国の25.0％、収穫量は22.7％を占め、ともに熊本県に次いで2位である。主産地は八幡浜市、松山市、伊方町、今治市などである。出荷時期は12月上旬～5月中旬頃である。

レモン　レモンの栽培面積、収穫量の全国順位は、ともに広島県に次いで2位である。主産地は今治市、松山市、宇和島市などである。出荷時期は1月中旬～2月上旬、2月下旬～5月下旬、6月中旬、7月上旬～12月下旬頃である。

ハルカ　ハルカの栽培面積の全国順位は1位である。収穫量の全国順位は広島県に次いで2位である。主産地は松山市、宇和島市、西予市などである。出荷時期は3月上旬～下旬頃である。

ハルミ　ハルミの栽培面積の全国順位は1位である。収穫量の全国順位は広島県に次いで2位である。主産地は今治市、松山市、伊方町などである。出荷時期は2月上旬～下旬頃である。

オウゴンカン　オウゴンカンの栽培面積、収穫量の全国順位は、ともに神奈川県に続いて2位である。主産地は宇和島市、西予市などである。

カボス
カボスの栽培面積、収穫量の全国順位は、ともに大分県に次いで2位である。主産地は松山市、今治市、愛南町などである。

ブンタン
ブンタンの栽培面積、収穫量の全国順位は、ともに高知県、鹿児島県に次いで3位である。主産地は愛南町、宇和島市、上島町などである。出荷時期は2月中旬～4月下旬頃である。

ユズ
ユズの栽培面積、収穫量の全国順位は、ともに高知県、徳島県に次いで3位である。主産地は鬼北町、松野町、西予市などである。出荷時期は10月下旬～12月中旬頃である。

ヒュウガナツ
ヒュウガナツの栽培面積の全国順位は4位である。収穫量の全国順位は宮崎県、高知県に次いで3位である。主産地は西予市、八幡浜市、宇和島市などである。出荷時期は4月中旬～5月下旬頃である。

クリ
クリの栽培面積の全国順位は13位、収穫量は3位である。栽培面積のうち、果実を収穫するために結実させた結果樹面積では3位であることを反映した結果である。主産地は大洲市、伊予市、内子町、西条市などである。出荷時期は8月中旬～10月下旬頃である。

伊予市中山町は、地質が砂地の結晶片岩で、水はけが良く、クリ栽培に適している。中山産クリの歴史は古く、江戸時代には大洲藩が3代将軍、徳川家光に献上したといわれている。伊予市中山町産のクリは「中山栗」として地域ブランドに指定されている。「中山栗」は大玉が多い。

ビワ
ビワの栽培面積、収穫量の全国順位はともに4位である。主産地は伊予市で、松山市、宇和島市などでも生産している。出荷時期は5月中旬～7月上旬頃である。

ハッサク
ハッサクの栽培面積、収穫量の全国順位は、ともに和歌山県、広島県に次いで3位である。主産地は今治市、宇和島市、上島町などである。

ネーブルオレンジ
ネーブルオレンジの栽培面積、収穫量の全国順位は、ともに広島県、静岡県、和歌山県に次いで4位である。主産地は今治市、宇和島市、松山市、愛南町などである。

ギンナン
ギンナンの栽培面積の全国順位は15位、収穫量は7位である。主産地は松山市、伊予市、大洲市などである。

カキ カキの栽培面積、収穫量の全国順位はともに8位である。主産地は西条市、内子町、八幡浜市などである。出荷時期は9月下旬〜12月下旬頃である。

スイカ スイカの作付面積、収穫量の全国順位はともに15位である。主産地は大洲市、松山市、今治市などである。出荷時期は5月下旬〜8月中旬頃である。

スモモ スモモの栽培面積の全国順位は13位、収穫量は15位である。産地は西条市、伊方町などである。

桃 桃の栽培面積の全国順位は14位、収穫量は19位である。主産地は松山市で、今治、内子町などでも生産している。

イチジク イチジクの栽培面積の全国順位は17位、収穫量は20位である。主産地は新居浜市、松山市、四国中央市などである。

ウメ ウメの栽培面積の全国順位は26位、収穫量は21位である。主産地は西条市、砥部町で、松野町などでも生産している。

ブルーベリー ブルーベリーの栽培面積の全国順位は24位、収穫量は8位である。主産地は松山市、久万高原町、西条市などである。出荷時期は4月上旬〜9月上旬頃である。

リンゴ リンゴの栽培面積の全国順位は東京都と並んで25位である。収穫量の全国順位は29位である。

ブドウ ブドウの栽培面積の全国順位は25位、収穫量は27位である。主産地は内子町、松山市、西予市などである。

日本ナシ 日本ナシの栽培面積の全国順位は31位、収穫量は35位である。主産地は大洲市などである。

紅まどんな 愛媛県果試第28号である。農林統計によると、主な生産地は愛媛県だけである。収穫量は1,257トンで、愛媛県におけるハッサクの収穫量をわずかに下回っている。主産地は松山市、伊予市、砥部町、今治市などである。出荷時期は11月下旬〜12月下旬頃である。

カンペイ 漢字では甘平と書く。農林統計によると、主な生産地は愛媛県だけである。栽培面積は154.6ha、収穫量は928.0トンである。主産地は今治市、松山市、宇和島市、八幡浜市などである。出荷時期は1月下旬〜3月上旬頃である。

ブラッドオレンジ タロッコともよぶ。農林統計によると、主な生産地は愛媛県である。収穫量では愛媛県が96.7％を占めている。主産地は宇和島市、八幡浜市、今治市などである。ブラッドオレンジはイタリア原産で高温に強く、地球温暖化に先手を打った動きである。

ポポー 農林統計によると、主な生産地は愛媛県だけである。栽培面積は0.5ha、収穫量は0.8トンである。主産地は大洲市などである。

ヒメノツキ 農林統計によると、主な生産地は愛媛県だけである。栽培面積は31.8ha、収穫量は200.0トンである。主産地は宇和島市、松山市、西予市、八幡浜市、今治市などである。出荷時期は2月上旬～3月下旬頃である。

アマカ 農林統計によると、主な生産地は愛媛県だけである。栽培面積は2.1ha、収穫量は14.5トンである。主産地は今治市、上島町、愛南町などである。

マリヒメ 農林統計によると、主な生産地は愛媛県だけである。栽培面積は54.7ha、収穫量は194.8トンである。主産地は松山市、宇和島市、今治市などである。

モロ 農林統計によると、主な生産地は愛媛県だけである。栽培面積は5.2ha、収穫量は18.3トンである。主産地は宇和島市などである。

ライム 農林統計によると、主な生産地は愛媛県だけである。栽培面積は2.8ha、収穫量は7.2トンである。主産地は松山市、上島町、今治市、宇和島市などである。

イチゴ イチゴは東温市、西条市、西予市などで生産されている。出荷時期は10月中旬～6月上旬頃である。

メロン メロンは西条市、大洲市などで生産されている。出荷時期は5月下旬～7月上旬頃である。

ナツミカン 主産地は伊方町、愛南町、宇和島市などである。アマナツカンの出荷時期は2月上旬～5月下旬頃である。

地元が提案する食べ方の例

白菜と金柑のサラダ（宇和島市食生活改善推進協議会）

　白菜の軸は縦の千切り、葉は食べやすい大きさに。キンカンは種を除き、

できるだけ薄く。白菜から水分が出るため、食べる直前にマヨネーズで和える。

栗ずし（中予地域の郷土料理）

すし飯とクリ、ニンジン、ゴボウ、シイタケ、カマボコなどを具に。クリは鬼皮と渋皮を取り、水にさらして使う。祭りや祝い事に欠かせない一品。

ミカンだんご（伊方町）

材料はだんご粉、もち粉、ミカンジュース、ニンジン、あんこ、きなこ。だんごの生地にミカンジュースと、すりおろしたニンジンを練り込む。あんを包み、きなこをまぶすとミカン色に。

みかん餅（宇和島市食生活改善推進協議会）

ミカンは皮ごとゆで、砂糖と塩を加えて木じゃくしでつぶしながら中火で煮る。あんは白あん。もち米の皮が自然のミカン色に染まり、風味豊かな餅に。

伊予柑マフィン（伊方町）

卵を混ぜ、グラニュー糖を加えて泡立て、薄力粉、ベーキングパウダー、溶かしバターを加える。伊予カンマーマレードとコアントローを加え、型に入れて強火の蒸し器で15～20分蒸す。

消費者向け取り組み

- 内子町観光農園　内子町

▶ 全国一の出荷量を誇るブンタン

39 高知県

地勢と気候

　高知県は四国の南部に位置する。北は四国山地によって徳島県と愛媛県に接し、南は太平洋に面している。東に室戸岬、西に足摺岬が太平洋に突き出し、その間が土佐湾という東西に細長い扇状の地形である。森林が県土の84％を占める。四万十川をはじめ、仁淀川、物部川、安田川など四国山地を源とする河川が流れている。

　冬季は、山間部や豊後水道に面した地方は、北西の季節風の影響で雪が多い。中部や東部の平野や海岸部では冬は晴天が多く、日照時間が年間2,000時間を超えるなど、温暖な気候に恵まれている。夏季は、南寄りの湿った気流が四国山地に吹きつけるため、東部や山間部では雨が多い。東部の魚梁瀬地方は年間降雨量が4,000mmと有数の多雨地帯であり、山間部では平年で3,000mmを超えるところが多い。

知っておきたい果物

ブンタン　漢字では文旦と書く。ブンタンは土佐市の戸波地区が発祥の地である。ブンタンの栽培面積は全国の85.4％、収穫量は93.0％を占め、占有率がきわめて高い。主産地は土佐市、須崎市、宿毛市、高知市などである。栽培品種は「水晶ブンタン」「土佐ブンタン」などである。出荷時期は「水晶ブンタン」が8月上旬～12月下旬、「土佐ブンタン」が10月上旬～4月下旬頃である。

ユズ　ユズの栽培面積は全国の35.6％、収穫量は47.3％を占め、ともに全国1位である。主産地は安芸市、馬路村、北川村、大豊町、三原村、香美市などである。出荷時期は10月上旬～3月下旬頃である。

　三原村で産出する「みはらゆず」は生果のほか、「ゆずこしょう」「ゆず茶」などにも加工し、販売している。

サンショウ
サンショウの栽培面積、収穫量の全国順位は、ともに和歌山県に次いで2位である。主産地は越知町、四万十市などである。

越知町では、県を流れる一級河川の淀川流域で生産されたサンショウだけを使った「乾燥粒山椒」「純粉山椒」なども生産、販売している。

ヒュウガナツ
日向夏とも書く。小夏ともいう。ヒュウガナツの栽培面積、収穫量の全国順位は、ともに宮崎県に続いて2位である。主産地は土佐市、宿毛市、黒潮町などである。出荷時期は3月上旬～7月下旬頃である。

スダチ
スダチの栽培面積の全国順位は徳島県に次いで2位、収穫量は徳島県、佐賀県に次いで3位である。主産地は四万十町、土佐市などである。

カワチバンカン
カワチバンカンの栽培面積、収穫量は、ともに愛媛県、熊本県に次いで3位である。主産地は黒潮町、大月町、四万十市などである。

オウゴンカン
黄金柑の栽培面積、収穫量の全国順位はともに4位である。主産地は香南市などである。出荷時期は3月上旬～4月下旬頃である。

ギンナン
ギンナンの栽培面積の全国順位は4位、収穫量は12位である。主産地は香美市、四万十市、大豊町などである。

ポンカン
ポンカンの栽培面積の全国順位は5位、収穫量は3位である。主産地は東洋町、須崎市、土佐清水市などである。出荷時期は12月～2月頃である。

ハルカ
ハルカの栽培面積の全国順位、収穫量の全国順位はともに6位である。主産地は四万十市、香南市などである。出荷時期は2月～3月頃である。

ナツミ
ナツミの栽培面積の全国順位は9位、収穫量は8位である。主産地は黒潮町、香南市、四万十市などである。

ハレヒメ
ハレヒメの栽培面積の全国順位は9位、収穫量は8位である。主産地は四万十市、黒潮町などである。

セトカ
セトカの栽培面積の全国順位は12位、収穫量は9位である。主産地は香南市、黒潮町、土佐市などである。

マンゴー　マンゴーの栽培面積の全国順位は、東京都、愛知県と並んで10位である。収穫量の全国順位は9位である。主産地は南国市、土佐清水市などである。

ビワ　ビワの栽培面積の全国順位は11位、収穫量は10位である。主産地は室戸市、須崎市などである。

ダイダイ　ダイダイの栽培面積の全国順位は3位、収穫量は11位である。主産地は越知町などである。

スモモ　スモモの栽培面積の全国順位は16位、収穫量は12位である。主産地は高知市、土佐市、香南市などである。

ハルミ　ハルミの栽培面積の全国順位は15位、収穫量は12位である。主産地は香南市、南国市、四万十市などである。

レモン　レモンの栽培面積の全国順位は19位、収穫量は12位である。主産地は香南市、黒潮町、芸西村などである。

ハッサク　ハッサクの栽培面積の全国順位は16位、収穫量は14位である。主産地は四万十市、土佐市、越知町などである。

伊予カン　伊予カンの栽培面積の全国順位は15位、収穫量は14位である。主産地は越知町、佐川町などである。

不知火　不知火の栽培面積の全国順位は20位、収穫量は17位である。主産地は四万十市、黒潮町、安芸市などである。出荷時期は1月～4月頃である。

ミカン　ミカンの栽培面積の全国順位、収穫量の全国順位はともに19位である。

日本ナシ　日本ナシの栽培面積の全国順位は25位、収穫量は23位である。栽培品種は「豊水」「新高」などである。出荷時期は「豊水」が9月、「新高」が10月頃である。

カキ　カキの栽培面積、収穫量の全国順位はともに31位である。高知県には「豊年柿にけかち栗」、つまりカキがたくさん実った年は米も豊作で、クリのできが悪い年は不作という言い伝えがある。

リンゴ　リンゴの栽培面積の全国順位は37位、収穫量は34位である。産地は土佐町、佐川町などである。

桃　桃の栽培面積の全国順位は30位である。収穫量の全国順位は茨城県と並んで34位である。

イチジク 　イチジクの栽培面積の全国順位は神奈川県と並んで36位である。収穫量の全国順位は37位である。主産地は高知市、香南市、奈半利町などである。出荷時期は7月上旬～9月下旬頃である。

ブルーベリー 　ブルーベリーの栽培面積の全国順位は37位、収穫量は富山県と並んで38位である。主産地は佐川町、南国市、安芸市などである。

クリ 　クリの栽培面積の全国順位は21位、収穫量は39位である。産地は四万十町、高知市などである。

ブドウ 　ブドウの栽培面積、収穫量の全国順位はともに41位である。産地は土佐町、四万十町などである。

メロン 　メロンは高知市、南国市、土佐市、香南市などで生産されている。各産地とも「アールスメロン」については、ほぼ通年出荷できる態勢を整えている。高知市春野地域では「マスクメロン」「エメラルドメロン」、香南市夜須地域では「エメラルドメロン」を中心に生産している。「エメラルドメロン」の出荷時期は6月～7月頃である。

ヤマモモ 　ヤマモモの主産県は3県で、高知県の栽培面積の全国順位は3位、収穫量は2位である。主産地は室戸市、奈半利町、北川村などである。出荷時期は5月上旬～7月下旬頃である。

パインアップル 　土佐清水市では、水や肥料を最低限に抑えることで植物本来の力を最大限活かす農法で「芳香完熟パイン」を生産している。

スイカ 　主産地は室戸市、香南市、黒潮町などである。出荷時期は10月上旬～7月下旬頃である。

地元が提案する食べ方と加工品の例

果物の食べ方

ひめいちとみかんの辛子煮（香南市）

　ヒメイチは海水魚で、ホウライヒメジともいう。ヒメイチを辛子2～3本とともに弱火で骨がやわらかくなるまで煮る。ゆでて、みじん切りにしたミカンの皮を加え、煮あげる。

みかんずし(香南市)

ミカン果汁で米を炊き、オレンジ色のご飯に酢をきかせたミカンの香り豊かなちらしずし。小エビなどを具に。

みかんもち(宿毛市)

蒸し器に、一晩水に浸したもち米を入れ、上に皮ごと横半分に切ったミカンを並べて蒸す。白あんは白花豆を煮てつくる。もち米をミカンと一緒につき、あんを入れ、とりもちにして丸める。

柿巻き卵(いの町)

材料は地鶏の卵、干し柿、小麦粉かかたくり粉と油。殻をむいたゆで卵を、縦に切れ目を入れて長くのばし、小麦粉などをまぶした干し柿で巻き、揚げる。カキが小さいときは2個使う。

ひえ入り栗ごはん(本山町)

米、ひえ(米の1割程度)に、渋皮をとって4つ割りしたクリ、小口切りにした鶏肉、コンニャク、ニンジン、ゴボウ、水で戻した干しゼンマイ、カチリジャコ、醤油などを加えて炊く。

果物加工品

- ポン酢しょうゆゆずの村　JA馬路村
- ゆずしぼり　JA馬路村

消費者向け取り組み

- 道の駅四万十とおわ　四万十町、地元の資源を加工した特産品

▶ 米に次ぐ農業産出額を誇るイチゴの主力は「あまおう」

40 福岡県

地勢と気候

九州北部の福岡県は、県北部が玄界灘、響灘、周防灘、南西部が有明海に面している。筑紫山地、耳納山地などの山地をぬって遠賀川、筑後川、矢部川、山国川などが流れ、これら河川の流域に平野が広がり、盆地も形成している。

気候は北部海沿い地域と内陸部で異なる。日本海側に位置する福岡、北九州地方は冬季には大陸からの寒気の影響を受け日本海側の気候である。筑後平野を中心とする内陸平野部は三方を山に囲まれており、内陸型気候である。筑豊盆地は、気温の日較差や年較差の大きい盆地特有の気候である。

知っておきたい果物

イチゴ イチゴの作付面積、収穫量の全国順位は、ともに1位の栃木県に次いで2位である。福岡県の農業産出額は、イチゴが米に次いで2位であり、イチゴは農業経済で重要な役割を果たしている。

全国的にみても、イチゴは栃木県に次いで収穫量が多く、全国シェアは10.5％である。福岡イチゴの主力は「あまおう」である。2005（平成17）年に「福岡S6号」として品種登録した。「赤い、丸い、大きい、うまい」ということで、その頭文字をとって命名した。特に、大きさはこれまでの品種より20％程度大きい。「赤い宝石」の異名をもつ。高級果実としてアジアを中心に海外でも一定のブランド力をもっている。

イチゴの主産地は久留米市、広川町、糸島市、大川市、筑後市、八女市などである。出荷時期は10月下旬～6月上旬頃である。

キウイ キウイの栽培面積、収穫量の全国順位は、ともに1位の愛媛県に次いで2位である。栽培品種は「ヘイワード」が中心である。主産地は八女市を中心に、みやま市、うきは市などである。出荷時期は

10月上旬～11月上旬、11月下旬～4月中旬頃である。

カキ　カキの栽培面積、収穫量の全国順位はともに3位である。栽培品種は「富有」「松本早生富有」などである。主産地は朝倉市、うきは市、久留米市などである。「富有」の出荷時期は10月下旬～2月中旬頃である。

ギンナン　ギンナンの栽培面積の全国順位は6位、収穫量は3位である。主産地は朝倉市、うきは市、飯塚市などである。

イチジク　イチジクの栽培面積の全国順位は2位、収穫量は4位である。栽培品種は「桝井ドーフィン」「蓬莱柿(ほうらいし)」が多かったが、近年は福岡県が育成した新品種「とよみつひめ」の栽培面積が広がっている。主産地は行橋市、朝倉市、柳川市、岡垣町、久留米市などである。出荷時期は6月中旬～7月上旬と、7月下旬～10月上旬頃である。

ブドウ　ブドウの栽培面積の全国順位は6位、収穫量は5位である。栽培品種は「巨峰」を中心に、「ピオーネ」「デラウェア」などである。主産地はうきは市、久留米市、八女市などである。出荷時期は「巨峰」が5月下旬～7月下旬、「デラウェア」が5月上旬～下旬頃である。

岡垣町では、「巨峰」の肥料や消毒に漢方薬を用いた「漢方巨峰」を生産している。

ヒュウガナツ　ヒュウガナツの栽培面積の全国順位は5位、収穫量は6位である。主産地は新宮町、古賀市、宗像市などである。収穫時期は1月上旬～4月下旬頃である。

マンゴー　マンゴーの栽培面積の全国順位、収穫量の全国順位はともに6位である。主産地は久留米市、広川町、柳川市などである。収穫時期は7月～8月頃である。

サンショウ　サンショウの栽培面積の全国順位は奈良県と並んで6位である。収穫量の全国順位も10位である。主産地は東峰村などである。

オリーブ　オリーブの栽培面積の全国順位は8位、収穫量は6位である。主産地はうきは市などである。収穫時期は9月下旬～12月下旬頃である。

スモモ　スモモの栽培面積の全国順位は9位、収穫量は7位である。主産地はみやま市、黒木町、朝倉市などである。出荷時期は5

月中旬～7月下旬頃である。

ブンタン　ブンタンの栽培面積の全国順位は7位、収穫量は12位である。主産地は新宮町、宗像市、福津市などである。出荷時期は2月下旬～4月上旬頃である。

日本ナシ　日本ナシの栽培面積の全国順位は9位、収穫量は8位である。栽培品種は「幸水」「豊水」「新高」などの赤ナシが中心である。主産地は朝倉市、筑後市、八女市、うきは市などである。「幸水」の出荷時期7月上旬～8月中旬頃である。

ミカン　ミカンの栽培面積の全国順位は、愛知県と並んで8位である。収穫量の全国順位は9位である。栽培品種は「宮川早生」を中心に、「上野早生」「興津早生」「青島温州」などである。主産地は八女市、みやま市、大牟田市などである。出荷時期は極早生ミカンが9月下旬～11月上旬、早生ミカンが10月下旬～12月下旬頃である。

カリン　カリンの栽培面積の全国順位は神奈川県と並んで9位である。収穫量の全国順位も9位である。主産地はうきは市などである。収穫時期は10月～11月頃である。

ナツミカン　ナツミカンの栽培面積の全国順位は10位、収穫量の全国順位は9位である。主産地は糸島市、福岡市、朝倉市などである。甘夏の出荷時期は2月上旬～5月上旬頃である。

ウメ　ウメの栽培面積の全国順位は12位、収穫量の全国順位は10位である。産地は八女市を中心に、飯塚市、みやこ町などである。

桃　桃の栽培面積の全国順位は12位である。収穫量の全国順位は青森県と並んで10位である。主産地はうきは市、行橋市、朝倉市、広川町などである。出荷時期は5月中旬～6月下旬頃である。

ユズ　ユズの栽培面積、収穫量の全国順位はともに10位である。主産地は上毛町、八女市、東峰村などである。収穫時期は10月～12月頃である。

ビワ　ビワの栽培面積の全国順位は10位、収穫量は11位である。栽培品種は「茂木」「湯川」「田中」「つぐも」などである。主産地は岡垣町などである。岡垣町の山間地では、100年以上前からビワが栽培され、「高倉びわ」として福岡市や北九州市の市場に出荷されている。施設栽培ものは3月から、露地ものは5月頃から収穫される。岡垣町商工会は、「高

倉びわ」の葉だけを使った「高倉びわ茶」を製造、販売している。

リンゴ　リンゴの栽培面積の全国順位は、神奈川県と並んで12位である。収穫量の全国順位は20位である。栽培品種は「千秋」「王林」「ふじ」などである。主産地はみやこ町などである。収穫時期は9月下旬～11月中旬頃頃である。

ハッサク　ハッサクの栽培面積の全国順位は13位、収穫量は12位である。主産地は八女市、うきは市、那珂川町などである。

清見　清見の栽培面積の全国順位は11位、収穫量は13位である。主産地は糸島市などである。出荷時期は3月上旬～5月上旬頃である。

不知火　不知火の栽培面積の全国順位は15位、収穫量は14位である。主産地は八女市、古賀市、新宮町などである。収穫時期は12月上旬～4月下旬頃である。

ポンカン　ポンカンの栽培面積の全国順位は16位、収穫量は15位である。主産地は新宮町、八女市、糸島市などである。出荷時期は12月上旬～2月上旬頃である。

スイカ　スイカの作付面積、収穫量の全国順位はともに18位である。主産地は北九州市、福岡市、福津市、志摩町などである。

ブルーベリー　ブルーベリーの栽培面積の全国順位は山形県と並んで18位である。収穫量の全国順位は12位である。主産地は久留米市、八女市、北九州市などである。収穫時期は6月中旬～7月中旬頃である。

クリ　クリの栽培面積の全国順位は18位、収穫量は20位である。産地は豊前市などである。

レモン　レモンの栽培面積の全国順位、収穫量の全国順位はともに22位である。主産地は宗像市、糸島市、新宮町などである。収穫時期は12月上旬～4月下旬頃である。

アマクサ　アマクサの栽培面積の全国順位は3位である。収穫量の全国順位も6位である。主産地は糸島市、福岡市、宗像市などである。出荷時期は1月上旬～2月上旬頃である。

アンコール　アンコールの栽培面積、収穫量の全国順位はともに愛媛県、大分県に次いで3位である。主産地は糸島市などである。出荷時期は3月上旬～4月上旬頃である。

スイートスプリング
スイートスプリングの栽培面積、収穫量の全国順位はともに6位である。主産地は八女市、新宮町、宗像市などである。

セトカ
セトカの栽培面積の全国順位は15位、収穫量は14位である。主産地は糸島市、宗像市、豊前市などである。出荷時期は2月中旬～4月下旬頃である。

ダイダイ
ダイダイの栽培面積の全国順位は5位、収穫量は3位である。主産地は古賀市、宗像市、新宮町などである。

ナツミ
ナツミの栽培面積の全国順位は6位、収穫量は5位である。主産地はみやま市、宗像市、豊前市などである。出荷時期は4月下旬～6月下旬頃である。

ネーブルオレンジ
ネーブルオレンジの栽培面積の全国順位は8位、収穫量は9位である。主産地は福岡市、古賀市、新宮町などである。出荷時期は12月下旬～1月下旬頃である。

ハルカ
ハルカの栽培面積の全国順位は7位、収穫量は11位である。主産地は新宮町、糸島市、豊前市などである。収穫時期は2月中旬～5月中旬頃である。

ハルミ
ハルミの栽培面積の全国順位は鹿児島県と並んで9位である。収穫量の全国順位は10位である。主産地は豊前市、宗像市、八女市などである。出荷時期は2月中旬～4月下旬頃である。

ハレヒメ
ハレヒメの栽培面積の全国順位は5位、収穫量は4位である。主産地は八女市、宗像市、豊前市などである。出荷時期は12月上旬～1月下旬頃である。

カノシズク
果のしずくとも書く。農林統計によると、主な産地は福岡県だけである。栽培面積は0.5ha、収穫量は2.0トンである。主産地は宗像市、八女市、みやま市などである。

キズ
福岡では酢ミカンともいう。農林統計によると、主な生産地は福岡県だけである。主産地は筑前町、新宮町、添田町などである。

地元が提案する食べ方の例

ぎんなんご飯（JA直鞍）
米に、殻と渋皮を取ったギンナン、塩を合わせて炊飯器で炊く。分量は

米5合にギンナン1/2カップ程度。法事や、家に人が集まるときの伝統食の一つ。

梅の甘酢漬け（JA筑前あさくら）

一年中お茶受けになる保存食。塩水に漬けた後、3日3晩干して、ウメ、塩でもんだシソ、砂糖を交互に重ね、ウメが隠れる程度に酢をそそぐ。2～3か月でできあがり。

栗の渋皮煮（JAたがわ）

クリの渋皮を傷つけないように鬼皮をはぎ、火にかける。沸騰して5分後に炭酸を加え、30分程度火を止め、クリのわたやすじを洗い流す工程を三度繰り返す。甘く煮て冷蔵庫に保管。

柿ぷりん（JAグループ福岡）

皮をむいて小さくカットした完熟カキと牛乳を2対1の割合でミキサーに入れ、なめらかになるまでかくはんしピューレにする。容器に入れて冷蔵庫で固める。ゼラチンは要らない。

ハッサクとタコのマリネ（JAグループ福岡）

材料はハッサク、タコ、カイワレ、ラディッシュ、オリーブスライス、オリーブ油。ハッサクは薄皮をむいて果肉を取り出して使う。むく際に出た果汁はマリネ液に。

消費者向け取り組み

● リンゴ狩り　宮小路果樹組合、嘉麻市

▶ ハウスミカンの生産量は日本一

41 佐賀県

地勢と気候

佐賀県は九州の北西部に位置する。東は福岡県、西は長崎県に接し、北は玄界灘、南は有明海に面している。県北東部から中央部にかけて脊振山系と天山山系、南西部には多良山系がある。これらの山系から嘉瀬川、六角川、松浦川などが有明海や玄界灘に注いでいる。南部の大部分を占める佐賀平野と白石平野は自然排水の困難な低い平地が多い。

降水量は、脊振山系、天山山系、多良山系、西部の国見山周辺の山間部で多い。玄界灘沿岸や佐賀平野などの降水量は山間部の4分の3程度である。年平均気温は16℃前後の地域が多く、気候は全般に温和である。

知っておきたい果物

ミカン　ミカンの栽培面積、収穫量の全国順位はともに6位である。栽培品種は「上野早生」「宮川早生」「大津4号」「興津早生」などである。主産地は唐津市、太良町、鹿島市、佐賀市などである。

「ハウスミカン」は唐津市を中心に栽培されている。1986(昭和61)年以降、佐賀県におけるハウスミカンの生産量は全国一が続いている。2014(平成26)年度は全国の生産量の32％を占めている。露地ミカンについては、糖度12度以上など一定の品質基準を満たしたミカンをJAさがが統一ブランド「さが美人」として出荷している。出荷時期はハウスミカンが4月中旬〜10月下旬、極早生ミカンが9月下旬〜10月下旬、早生ミカンが11月上旬〜12月下旬、普通ミカンが12月上旬〜3月下旬頃である。

佐賀市などの「あんみつ姫」は、マルチ栽培技術で栽培された温州ミカンのうち糖度などで選別されたものを貯蔵施設で約2か月熟成させ、さらに糖度を高めて12月〜3月頃に出荷する蔵出しミカンである。

スダチ　スダチの栽培面積の全国順位は、徳島県、高知県に次いで3位である。収穫量の全国順位は、徳島県に次いで2位である。

主産地は唐津市、鳥栖市、基山町などである。

イチゴ　イチゴの栽培面積の全国順位は8位、収穫量は7位である。イチゴはほとんどの市町で栽培しているが、主産地は唐津市、白石町、佐賀市、小城市などである。

栽培品種の97％が「さがほのか」である。「さがほのか」は、「とよのか」と、果実の大きい「大錦」を交配して、佐賀県が独自に開発し、2001（平成13）年に登録した。出荷時期は11月中旬～6月下旬頃である。

レモン　レモンの栽培面積、収穫量の全国順位はともに6位である。主産地は唐津市、多久市、鹿島市などである。

キウイ　キウイの栽培面積、収穫量の全国順位はともに7位である。栽培品種は「ヘイワード」「ゼスプリゴールド」などである。主産地は唐津市、太良町、伊万里市などである。出荷時期は「ゼスプリゴールド」が11月上旬～12月下旬、「ヘイワード」が12月上旬～3月下旬頃である。

ギンナン　ギンナンの栽培面積の全国順位は27位、収穫量は10位である。主産地は嬉野市、鹿島市、小城市などである。出荷時期は9月中旬～10月中旬頃である。

ナツミカン　ナツミカンの栽培面積の全国順位は16位、収穫量は11位である。主産地は鹿島市、太良町などである。

ネーブルオレンジ　ネーブルオレンジの栽培面積、収穫量の全国順位はともに12位である。主産地は唐津市、佐賀市などである。

ビワ　ビワの栽培面積、収穫量の全国順位はともに12位である。栽培品種は「茂木」などである。主産地は多久市、小城市などである。出荷時期は6月頃である。

ポンカン　ポンカンの栽培面積の全国順位は11位、収穫量は13位である。主産地は鹿島市、小城市、太良町などである。

日本ナシ　日本ナシの栽培面積の全国順位は13位、収穫量は16位である。主産地は伊万里市が断トツである。伊万里市以外では、唐津市、小城市などの生産が比較的多い。栽培品種は「幸水」などである。ハウスやトンネル栽培が進んでおり、ハウスナシの生産量は2,655トン（2014年度）で全国で最も多い。出荷時期は6月中旬～11月下旬頃である。

「焼き物とフルーツの里」伊万里市のナシ畑は水はけの良い傾斜地に開かれている。同市は西日本最大級の生産地である。栽培品種は「幸水」「豊水」「新高」などである。同市産のナシは「伊万里梨」として地域ブランドに登録されている。伊万里梨は100年の歴史があり、古伊万里で名高い焼き物の里で、畑の土づくりにもこだわって生産されている。

ハッサク　ハッサクの栽培面積の全国順位は21位、収穫量は16位である。主産地は佐賀市、上峰町などである。

ユズ　ユズの栽培面積の全国順位は31位、収穫量は25位である。主産地は小城市、多久市などである。

ブドウ　ブドウの栽培面積の全国順位は長崎県と並んで29位である。収穫量の全国順位は35位である。栽培品種は9割近くが「巨峰」である。主産地は伊万里地区、杵島・藤津地区である。出荷時期は6月〜9月頃である。

リンゴ　リンゴの栽培面積の全国順位は静岡県と並んで31位である。収穫量の全国順位は愛媛県と並んで29位である。

カキ　カキの栽培面積の全国順位は35位、収穫量は36位である。栽培品種は「刀根早生」「富有」「松本早生富有」などである。主産地は武雄市などである。九州を中心に出荷しており、出荷時期は9月中旬〜11月下旬頃である。

イチジク　イチジクの栽培面積の全国順位は38位、収穫量は36位である。主産地は唐津市、佐賀市などである。

ブルーベリー　ブルーベリーの栽培面積の全国順位は44位、収穫量は40位である。主産地は佐賀市などである。

レイコウ　漢字では麗紅と書く。レイコウの栽培面積、収穫量の全国順位はともに1位である。収穫量の全国シェアは71.2%である。主産地は唐津市、伊万里市などである。

ツノカガヤキ　ツノカガヤキの栽培面積の全国順位は4位である。収穫量の全国順位は2位で、全国シェアは30.9%である。主産地は唐津市、佐賀市などである。

マーコット　マーコットの栽培面積の全国順位は長崎県と並んで3位である。収穫量の全国順位は1位で、全国シェアは51.9%である。主産地は唐津市などである。

セトカ セトカの栽培面積の全国順位は長崎県と並んで3位である。収穫量の全国順位は2位である。主産地は唐津市、佐賀市、鹿島市などである。出荷時期はハウスものが1月上旬〜2月中旬、露地ものが2月中旬〜3月下旬頃である。

伊予カン 伊予カンの栽培面積の全国順位は6位、収穫量は3位である。主産地は太良町、鹿島市、唐津市などである。

キンカン キンカンの栽培面積の全国順位は5位、収穫量は4位である。栽培品種は「寧波(ねいは)」などである。主産地は佐賀市、有田町、伊万里市などである。ハウス栽培が中心で、出荷時期は1月上旬〜2月下旬頃である。

アマクサ アマクサの栽培面積の全国順位は7位、収穫量は5位である。主産地は唐津市などである。

キシュウミカン キシュウミカンの栽培面積の全国順位は6位、収穫量は5位である。主産地は佐賀市、小城市などである。

不知火 不知火の栽培面積、収穫量の全国順位はともに5位である。主産地は唐津市、鹿島市、太良町などである。出荷時期は11月〜4月頃である。

ナツミ ナツミの栽培面積の全国順位は5位、収穫量は6位である。主産地は太良町、鹿島市、唐津市などである。

ハレヒメ ハレヒメの栽培面積の全国順位は徳島県と並んで7位である。収穫量の全国順位は9位である。主産地は太良町などである。

ハルカ ハルカの栽培面積の全国順位は12位、収穫量は8位である。主産地は鹿島市などである。

ハルミ ハルミの栽培面積の全国順位は10位、収穫量は12位である。主産地は多久市、佐賀市などである。

地元が提案する食べ方と加工品の例

果物の食べ方

梅としらすの炊き込みご飯(JAさが)
　4人分の場合、米3合を3カップと1/4カップの水に15～20分浸し、シラス50g、梅干し大6個、しそ漬け少々を散らして炊く。

豚肉とみぞれキウイ(JAさが)
　フライパンを火にかけて油をしき、豚肩ロース肉に塩、コショウをかけ、色目が付くまでこんがり焼く。皿に移して、キウイをすりおろし、おろし大根と3対7の割合でかける。

ササミ梅の春巻き揚げ(JAさが)
　春巻きの上に鶏ササミを置き、その上に梅干しの果肉を平たくのせて巻く。春巻きの先端を水で濡らして止め、油で揚げる。切って皿に盛り、レモンを添える。

キンカンとカブの酢の物(JAさが)
　キンカンは種を取り除いて輪切りに。カブは皮をむき、半月切りにし塩をまぶして5～10分置いて水気を絞る。これらに、刻み昆布、酢、砂糖を加えて混ぜ、味をなじませる。

デコっとパフェ(JAさが)
　ワイングラスにチョコレートフレークと角切りしたカステラを入れ、一口サイズに切ったデコポンの半量を加えて上にアイスクリームをのせる。最後に残りのデコポンとイチゴをのせる。

果物加工品

- ミカンシャーベット
- みかん餅

消費者向け取り組み

- フルーツ観光農園　道の駅・伊万里ふるさと村
- 伊万里梅まつり　伊万里梅まつり実行委員会

▶ビワ生産量日本一に貢献する「茂木ビワ」

42 長崎県

地勢と気候

長崎県は日本列島の最西端に位置する。平坦地が少なく、傾斜地の中山間地域が多い。中山間地域に展開するかんきつやビワの樹園地は、急傾斜地が多く、斜度15度以上が45％を占めている。対馬、壱岐、五島列島などを含め島が多い。海面から反射する光はもう一つの太陽となって、急斜面で育つ果実に良い影響を与えている。

東シナ海から暖流の対馬海流が流れ込んでくるため、気候は温暖で寒暖の差が小さい。海洋性気候のため、6月～7月の梅雨期は降雨が多い。台風が上陸しなくても、東シナ海を通過する際は暴風域に入りがちである。

知っておきたい果物

ビワ　ビワは長崎県では江戸時代から栽培されてきた。1838（天保9）年頃、長崎の女性が唐通事から種をもらい、自宅の庭に植えたのが始まりといわれている。ビワの栽培面積、収穫量の全国順位はともに1位である。

産地は長崎市が最大である。西海市、南島原市も比較的出荷量が多い。栽培品種は「茂木」「長崎早生」、大玉の「長崎甘香（品種名福原早生）」「涼風」、新品種の「なつたより」などで、「長崎ビワ」はこれらの総称である。

温暖な気候を生かした露地栽培が盛んだが、近年はハウス栽培も広がり、出荷時期は2月上旬～6月下旬頃と長くなっている。

ミカン　ミカンの栽培面積、収穫量の全国順位はともに5位である。栽培品種は、長崎生まれの「岩崎早生」「原口早生」「させぼ温州」の3品種を中心に、ハウスの「宮川早生」などである。主産地は諫早市、西海市、佐世保市、長与町、南島原市などである。出荷時期はハウスミカンが5月上旬～9月下旬、極早生ミカンが9月下旬～10月下旬、早生ミカンが11月上旬～2月上旬、普通ミカンが12月上旬～3月上旬頃で、全

九州・沖縄　267

体として10か月以上に及び、ほぼ年間を通して出荷している。

「させぼ温州」のうち、糖度14度以上、クエン酸1.0％以下で外観が良く、食味検査に合格した2L〜2Sサイズのものを県下統一ブランド「出島の華」として出荷している。

イチゴ

イチゴの作付面積の全国順位は6位、収穫量は5位である。

イチゴは、1830（天保元）〜43（天保14）年頃、オランダ人によって長崎に初めて持ち込まれた。当時は「オランダイチゴ」とよばれ、外国人の食用に栽培された。

現在の栽培品種の大半は「さちのか」である。「さちのか」は、1996（平成8）年に、「とよのか」と「アイベリー」の交配で生まれた。「さちのか」の作付面積は、長崎県が全国の74％を占め、1位である。

主産地は雲仙市、南島原市、長崎市、大村市、島原市、諫早市、西海市などである。栽培農家は、立ったまま手入れや収穫作業ができる高設栽培方式を取り入れている。

オリーブ

オリーブの栽培面積の全国順位は6位、収穫量は4位である。主産地は長与町、長崎市、佐世保市などである。

不知火

不知火の栽培面積、収穫量の全国順位はともに7位である。主産地は西海市、諫早市、長与町、佐世保市、雲仙市、南島原市などである。出荷時期は1月上旬〜5月上旬頃である。

ポンカン

ポンカンの栽培面積、収穫量の全国順位はともに10位である。主産地は長崎市、南島原市、長与町などである。

スイカ

スイカの作付面積の全国順位は14位、収穫量は13位である。栽培品種は「うり坊」「ひとりじめ」など小玉が中心である。主産地は島原市、南島原市、西海市などである。出荷時期は4月下旬〜8月上旬頃である。

桃

桃の栽培面積の全国順位は、大分県と並んで26位である。収穫量の全国順位は24位である。栽培品種は「日川白鳳」が主力である。主産地は南島原市、長崎市、雲仙市、大村市などである。出荷時期は5月上旬〜6月下旬頃である。

イチジク

イチジクの栽培面積の全国順位は27位、収穫量は26位である。栽培品種は「桝井ドーフィン」が中心である。主産地は諫早市、長与町、雲仙市、長崎市などである。出荷時期は、ハウスもの

が5月中旬～9月中旬、露地ものが8月中旬～10月下旬頃である。

キウイ 　キウイの栽培面積の全国順位は30位、収穫量は28位である。産地は雲仙市、佐世保市などである。

スモモ 　スモモの栽培面積の全国順位は、愛知県、兵庫県と並んで29位である。収穫量の全国順位は28位である。出荷時期は5月中旬～6月中旬頃である。

ブドウ 　ブドウの栽培面積の全国順位は、佐賀県と並んで29位である。収穫量の全国順位は32位である。栽培品種は「巨峰」が作付面積で7割強を占めている。主産地は時津町、西海市、島原市、長崎市、佐世保市、松浦市などである。

出荷は県内向けが中心で、出荷時期はハウスものが5月下旬～8月上旬、露地ものが8月上旬～9月中旬頃である。都市近郊では、観光農園としてブドウ狩りも盛んである。

ウメ 　ウメの栽培面積の全国順位は、兵庫県と並んで33位である。収穫量の全国順位は36位である。

日本ナシ 　日本ナシの栽培面積、収穫量の全国順位はともに36位である。栽培品種は「幸水」「豊水」「新高」など赤ナシが多い。「二十世紀」も一部で栽培している。主産地は南島原市、長崎市、大村市などである。出荷時期は7月下旬～10月下旬頃である。

ベニマドカ 　農林統計によると、主な生産地は長崎県だけである。栽培面積は1.6ha、収穫量は16.0トンである。主産地は長崎市、諫早市、南島原市などである。出荷時期は、ハウスものが12月中旬～2月中旬、露地ものが1月中旬～2月下旬頃である。

マーコット 　マーコットはミカンとオレンジを交配した果実である。オレンジ特有の濃厚な風味が特徴である。マーコットの栽培面積の全国順位は佐賀県と並んで3位である。収穫量の全国順位は佐賀県に次いで2位である。主産地は南島原市、松浦市、長崎市などである。

ユウコウ 　農林統計によると、主な生産地は長崎県だけである。栽培面積は0.8ha、収穫量は8.0トンである。主産地は長崎市などである。

セトカ 　セトカの栽培面積の全国順位は、佐賀県と並んで3位である。収穫量の全国順位は4位である。主産地は西海市、南島原市、

諫早市、長崎市などである。出荷時期は、ハウスものが1月上旬〜2月下旬、露地ものが2月下旬〜4月上旬頃である。

メロン

メロンは南島原市、島原市、雲仙市、壱岐市、松浦市などで生産されている。栽培品種は、「アールスメロン」「アムスメロン」「プリンスメロン」などで、「アールスメロン」は松浦地域、「アムスメロン」は壱岐地域などでの生産が多い。

クリ

クリの栽培面積の全国順位は37位、収穫量は36位である。

カキ

カキの栽培面積の全国順位は39位、収穫量は東京都と並んで39位である。

ブルーベリー

ブルーベリーの栽培面積の全国順位は43位、収穫量は42位である。主産地は時津町、対馬市、佐世保市などである。

ザボン

主産地は長崎市、諫早市などである。1667（寛文7）年に唐船船長がザボンの種子をジャワ（現在のインドネシア）から持ち込み、唐通事により長崎市の西山神社に植えられた。長崎市はザボンの伝来地である。

地元が提案する食べ方と加工品の例

果物の食べ方

かんたんびわゼリー（長崎県）

鍋に、水、砂糖を入れて沸騰させレモン汁を加える。角切りにしたビワを入れて加熱し、水で戻したゼラチンを混ぜる。鍋ごと水につけて粗熱をとり、器に入れて冷やし固める。

ストロベリーシェイク（JA全農ながさき）

ミキサーにイチゴとバニラアイスクリームを入れ、混ぜる。次に生クリームを入れて混ぜ、グラスに注ぐ。仕上げにイチゴとミントをトッピング。

みかんパエリア（長与町食生活改善推進員協議会）

タマネギ、鶏もも肉、ウインナー、米など材料をカレー粉を加え炒めた後、ミカンの絞り汁、ケチャップ、コンソメ、塩、コショウ、水などで味

を整え、炊く。

みかん寿司（長与町食生活改善推進員協議会）

米は水とミカンの絞り汁を半々にして炊く。ちらしずしの具の材料は干しシイタケ、ゴボウ、ニンジン、卵焼き、キヌサヤなど。ミカンの皮も細かく切って具に。

みかんラスク（長与町食生活改善推進員協議会）

バター、ミカンの絞り汁、グラニュー糖を混ぜて5mmの厚さにスライスしたバケットに塗る。150℃のオーブンで15分、130℃で12〜13分焼き、網の上で冷ます。

果物加工品

- ミカンシャーベット
- みかん餅

消費者向け取り組み

- 果樹園　長崎市いこいの里あぐりの丘、農業公園型施設

▶ スイカの収穫量は全国一

43 熊本県

地勢と気候

　熊本県は九州の中央に位置し、北、東、南は山岳に囲まれている。複式火山として有名な阿蘇山は、県の東北部で活発な活動を続けており、陥没によってできた南北25km、東西17kmの巨大なカルデラの内部に阿蘇五岳がある。県中央部を流れる菊池川、白川、緑川流域に熊本平野、南部の球磨川、氷川などの流域に八代平野が開けている。

　熊本平野の西には宇土半島が突き出て、有明海と不知火海とに分けている。宇土半島の南西には、大小120余の島から成る天草諸島がある。

　熊本県には東シナ海からの暖かく湿った空気が入りやすく、大雨や集中豪雨が発生しやすい。年間の降水量は、阿蘇地方と球磨地方で特に多い。これらが熊本の良質な地下水資源になっている。熊本平野は、夏は蒸し暑く、冬は冷え込みが厳しい。球磨地方と阿蘇地方は夏は涼しく、冬は寒い。

知っておきたい果物

スイカ　スイカの作付面積、収穫量の全国順位はともに1位である。主産地は、熊本市、山鹿市、益城町、合志市などである。出荷時期は小玉スイカが10月下旬〜12月下旬と2月中旬〜8月中旬、大玉スイカが10月上旬〜1月中旬と2月中旬〜8月中旬頃である。

　2016（平成28）年4月の熊本大地震では選果場も被災し、選果機が壊れたため、一時は手作業で出荷したが、復旧した。

不知火　デコポンである。デコポンの商標権は熊本県果実農業協同組合連合会が所有している。不知火の栽培面積は全国の27.4％。収穫量は30.2％を占め、ともに全国1位である。

　主産地は宇城市、天草市、芦北町などである。出荷時期は11月下旬〜6月下旬頃である。11月下旬頃に大消費地で初せりが行われる。

ナツミカン　ナツミカンの栽培面積は全国の23.0％、収穫量は29.7％を占め、ともに全国1位である。アマナツ（甘夏）とよばれるアマナツミカンが中心である。主産地は芦北町、水俣市、宇城市、津奈木町、天草市などである。出荷時期は12月上旬〜6月下旬頃である。

クリ　クリの栽培面積、収穫量の全国順位は、ともに茨城県に次いで2位である。品種は「筑波」「銀寄」が中心である。主産地は山鹿市、山都町、山江村、菊池市などである。出荷時期は8月中旬〜10月下旬頃である。

オリーブ　オリーブの栽培面積の全国順位は香川県に次いで2位である。収穫量の全国順位は香川県、大分県に次いで3位である。主産地は国東市、豊後高田市、天草市、荒尾市などである。

キンカン　キンカンの栽培面積の全国順位は4位、収穫量は3位である。主産地は山鹿市、宇城市、甲佐町などである。出荷時期は1月下旬〜3月中旬頃である。

メロン　メロンの作付面積、収穫量の全国順位は、ともに茨城県、北海道に次いで3位である。栽培品種は「アールスメロン」「アンデスメロン」「クインシーメロン」「プリンスメロン」などである。主産地は八代市、宇城市、熊本市、菊池市、山鹿市などである。

出荷時期は「アールスメロン」が4月上旬〜7月下旬と10月中旬〜3月上旬、「アンデスメロン」が10月下旬〜6月中旬、「クインシーメロン」が4月上旬〜6月下旬と11月下旬〜12月下旬、「プリンスメロン」が4月上旬〜6月上旬頃である。

イチゴ　イチゴの作付面積、収穫量の全国順位は、ともに栃木県、福岡県に次いで3位である。栽培品種は「ひのしずく」「さがほのか」などである。主産地は玉名市、氷川町、山鹿市、宇城市、八代市、阿蘇市などである。出荷時期は11月上旬〜6月下旬頃である。

ミカン　ミカンの栽培面積、収穫量の全国順位はともに4位である。主産地は熊本市、玉名市、宇城市、玉東町などである。

出荷時期はハウスものが5月上旬〜9月下旬、露地ものが9月中旬〜2月下旬である。「肥のさきがけ」「肥のあかり」などの極早生ミカンは9月〜11月頃出回る。

「三角みかん」は県中部の宇土半島に位置する宇城市三角地域を中心に

栽培されている温州ミカンのブランドである。

マンゴー
マンゴーの栽培面積、収穫量の全国順位は、ともに沖縄県、宮崎県、鹿児島県に次いで4位である。主産地は合志市、玉名市、芦北町などである。

ポンカン
ポンカンの栽培面積の全国順位は3位、収穫量は4位である。主産地は天草市、宇城市、苓北町などである。出荷時期は12月中旬〜2月中旬頃である。

清見
清見の栽培面積の全国順位は3位、収穫量は5位である。主産地は宇城市、天草市、芦北町などである。出荷時期は2月下旬〜5月上旬頃である。

ネーブルオレンジ
ネーブルオレンジの栽培面積、収穫量の全国順位はともに5位である。主産地は宇土市が圧倒的に多く、氷川町、宇城市、水俣市、玉名市などでも生産している。

日本ナシ
日本ナシの栽培面積の全国順位は7位、収穫量は10位である。品種は「幸水」「豊水」「新高」が中心である。主産地は荒尾市、氷川町、熊本市、錦町などである。出荷時期は7月上旬〜10月下旬頃である。

有明海に臨む荒尾市とその周辺地域は、西に雲仙を望み、肥沃な土壌と温暖な気候に恵まれている。ナシの栽培歴は古く、1907（明治40）年に始まった。現在では九州最大級のナシ産地に成長している。荒尾市とその周辺地域で生産されるナシは「荒尾梨」として地域ブランドに登録されている。「新高」については先人から栽培技術を受け継ぎ、「荒尾のジャンボ梨」として宅配で全国に配送されている。

ヒノユタカ
ヒノユタカは肥の豊とも書く。農林統計によると、熊本県だけで産出する特産果実である。栽培面積は426.6ha、収穫量は5,441.1トンである。主産地は宇城市、天草市、芦北町などである。

バンペイユ
漢字では晩白柚と書く。バンペイユは熊本県、大分県、鹿児島県で生産しており、熊本県は栽培面積で全体の95.2％、収穫量で96.5％を占め、圧倒的に多い。主産地は八代市、氷川町、宇城市などである。出荷時期は12月上旬〜3月下旬頃である。

オオタチバナ
オオタチバナの栽培面積、収穫量の全国順位はともに1位である。全国シェアは栽培面積で72.3％、収穫

量で73.7％を占める。主産地は上天草市、玉名市、宇城市などである。商品名は「パール柑」である。

カワチバンカン カワチバンカンの栽培面積、収穫量の全国順位はともに愛媛県に次いで2位である。主産地は天草市、上天草市、熊本市などである。

ビワ ビワの栽培面積の全国順位は兵庫県と並んで8位である。収穫量の全国順位は9位である。主産地は芦北町などである。出荷時期は3月中旬～6月下旬頃である。

ブルーベリー ブルーベリーの栽培面積の全国順位は14位、収穫量は10位である。主産地は山都町、南阿蘇村、西原村などである。出荷時期は6月上旬～8月下旬頃である。

桃 桃の栽培面積の全国順位は11位、収穫量は12位である。主産地は玉名市、熊本市、宇城市などである。出荷時期は5月中旬～8月下旬頃である。

スモモ スモモの栽培面積の全国順位は広島県と並んで14位である。収穫量の全国順位は11位である。主産地は玉東町などである。出荷時期は5月中旬～8月上旬頃である。

イチジク イチジクの栽培面積の全国順位は23位、収穫量は15位である。主産地は宇城市、八代市、氷川町などである。

カキ カキの栽培面積の全国順位は16位、収穫量は18位である。主産地は宇城市、菊池市などである。出荷時期は9月上旬～10月下旬である。

ブドウ ブドウの栽培面積、収穫量の全国順位はともに18位である。栽培品種は「巨峰」が中心である。主産地は宇城市、熊本市、山鹿市などである。出荷時期は6月中旬～9月中旬頃である。

サクランボ サクランボの栽培面積の全国順位は、埼玉県、福井県、京都府、兵庫県、鳥取県、島根県と並んで18位である。収穫量の全国順位は埼玉県、岐阜県、兵庫県、鳥取県、香川県、高知県と並んで19位である。

キウイ キウイの栽培面積の全国順位は東京都と並んで25位である。収穫量の全国順位は22位である。主産地は熊本市、阿蘇市などである。

リンゴ　リンゴの栽培面積の全国順位は27位、収穫量は25位である。主産地は高森町、熊本市などである。

ウメ　ウメの栽培面積の全国順位は29位、収穫量は27位である。主産地は熊本市、人吉市などである。

地元が提案する食べ方の例

メロンと海の幸のカクテルサラダ（JAたまな）
エビ、イカ、貝類を白ワインで蒸し煮にする。一口大に切ったメロンを入れ、マヨネーズ、トマトケチャップなどのソースで和える。レタスを敷いて盛り付ける。

スイカスカッシュ（JAたまな）
一口大に切ったスイカをフードプロセッサーにかけ、ふきんでこす。コアントローを混ぜ合わせ、冷やす。これと、角切りスイカをグラスに入れ、炭酸飲料を注ぐ。

晩白柚の砂糖漬け（JAやつしろ）
材料はバンペイユの皮と白い綿の部分。鍋に材料を入れて熱湯をかけてふたをし5分後に水洗いする作業を3回繰り返して果皮の水分を押し出す。これを砂糖で煮詰め、冷ます。

みかん羹（熊本市）
粉寒天と水を混ぜて火にかけ、沸騰後、砂糖を加えて弱火で約2分煮る。火を止めて、粗熱をとり、ミカンを絞るか、常温のミカンジュースを少しずつ混ぜ、型に流す。

びわの蜜煮（上天草市）
ビワは種の周りに沿って1周切り込みを入れ、まわして種を取り除き、皮をはぐ。鍋で酒のアルコール分を飛ばし、ビワと水、砂糖、レモン汁を入れて5分煮て、冷やし、ミントをのせる。

果物加工品

● みかん狩り、ぶどう狩り　有限会社優峰園フルーツランド、熊本市

▶ 占有率96％のカボス

44 大分県

地勢と気候

大分県は、県北に中津平野、県央に大分平野、県南に佐伯平野が広がっている。内陸部は英彦山、両子山、由布岳、久住山、祖母山などの山地であり、その間に日田、玖珠、湯布院、竹田などの盆地がある。豊後水道に面する海岸はリアス式である。

中津平野から国東半島、別府市沿岸部は降水量が比較的少なく、夏季は干ばつが起こりやすい。冬は曇りがちである。大分市から臼杵市あたりは冬季の天候はよい。県南部の豊後水道沿岸では、黒潮の影響で温暖湿潤であり、夏季に雨が多い。亜熱帯性植物も生育している。内陸山地は冷涼で、降水量が多く、梅雨や台風時には豪雨となりやすい。冬季には積雪がある。

知っておきたい果物

カボス　カボスは大分県特産の香酸かんきつである。栽培面積は512.0haで全国の97.4％、収穫量は5,883トンで95.7％を占め、圧倒的なシェアを誇っている。主産地は、臼杵市はじめ、竹田市、豊後大野市、国東市などである。3月～7月はハウスもの、8、9月は露地もの、10月～2月は貯蔵ものが中心で、一年を通して出荷される。

カボスの加工品は多く、果汁を利用したゼリーや飲料、調味料なども販売されている。大分では焼酎に輪切りのカボスを入れて飲むのが一般的である。味がまろやかになる。

ギンナン　ギンナンの栽培面積は240haで全国の30.0％、収穫量は270.9トンで26.1％を占め、ともに全国一である。主産地は豊後高田市、九重町、宇佐市である。

オリーブ　オリーブの栽培面積の全国順位は4位である。収穫量の全国順位は香川県に次いで2位である。主産地は国東市、豊後高田市などである。

九州・沖縄　277

セミノール
商品名は「サンクイーン」である。セミノールの栽培面積、収穫量の全国順位はともに和歌山県に次いで2位である。占有率は、栽培面積で全国の28.7％、収穫量で32.5％である。主産地は津久見市、佐伯市、大分市などである。

ユズ
ユズの栽培面積の全国順位は5位、収穫量は4位である。主産地は宇佐市、日田市、大分市などである。

ハッサク
ハッサクの栽培面積の全国順位は6位、収穫量は5位である。主産地は日出町、大分市、佐伯市、国東市などである。

ブンタン
ブンタンの栽培面積の全国順位は6位、収穫量は5位である。主産地は佐伯市などである。

清見
清見の栽培面積の全国順位は5位、収穫量は7位である。主産地は津久見市、臼杵市、佐伯市などである。

伊予カン
伊予カンの栽培面積の全国順位は4位、収穫量は7位である。主産地は大分市、豊後高田市、佐伯市などである。

ポンカン
ポンカンの栽培面積の全国順位は4位、収穫量は7位である。主産地は佐伯市、津久見市、杵築市などである。出荷時期は11月上旬～2月中旬頃である。

ビワ
ビワの栽培面積の全国順位は6位、収穫量は7位である。主産地は大分市などである。

ナツミカン
ナツミカンの栽培面積の全国順位は7位、収穫量は8位である。主産地は津久見市、臼杵市、大分市、佐伯市などである。アマナツカンの出荷時期は3月上旬～4月上旬と4月下旬頃である。

サンショウ
サンショウの栽培面積の全国順位は9位、収穫量は8位である。主産地は日田市、津久見市などである。

日本ナシ
日本ナシの栽培面積の全国順位は12位、収穫量は9位である。出荷量は日田市が圧倒的に多く、由布市、中津市、日出町なども産地を形成している。栽培品種は「豊水」「新高」「幸水」「二十世紀」などである。最近は、「豊里」「あきづき」「なつしずく」などの導入も進んでいる。「豊里」は、2007年に品種登録した大分県のオリジナル品種である。「新高」の出荷時期は10月上旬～下旬頃である。

日田地域産のナシは「日田梨」として地域ブランドに登録されている。

同地域でのナシ栽培の歴史は約100年に及ぶ。

不知火 　不知火の栽培面積、収穫量の全国順位はともに9位である。主産地は津久見市、佐伯市、杵築市などである。出荷時期は11月上旬～2月中旬頃である。

キウイ 　キウイの栽培面積の全国順位は徳島県と並んで13位である。収穫量の全国順位は11位である。収穫量は国東市が圧倒的に多く、大分市、臼杵市などが続いている。

ミカン 　ミカンの栽培面積の全国順位は15位、収穫量は13位である。ミカンの栽培面積は1970年代後半から減少が進み、全盛期の10分の1程度に減少している。主産地は杵築市、国東市、津久見市、日出町などである。出荷時期はハウスミカンが4月上旬～10月中旬、極早生ミカンが9月上旬～10月下旬、早生ミカンが11月上旬～下旬、普通ミカンが12月上旬～1月上旬頃である。

9月中旬頃からの出荷が可能な極早生種の「おおいた早生」は大分県のオリジナル品種である。早生温州のうちハウスミカンは、結果樹面積32ha（2015年産）、収穫量1,620トン（同）で、ともに佐賀県、愛知県に次いで全国3位である。ハウスミカンの主産地は、杵築市を中心に、日出町、国東市、津久見市、佐伯市などである。出荷時期は4月～9月頃までである。

杵築地域を中心に「屋根かけ完熟栽培」など新たな取り組みも始まっている。

ブドウ 　ブドウの栽培面積の全国順位は11位、収穫量は13位である。栽培品種は「巨峰」「ピオーネ」「シャインマスカット」「デラウェア」などである。出荷量は宇佐市が最も多く、日田市、中津市、国東市なども主産地である。

クリ 　クリの栽培面積の全国順位は14位、収穫量は13位である。主産地は豊後大野市、日田市、杵築市などである。

レモン 　レモンの栽培面積の全国順位は13位、収穫量は15位である。主産地は佐伯市などである。

イチゴ 　イチゴの作付面積の全国順位は20位、収穫量は16位である。主産地は杵築市、国東市、佐伯市、由布市などである。

ウメ ウメの栽培面積の全国順位は、鹿児島県と並んで19位である。収穫量の全国順位は13位である。

イチジク イチジクの栽培面積の全国順位は18位、収穫量は22位である。主産地は大分市、宇佐市などである。

ブルーベリー ブルーベリーの栽培面積の全国順位は15位である。収穫量の全国順位は島根県と並んで27位である。主産地は九重町、由布市などである。

カキ カキの栽培面積の全国順位は32位、収穫量は30位である。主産地は大分市、中津市などである。

オオイタカケン4ゴウ 漢字では大分果研4号と書く。大分県オリジナルのかんきつで、商品名は「ゼリーオレンジ・サンセレブ」である。農林統計によると、主な生産地は大分県だけである。栽培面積は5.3ha、収穫量は16.0トンである。主産地は津久見市と杵築市などである。

アマクサ 漢字では天草と書く。商品名は「美娘(みこ)」である。アマクサの栽培面積の全国順位は4位である。収穫量の全国順位は愛媛県に次いで2位である。主産地は杵築市などである。

アンコール アンコールの栽培面積、収穫量の全国順位はともに愛媛県に次いで2位である。主産地は杵築市などである。

タロッコ タロッコはブラッドオレンジともいう。タロッコの栽培面積、収穫量の全国順位はともに愛媛県に次いで2位である。主産地は日出町などである。

バンペイユ バンペイユの栽培面積の全国順位は2位、収穫量は3位である。主産地は別府市などである。

ハヤカ ハヤカの栽培面積の全国順位は神奈川県、兵庫県と並んで5位である。収穫量の全国順位は6位である。主産地は日出町などである。

ネーブルオレンジ ネーブルオレンジの栽培面積、収穫量の全国順位はともに6位である。主産地は日出町、国東市、佐伯市などである。

カワチバンカン 漢字では河内晩柑と書く。カワチバンカンの栽培面積、収穫量の全国順位はともに6位である。主産

地は佐伯市などである。

ハルミ
ハルミの栽培面積の全国順位は7位、収穫量は6位である。主産地は杵築市などである。

キシュウミカン
キシュウミカンの栽培面積、収穫量の全国順位はともに7位である。主産地は佐伯市などである。

ダイダイ
ダイダイの栽培面積の全国順位は香川県と並んで12位である。収穫量の全国順位は14位である。主産地は津久見市などである。

ハルカ
ハルカの栽培面積の全国順位は8位、収穫量は12位である。主産地は日出町などである。

セトカ
セトカの栽培面積、収穫量の全国順位はともに13位である。主産地は大分市と杵築市などである。

地元が提案する食べ方と加工品の例

果物の食べ方

カボスのグラニテ（大分県カボス振興協議会）

ハチミツ大さじ4杯、砂糖40g、水240ccを火にかけ、溶けたら冷ます。カボス果汁120ccを加えてステンレス容器に入れ、冷蔵庫で冷やし、固める。

カボスムージー（大分県カボス振興協議会）

飲むヨーグルト250cc、カボスの果汁、氷を入れてミキサーにかけ、氷がシェイク状になったら器に移す。カボスの種は入れない。好みでハチミツを入れてもよい。

鶏肉のソテーカボス風味（大分県カボス振興協議会）

鶏もも肉全体に塩をすり込み、カボスを絞り、オリーブオイルとともにポリ袋に入れてもむようにして1時間以上なじませた後、焼く。カボスと野菜を添える。

フルーツ白玉（臼杵市）

白玉粉を水で練り、一口大に丸めて団子をつくり、湯を沸騰させて入れ、浮いたら冷水にとる。水気をとって、輪切りにしたバナナ、缶詰のパイン、ミカンなどと混ぜ合わせる。

さつまいもとりんごの重ね煮（臼杵市）

　鍋に油をしき、皮をむいて2～3cmの幅に切ったサツマ芋とリンゴを重ね、その上にバター、砂糖を置く。これを3回繰り返し、水を加えて蒸し煮する。

果物加工品

- カボス果汁飲料つぶらなカボス　JAフーズおおいた

> 消費者向け取り組み

- 木の花ガルテン　大分大山町農協

▶ 完熟キンカンのブランド「たまたま」

45 宮崎県

地勢と気候

　県の北西部を走る九州山地から、豊富な水が多くの川となって日向灘に流れている。海岸線の長さは397kmで、中央から南部にかけて日南海岸が続いている。広い平地としては、宮崎平野と都城盆地がある。

　気候は温暖で、平均気温が高い。1981～2010年の宮崎市の年平均気温は17.4℃で、全国3位だった。山間部以外は、冬も積雪がほとんどみられない。日照時間は長く、1981～2010年の宮崎市の平均年間日照時間は2,116時間で、全国3位だった。

知っておきたい果物

キンカン　キンカンの全国シェアは栽培面積で54.7%、収穫量で68.7%に及び、ともに全国一である。宮崎を代表する果物である。温室ハウスで栽培し、実を大きくするために残す果実を選び、実を木につけたまま樹上で熟成させる「完熟キンカン」が中心である。

　このうち、糖度16度以上、直径2.8cm以上のものを「完熟金柑たまたま」、糖度18度以上、直径3.2cm以上のものを「たまたまエクセレント」として出荷している。

　主産地は宮崎市、日南市、串間市、小林市、えびの市、日向市、西都市、綾町、高千穂町、美郷町、日之影町などである。出荷時期は11月上旬～3月下旬頃である。

ヒュウガナツ　宮崎県はヒュウガナツ（日向夏）の栽培面積で51.7%、収穫量で58.6%を占めており、ともに全国1位である。

　ヒュウガナツは宮崎県原産の特産カンキツである。文政年間の1820年頃、宮崎市赤江の真方安太郎宅の庭先で発見された1本の木がルーツである。ヒュウガナツは種が多かったが、宮崎県では、ハウス栽培による種なしや種の少ない果実づくりに成功した。

主産地は日南市、宮崎市、串間市、日向市、綾町などである。出荷時期は、ハウスものが11月上旬〜3月中旬頃まで、露地ものが3月〜5月下旬頃までである。
　日南市の「少核系日向夏」は、種を少なくするために特殊なアマナツの花粉を人工授粉するなど手間をかけて栽培している。

マンゴー

　マンゴーの全国シェアは栽培面積で21.9％、収穫量で33.8％を占め、ともに沖縄県に次いで2位である。マンゴーが木から十分に栄養を受け取り、それ以上は吸収しきれなくなって自然落下するものをネット袋で受け止めて「みやざき完熟マンゴー」として出荷している。
　このうち、糖度15度以上、1果350g以上といった基準を満たすものを「太陽のタマゴ」のブランドで出荷している。
　主産地は西都市、宮崎市、日南市、串間市、小林市、綾町などである。出荷時期は2月中旬〜7月下旬頃である。

パパイア

　パパイアの栽培面積の全国順位は3位、収穫量は2位である。主産地は宮崎市などである。

ヘベス

　ヘベスは宮崎原産の香酸かんきつで、木酢の一種である。平兵衛酢、ヘイベイスともいう。種がほとんどなく、皮が薄いため、絞りやすい。農林統計によると、ヘベスの生産地は宮崎県だけである。日向市の特産で、門川町、日南市などでも栽培している。
　江戸時代に日向の長曽我部平兵衛宅で栽培されたのが始まりである。宮崎特産である。出荷時期は、ハウスものが5月末〜7月末、露地ものが8月上旬〜10月下旬頃である。

ポンカン

　ポンカンの栽培面積の全国順位は8位、収穫量は5位である。主産地は日南市、宮崎市、串間市などである。

ユズ

　ユズの栽培面積の全国順位は4位、収穫量は5位である。主産地は西都市、小林市、西米良村、日之影町などである。出荷時期は8月〜12月頃である。

クリ

　クリの栽培面積の全国順位は4位、収穫量は6位である。主産地は日之影町、小林市、美郷町などである。出荷時期は8月中旬〜10月中旬頃である。
　「みやざきびっ栗」は2L以上の大玉である。低温流通で鮮度を保った

まま消費地に届けている。面積の92％を森林が占める日之影町はクリの栽培が盛んである。同町のクリは「高千穂ひのかげくり」として出荷され、「クリのダイヤモンド」ともいわれるとか。美郷町山間部で育つクリは、地名を冠して「西郷栗」として出荷される。

イチゴ　イチゴの作付面積の全国順位は19位、収穫量は14位である。主産地は宮崎市、川南町、都城市、えびの市、小林市、椎葉村などである。出荷時期は11月下旬～4月下旬頃である。

えびの市では、ハウスで育て、えびの高原にからめて「高原イチゴさがほのか」として出荷している。椎葉村では夏秋イチゴを「みやざきなつはるか」としてケーキの材料向けなどに出荷している。

ウメ　ウメの栽培面積の全国順位は25位、収穫量は16位である。主産地は都農町、美郷町、日之影町などである。

美郷町南郷区水清谷の標高600～700mのあたりでは「南高」を栽培している。生のウメだけでなく、漬け込んだ梅干しも生産、販売している。

ミカン　ミカンの栽培面積、収穫量の全国順位はともに17位である。主産地は日南市、宮崎市、日向市などである。

極早生ミカンの「マルチ日南1号」は、土壌の水分をマルチシートを敷いて調整し、栽培している。極早生ミカンの出荷時期は9月上旬～10月中旬頃である。

ブドウ　ブドウの栽培面積の全国順位は22位、収穫量は19位である。栽培品種は赤系の「サニールージュ」とグリーン系の「ハニービーナス」が中心である。主産地は都農町、小林市、川南町などである。出荷時期は6月中旬～9月中旬頃である。

ブルーベリー　ブルーベリーの栽培面積の全国順位は33位、収穫量は23位である。主産地は宮崎市、都城市、西都市などである。

桃　桃の栽培面積の全国順位は島根県と並んで36位である。収穫量の全国順位は42位である。主産地は延岡市、都農町などである。

カキ　カキの栽培面積の全国順位は36位、収穫量は38位である。主産地は国富町、延岡市、都農町、宮崎市などである。

日本ナシ　日本ナシの栽培面積、収穫量の全国順位はともに39位である。主産地は小林市、都農町、川南町などである。

メロン　メロンは小林市、宮崎市、川南町、都農町などで生産されている。

「JAこばやし」でつくられる「アールスメロン」のうち糖度14度以上といった基準に達したものを「めろめろメロン」とよんでいる。「みやざきブランド」として認証を受けている「みやざき温室光センサーメロン」の愛称である。近赤外線を照射してメロン内部の糖度や熟度を測定し、品質を1個ずつ管理している。「アールスメロン」の出荷時期は10月下旬〜8月上旬頃である。11月にJAこばやしが大阪で試食宣伝会を開いている。

ナンプウ　漢字では南風と書く。農林統計によると、ナンプウの主な生産地は宮崎県だけである。栽培面積は0.8ha、収穫量は17.0トンである。主産地は宮崎市などである。

ナンコウ　漢字では南香と書く。ナンコウの栽培面積の全国順位、収穫量の全国順位はともに1位である。占有率は栽培面積で66.7％、収穫量で89.8％である。主産地は新富町、宮崎市、木城町などである。

ノバ　農林統計によると、主な生産地は宮崎県だけである。栽培面積は0.6ha、収穫量は15.0トンである。主産地は宮崎市などである。

すずっこ　尾鈴山を望むJA尾鈴の管内である川南町と都農町の特産は「すずっこ」である。「すずっこ」は、温州ミカンにオレンジを交配して育成されたかんきつで、普通のミカンより一回り大きい。

地元が提案する食べ方の例

完熟きんかんとさつま芋のもちもちガネ（JA宮崎経済連）

おやつ向きの菓子。きんかんは種を取り除き、細かく切る。サツマ芋は細い棒状に切り、水であくを抜く。2つを混ぜ合わせ、低温でゆっくり揚げる。

日向夏と生ハムの押し寿司（JA宮崎経済連）

名前のとおりヒュウガナツと生ハムを挟んだ押しずし。押しずしの型がなければ牛乳パックにラップを敷いて代用できる。切り分けて、イクラやネギなどを飾る。

マンゴーのクリームチーズ白和え（JA宮崎経済連）

水切りした豆腐と、擂ったクリームチーズに砂糖、塩を混ぜた後、5

mm角に切ったマンゴーを入れる。クラッカーに半分に切った生ハムをのせ白あえを置く。

パパイア生春巻き（JA宮崎経済連）

皮をむいて細長く切ったパパイア、千切りにしたキュウリ、ハムを水で戻したライスペーパーにのせ、巻く。食べやすい大きさに切って皿に盛り、ごまドレッシングをかける。

へべすのサンラータン風（JA宮崎経済連）

鍋に水、鶏がらスープの素を入れ沸騰したら、鶏ささみ、干しシイタケ、干しキクラゲ、長ネギ、乾燥春雨を加える。片栗粉でとろみをつけ、へべス果汁などを加える。

消費者向け取り組み

- 上千野観光体験果樹園　上千野果樹生産組合、串間市

▶ パッションフルーツの占有率60%

46 鹿児島県

地勢と気候

鹿児島県の面積は九州で最も広い。種子島、屋久島、奄美諸島などの島々を有しており、北の長島町から南の与論町まで南北に直線距離で約600kmに達する。県全土が火山灰堆積物に覆われており、本土部分の約半分はシラス台地である。

気候は温帯と亜熱帯にまたがっているが、九州最高峰の山がそびえる屋久島には冷温帯の一面もある。一つの県の中に三つの気候があるのは珍しい。本土の年平均降水量は2,200mmを超え、年平均気温は17〜18℃と温暖多雨である。県南部の指宿市では1月に菜の花が咲く。奄美諸島は4月〜10月の月平均気温が20℃を超え、亜熱帯気候帯に属する。

知っておきたい果物

バナナ バナナの栽培面積の全国順位、収穫量の全国順位はともに1位である。全国シェアは栽培面積で52.3％、収穫量で54.8％である。主産地は奄美市、十島村、瀬戸内町などである。

パッションフルーツ パッションフルーツの栽培面積の全国順位、収穫量の全国順位はともに1位である。全国シェアは栽培面積で61.1％、収穫量で62.9％である。主産地は奄美市、瀬戸内町、屋久島町などである。

レイシ ライチともいう。レイシの栽培面積、収穫量の全国順位は、ともに1位である。全国シェアは栽培面積で52.6％、収穫量で72.4％である。主産地は南大隅町、指宿市、垂水市などである。

パパイア パパイアの栽培面積の全国順位は1位である。収穫量の全国順位は沖縄県、宮崎県に次いで3位である。全国シェアは栽培面積で54.2％、収穫量で18.5％である。主産地は奄美市、瀬戸内町、喜界町などである。

キシュウミカン

キシュウミカンの栽培面積、収穫量の全国順位はともに1位である。鹿児島県の占有率は、栽培面積で64.6%、収穫量で54.7%である。主産地は鹿児島市、霧島市、いちき串木野市などである。

ポンカン

ポンカンは、栽培面積で全国の26.4%、収穫量では16.7%を占め、ともにトップの愛媛県に次いで2位である。主産地は屋久島町、肝付町、いちき串木野市などである。出荷時期は11月中旬～2月下旬頃である。

アテモヤ

アテモヤの鹿児島県の占有率は栽培面積で33.7%、収穫量で14.4%、ともに沖縄県に次いで2位である。主産地は与論町、徳之島町、大崎町などである。

キンカン

キンカンの栽培面積、収穫量の全国順位は、ともに宮崎県に次いで2位である。鹿児島県の占有率は、栽培面積で25.9%、収穫量で23.3%である。主産地は南さつま市、薩摩川内市、さつま町などである。

パインアップル

パインアップルの栽培面積、収穫量の全国順位は、ともに沖縄県に次いで2位である。主産地は徳之島町、天城町、奄美市などである。

ナツミカン

ナツミカンの栽培面積の全国順位は3位、収穫量の全国順位は熊本県に次いで2位である。

出水地域を中心に産地が形成されており、主産地は県北東部の出水市、長島町、阿久根市などである。出荷時期は1月下旬～6月下旬頃である。「出水の紅甘夏」は鹿児島県の「かごしまブランド」産地に指定されている。

オオタチバナ

オオタチバナの栽培面積、収穫量の全国順位は、ともに熊本県に次いで2位である。主産地はいちき串木野市、薩摩川内市、出水市などである。

ブンタン

ブンタンの栽培面積、収穫量の全国順位は、ともに高知県に次いで2位である。主産地は阿久根市、志布志市などである。

鹿児島県ではブンタンをボンタンということが多い。もともとは、阿久根に漂着した中国商船の船長「謝文旦」の名をとって命名している。

シークワーサー

シークワーサーの栽培面積、収穫量の全国順位は、ともに沖縄県に次いで2位である。主産地は徳之島町などである。

スイートスプリング

スイートスプリングの栽培面積の全国順位は3位、収穫量は2位である。主産地は出水市、阿久根市、長島町などである。農研機構が「上田温州」とハッサクを交配して育成した。

ビワ

ビワの栽培面積の全国順位は、長崎県に次いで2位である。収穫量の全国順位は、長崎県、千葉県に次いで3位である。

ピタヤ

ドラゴンフルーツともいう。ピタヤの栽培面積、収穫量の全国順位は、ともに沖縄県に次いで2位である。全国シェアは栽培面積で44.2%、収穫量で26.7%である。主産地は奄美市、与論町、天城町などである。

マンゴー

マンゴーの栽培面積、収穫量の全国順位は、ともに沖縄県、宮崎県に次いで3位である。全国シェアは栽培面積で14.8%、収穫量で13.4%である。主産地は大崎町、指宿市、天城町などである。

カワチバンカン

カワチバンカンの栽培面積、収穫量の全国順位はともに4位である。主産地は出水市、垂水市などである。

カボス

カボスの栽培面積、収穫量の全国順位はともに6位である。主産地は鹿児島市などである。

ユズ

ユズの栽培面積、収穫量の全国順位はともに6位である。主産地は曽於市、大崎市などである。

不知火

不知火はデコポンである。不知火の栽培面積、収穫量の全国順位はともに6位である。主産地は長島町、阿久根市、出水市などである。出荷時期は11月下旬～4月上旬頃である。鹿児島県のオリジナル品種「大将季(だいまさき)」の栽培面積は拡大している。

ヒュウガナツ

ヒュウガナツの栽培面積、収穫量の全国順位はともに8位である。主産地は阿久根市、出水市などである。

伊予カン

伊予カンの栽培面積の全国順位は9位、収穫量は8位である。主産地は出水市、薩摩川内市、日置市などである。

セトカ セトカの栽培面積の全国順位は11位、収穫量は10位である。主産地は出水市、長島町、阿久根市などである。

ダイダイ ダイダイの栽培面積の全国順位は14位、収穫量は10位である。主産地は長島町などである。

ネーブルオレンジ ネーブルオレンジの栽培面積の全国順位は11位、収穫量は10位である。主産地は出水市、霧島市、長島町などである。

清見 清見の栽培面積、収穫量の全国順位はともに12位である。主産地は出水市、阿久根市、長島町などである。

ハッサク ハッサクの栽培面積の全国順位は17位、収穫量は13位である。主産地は出水市、日置市、阿久根市などである。

ミカン ミカンの栽培面積の全国順位は13位、収穫量は14位である。主産地は鹿児島市、枕崎市、南さつま市などである。

スモモ スモモの栽培面積の全国順位は8位、収穫量は14位である。スモモは大島本島地域では果樹栽培の基幹品目になっている。主産地は、奄美大島の大和村、奄美市と、指宿市などである。出荷時期は5月中旬～6月下旬頃である。

ブルーベリー ブルーベリーの栽培面積の全国順位は28位、収穫量は14位である。主産地は霧島市、伊佐市、鹿屋市などである。

レモン レモンの栽培面積の全国順位は18位、収穫量は16位である。主産地は肝付町、出水市、阿久根市などである。

ギンナン ギンナンの栽培面積の全国順位は11位、収穫量は17位である。主産地は伊佐市、薩摩川内市、霧島市などである。

イチゴ イチゴの作付面積の全国順位は21位、収穫量は20位である。主産地は志布志市、日置市、出水市、さつま町、薩摩川内市などである。

ブドウ ブドウの栽培面積の全国順位は37位である。収穫量の全国順位は鳥取県と並んで30位である。「巨峰」を中心とし、「ピオーネ」なども栽培している。主産地は薩摩川内市、霧島市、出水市などである。出荷時期は7月中旬～9月中旬頃である。

桃

桃の栽培面積の全国順位は、東京都と並んで43位である。収穫量の全国順位は40位である。霧島市の旧隼人町は、露地栽培では日本いち早く収穫できる日秀早生桃の産地で、5月末頃には出荷できる。

日本ナシ

日本ナシの栽培面積の全国順位は42位、収穫量は44位である。栽培品種は「幸水」「豊水」「新高」である。主産地は霧島市、さつま町などである。出荷時期は8月上旬～10月中旬頃である。

カキ

カキの栽培面積の全国順位は41位、収穫量は45位である。主産地は出水市、伊佐市、霧島市などである。出荷時期は9月中旬～11月中旬頃である。

タンカン

タンカンの栽培面積、収穫量の全国順位はともに1位である。鹿児島県の占有率は栽培面積で76.5％、収穫量で85.7％である。主産地は屋久島町、奄美市、南大隅町などである。

クロシマミカン

黒島ミカンとも書く。農林統計によると、主な生産地は鹿児島県だけである。栽培面積は2.0ha、収穫量は11.0トンである。主産地は長島町、三島村などである。名前に付いている黒島は、屋久島と薩摩半島の間の三島列島に位置する三島村の3島のうちの1つである。桜島の小ミカンの原種とされる。

ケラジミカン

漢字では花良治ミカンと書く。農林統計によると、主な生産地は鹿児島県だけである。栽培面積は0.7ha、収穫量は3.5トンである。主産地は喜界町などである。約200年前から喜界島の花良治地区で栽培が始まった。

ツノカガヤキ

漢字では津之輝と書く。ツノカガヤキの栽培面積の全国順位は宮崎県に次いで2位、収穫量は4位である。主産地は南大隅町などである。農研機構が「清見」と「興津早生」を交配し、さらに「アンコール」を交配して育成した。タンゴールの一種で、2009（平成11）年に品種登録された。

ハヤカ

漢字では早香と書く。ハヤカの栽培面積の全国順位は3位、収穫量は4位である。主産地は出水市、長島町などである。

ハルミ

ハルミの栽培面積の全国順位は福岡県と並んで9位である。収穫量の全国順位は11位である。主産地は鹿児島市、肝付町、枕崎市などである。

バンジロウ

グァバともいう。農林統計によると、主な生産地は鹿児島県だけである。栽培面積は0.8ha、収穫量は4.9トンである。主産地は奄美市、指宿市などである。

バンペイユ

バンペイユの栽培面積の全国順位は3位、収穫量は熊本県に次いで2位である。主産地はいちき串木野市、出水市、霧島市などである。

ヘツカダイダイ

辺塚ダイダイとも書く。香酸かんきつ類で、ダイダイの原種といわれる。農林統計によると、主な生産地は鹿児島県だけである。栽培面積は5.5ha、収穫量は53.6トンである。主産地は肝付町、南大隅町などである。

肝付町内之浦では、「辺塚デデス」ともよばれる。8月～10月頃に収穫したばかりの果実は酸っぱくて果汁が多く、地元では古くから酢の代用品として使っている。11月～12月には酸味が抜け、さわやかな果汁になる。

ドレッシング、ポン酢にも加工され、販売されている。

メロン

メロンは志布志市、垂水市、出水市、東串良町、大崎町などで生産されている。

地元が提案する食べ方と加工品の例

果物の食べ方 (TV番組「たわわタウン」から)

たんかんの簡単白玉 (JA鹿児島県経済連)

白玉粉100gにタンカンを100cc絞って練り、丸めてゆで、冷水にさらす。耐熱容器に牛乳、豆乳、おろしショウガ、ハチミツを入れてレンジで温め、白玉を入れる。

さわやかトロピカルドレッシング (JA鹿児島県経済連)

パッションフルーツの底を薄く切ると立つため、器にする。上から1/4を切り取り、中身をかき混ぜ、塩、オリーブオイルなどを加え、素材にかける。

きんかん春姫カナッペ (JA鹿児島県経済連)

フランスパンやクラッカーにレタス、ハム、チーズ、キンカンなどの具材をトッピング。キンカンの種は取り除き皮ごと輪切りに。パンは焼き目をつけるとおいしい。

マンゴーのブルスケッタ（JA鹿児島県経済連）
　バターに擂ったニンニクを混ぜてスライスしたバゲットに塗ってトーストした上に、マンゴー、キュウリ、ボイルした小エビなどをドレッシングで混ぜてのせる。
パッション・ラッシー（JA鹿児島県経済連）
　ミキサーに、ヨーグルト、氷、ハチミツ、黒酢を入れてミキシングし、よくかき混ぜたパッションフルーツをトッピングする。

果物加工品

- 文旦漬　郷土菓子
- パッションフルーツジャム
- パッションフルーツジュース
- コミカンジャム

消費者向け取り組み

- オレンジパーク串良　鹿屋市

▶日本における熱帯果実の宝庫

47 沖縄県

地勢と気候

沖縄県は日本列島の西南部に位置し、九州と台湾の間に弓状に延びる琉球弧に属している。南北500km、東西1,000kmに及ぶ広大な海域をもち、大小120の島々で構成される。島々は、沖縄群島、宮古群島、八重山群島に大別される。

気象は亜熱帯に属し、黒潮の関係で冬季でも暖かく、年間を通して気温の変化は少ない。沖縄は台風の進路の転向点になることが多く、その影響を受けやすい。昔から家の周りにフクギを植え、石垣で囲んで強風に備えてきた。

知っておきたい果物

マンゴー マンゴーの栽培面積、収穫量の全国順位はともに1位である。全国シェアは栽培面積で59.7%、収穫量で48.0%である。主産地は宮古島市、石垣市、豊見城市などである。収穫時期は5月下旬～9月中旬頃である。

パインアップル パインアップルの栽培面積、収穫量の全国順位はともに全国1位である。栽培面積は490haである。主産地は東村、石垣市などである。収穫時期は4月下旬～10月下旬頃である。

ピタヤ ドラゴンフルーツともいう。ピタヤの栽培面積、収穫量の全国順位はともに1位である。全国シェアは栽培面積で54.0%、収穫量で70.6%である。主産地は石垣市、糸満市、宮古島市などである。収穫時期は5月上旬～12月下旬頃である。

シークワーサー シークワーサーの栽培面積、収穫量の全国順位はともに1位である。沖縄県の占有率は、栽培面積で94.9%、収穫量で99.7%ときわめて高い。主産地は大宜味村、名護市、本

部町などである。収穫時期は、青切りが8月上旬～11月下旬、生食が12月中旬～1月下旬頃である。

パッションフルーツ
パッションフルーツの栽培面積、収穫量の全国順位はともに鹿児島県に次いで2位である。主産地は恩納村、糸満市、石垣市などである。収穫時期は1月上旬～8月中旬頃である。

バナナ
バナナの栽培面積、収穫量の全国順位はともに鹿児島県に次いで2位である。全国シェアは栽培面積で45.9％、収穫量で44.3％である。主産地は南風原町、宮古島市、石垣市などである。出荷時期は5月中旬～12月中旬頃である。

パパイア
パパイアの栽培面積の全国順位は鹿児島県に次いで2位、収穫量は1位である。全国シェアは栽培面積で34.5％、収穫量で57.7％である。主産地は石垣市、南城市、豊見城市などである。

タンカン
タンカンの栽培面積、収穫量の全国順位はともに鹿児島県に次いで2位である。全国シェアは栽培面積で23.3％、収穫量で13.6％である。主産地は本部町、名護市、国頭村などである。収穫時期は1月上旬～2月下旬頃である。

レイシ
ライチともいう。レイシの栽培面積、収穫量の全国順位は、ともに鹿児島県、宮崎県に次いで3位である。主産地は糸満市、中城村などである。

ポンカン
ポンカンの栽培面積の全国順位は18位、収穫量は19位である。主産地は本部町などである。

不知火
不知火の栽培面積、収穫量の全国順位はともに23位である。主産地は久米島町、名護市などである。

アテモヤ
アテモヤは沖縄県と鹿児島県だけで生産している。栽培面積、収穫量の全国順位はともに1位である。シェアは栽培面積で66.3％、収穫量で85.6％である。主産地は恩納村、糸満市、本部町などである。収穫時期は9月上旬～4月下旬頃である。

アセロラ
農林統計によると、主な生産地は沖縄県だけである。栽培面積は7.3ha、収穫量は23.3トンである。主産地は糸満市、本部町、石垣市などである。収穫時期は4月中旬～10月下旬頃である。

アマクサ アマクサの栽培面積の全国順位は愛媛県に次いで2位、収穫量は4位である。沖縄では「あまSUN」の名前で販売している。主産地は名護市、うるま市、沖縄市などである。出荷時期は12月上旬～1月中旬頃である。

オオベニミカン 大紅ミカンとも書く。農林統計によると、主な生産地は沖縄県だけである。栽培面積は4.7ha、収穫量は21.1トンである。主産地は本部町、名護市、国頭村など本島北部である。

オートー 農林統計によると、主な生産地は沖縄県だけである。栽培面積は0.8ha、収穫量は1.7トンである。主産地は本部町、名護市などである。

カーブチー 農林統計によると、主な生産地は沖縄県だけである。栽培面積は3.8ha、収穫量は5.6トンである。主産地は本部町、名護市、国頭村など本島北部である。

ゴレンシ ゴレンシはスターフルーツともいう。農林統計によると、主な生産地は沖縄県だけである。栽培面積は1.7ha、収穫量は26.4トンである。主産地は南風原町、南城市、豊見城市などである。

マーコット マーコットの栽培面積は全国の36.7％を占め熊本県に次いで2位である。収穫量では全国の6.0％と4位である。主産地は国頭村と名護市などである。

スイカ スイカの作付面積、収穫量の全国順位はともに21位である。出荷量は県内では今帰仁村が圧倒的に多い。宮古島市、本部町、国頭村なども産地である。出荷時期は12月上旬～3月中旬と4月中旬～9月上旬頃である。

ビワ ビワの栽培面積の全国順位は大阪府と並んで21位である。収穫量も21位である。主産地は沖縄市などである。出荷時期は3月上旬～4月中旬頃である。

ミカン ミカンの栽培面積の全国順位は22位、収穫量は25位である。主産地は名護市、国頭村、本部町などである。出荷時期は8月下旬～10月上旬頃である。

スモモ スモモの栽培面積の全国順位は鳥取県と並んで41位である。収穫量の全国順位は42位である。

ブドウ ブドウの作付面積、収穫量の全国順位はともに47位である。主産地は今帰仁村などである。

メロン メロンは宮古島市、読谷村などで生産されている。出荷時期は12月上旬～3月上旬と5月上旬～6月上旬頃である。

地元が提案する食べ方と加工品の例

果物の食べ方

カクテル風マンゴージンジャー（沖縄県県産食材普及事業）

ゼラチンを湯で溶かし、冷めしてジンジャーエールを流し込み、冷蔵庫で冷やし、固める。器に盛り、その上にカットしたマンゴーをのせ、トッピングにサクランボなど。

ドラゴンフルーツのパルフェ（沖縄県県産食材普及事業）

ドラゴンフルーツをミキサーでピューレにし、生クリームなどを加え、混ぜて丸筒型に流し、冷やし固める。器にブルーベリーソースなどを入れ、これを型から抜き、盛る。

シークワーサー水まんじゅう（沖縄県県産食材普及事業）

葛粉、上白糖、水を中強火で練り上げてシークワーサーの果汁を加え、型に入れる。その際、白あんとシークワーサーの皮をおろして丸め中央に入れる。1時間以上冷やす。

タンカンのパンプディング（沖縄県県産食材普及事業）

タンカンを横半分に切り中身を取り出す。牛乳、角切りした食パン、レーズン、タンカンの中身をボウルで混ぜてタンカンの皮に入れ、フライパンで弱火にして蒸し焼きに。

パパイヤイリチー（沖縄県県産食材普及事業）

皮と種を取り除いたパパイヤとニンジンを千切りしてサラダ油で炒め、塩、コショウで味を調え、カツオ節を入れて、混ぜる。約3cmに切ったニラを加えて軽く混ぜ、火を止める。

果物加工品

- パッションフルーツジュース
- パッションフルーツジャム

- アセロラジュース
- アセロラゼリー

消費者向け取り組み

- タンカン狩り　本部町、1月〜2月

付録1　果物の日

〔全国版〕

果物の日	毎月8日	スイカの日	7月27日
イチゴの日	1月15日	バナナの日	8月7日
イチジクの日	1月19日	パイナップルの日	8月17日
デコポンの日	3月1日	キウイの日	9月1日
オリーブの日	3月15日	ブドウの日	9月23日
オレンジデー	4月14日	レモンの日	10月5日
メロンの日	5月5日	柿の日	10月26日
アセロラの日	5月12日	みかんの日	11月3日
梅の日	6月6日	いいリンゴの日	11月5日
ナシの日	7月4日	キンカンの日	11月23日
マンゴーの日	7月15日	みかんの日	12月3日
すももの日	7月24日		

〔地方版〕

弘前市りんごを食べる日（青森県弘前市）	毎月5日	愛知のいちじくの日	7月19日 8月19日 9月19日 10月19日
熊本甘夏の日	4月1日	黒い真珠・三次ピオーネの日（広島県三次市）	9月6日
笛吹市桃源郷の日（山梨県笛吹市）	4月10日	ひろさきふじの日（青森県弘前市）	10月1日
こだますいかの日（茨城県桜川市）・（筑西市）・（北つくば農協地域農業振興協議会）	立夏（5月7日頃）	禅寺丸柿の日（川崎市麻生観光協会）	10月21日
みやざきマンゴーの日	5月25日	長野県リンゴの日	11月22日
マンゴーの日（沖縄県）	7月15日	市田柿の日（長野県飯田市など市田柿ブランド推進協議会）	12月1日
やまなし桃の日	7月19日		

付録2　果物名が入った都道府県・市町村の木・花

〔都道府県・市町村の木〕

北海道豊浦町	ウメ	大阪府藤井寺市	ウメ
青森県弘前市	リンゴ	大阪府熊取町	ウメ
山形県	サクランボ	兵庫県たつの市	ウメ
山形県寒河江市	サクランボ	奈良県王寺町	ウメ
山形県最上町	ウメ	和歌山県九度山町	カキ
茨城県	ウメ	鳥取県八頭町	カキ
茨城県水戸市	ウメ	鳥取県湯梨浜町	ナシの木
茨城県茨城町	ウメ	島根県大田市	ウメ
埼玉県嵐山町	ウメ	広島県大崎上島町	ミカン
埼玉県越生町	ウメ	広島県坂町	ウメ
千葉県成田市	ウメ	山口県周防大島町	ミカンの木
千葉県松戸市	ナシ	徳島県	ヤマモモ
新潟県見附市	ウメ	徳島県阿南市	ウメ
石川県金沢市	ウメ	徳島県勝浦町	ミカン
山梨県甲州市	ブドウ	徳島県佐那河内村	スダチ
山梨県笛吹市	桃	愛媛県八幡浜市	ミカン
長野県飯田市	リンゴ	福岡県うきは市	カキの木
長野県小諸市	ウメ	大分県臼杵市	カボス
長野県中野市	リンゴ	大分県杵築市	豊後ウメ
長野県小布施町	クリ	大分県豊後高田市	カキ
岐阜県本巣市	カキ	熊本県氷川町	ナシ
岐阜県山県市	クリ	熊本県益城町	ウメ
岐阜県輪之内町	ウメ	宮崎県新富町	ウメ
愛知県知多市	ヤマモモ	鹿児島県阿久根市	ボンタン
三重県東員町	ウメ		

〔都道府県・市町村の花〕

北海道七飯町	リンゴの花	青森県鶴田町	リンゴの花
青森県	リンゴ（の花）	宮城県蔵王町	桃の花
青森県平川市	リンゴの花	宮城県利府町	ナシの花

付録　301

山形県東根市	サクランボ	大阪府東大阪市	ウメ
福島県白河市	ウメ	奈良県天理市	ウメ
福島県福島市	桃	奈良県大淀町	ナシの花
福島県大熊町	ナシ	和歌山県	ウメ
福島県国見町	桃	和歌山県有田市	ミカン
福島県桑折町	桃	和歌山県海南市	ミカン
茨城県筑西市	ナシの花	和歌山県田辺市	ウメ
栃木県芳賀町	ナシの花	和歌山県みなべ町	ウメ
埼玉県白岡市	ナシの花	鳥取県	二十世紀ナシの花
千葉県鎌ヶ谷市	ナシの花	岡山県	桃の花
東京都稲城市	ナシ	岡山県奈義町	ウメ
東京都青梅市	ウメ	広島県竹原市	ウメ
東京都国立市	ウメ	山口県	夏ミカンの花
神奈川県小田原市	ウメ	山口県光市	ウメ
神奈川県湯河原町	ミカン	山口県周防大島町	ミカンの花
新潟県刈羽村	桃の花	徳島県	スダチの花
石川県小松市	ウメ	徳島県神山町	ウメ
福井県永平寺町	ウメ	愛媛県	ミカンの花
山梨県都留市	ウメ	愛媛県砥部町	ウメ
長野県長野市	リンゴの花	高知県	ヤマモモ
長野県小布施町	リンゴ	高知県香南市	ミカン
長野県松川町	ナシ	福岡県	ウメ
長野県宮田村	ウメの花	福岡県太宰府市	ウメ
長野県山ノ内町	リンゴ	福岡県香春町	ウメ
岐阜県海津市	ミカンの花	福岡県新宮町	ミカンの花
岐阜県美濃市	ウメ	福岡県築上町	ウメ
岐阜県関ケ原町	ウメ	佐賀県多久市	ウメ
静岡県浜松市	ミカン	佐賀県太良町	ミカンの花
愛知県阿久比町	ウメ	長崎県島原市	ウメ
三重県御浜町	ミカン	熊本県荒尾市	ナシの花
大阪府	ウメ	熊本県人吉市	ウメの花
大阪府泉南市	ウメ	熊本県玉東町	ミカン
大阪府羽曳野市	桃	鹿児島県日置市	ウメ

〔都道府県・市町村の花木〕

山形県真室川町	ウメ	香川県小豆島町	オリーブ
長野県坂城町	リンゴ	長崎県長与町	ウメ
広島県熊野町	ウメ	大分県	豊後ウメ
山口県周防大島町	ミカン	沖縄県大宜味村	シークワーサー
香川県	オリーブ		

付録3　果物名や「果樹」の入った都道府県・市町村の組織

青森県	りんご果樹課	和歌山県みなべ町	うめ課
青森県弘前市	りんご課	香川県小豆島町	オリーブ課
山形県寒河江市	さくらんぼ観光課	熊本県	園芸課果樹班
山梨県	果樹食品流通課	宮崎県日向市	ブランド推進課へべす・ブランド開発係
静岡県	みかん園芸課		
和歌山県	果樹園芸課		
和歌山県有田市	有田みかん課		

付録4　「果樹」や果物名の入った自治体の試験研究機関

国立研究開発法人農業・食品産業技術総合研究機構（農研機構）果樹茶業研究部門

北海道・富良野市ぶどう果樹研究所

地方独立行政法人青森県産業技術センターりんご研究所（黒石市）

秋田県果樹試験場（横手市）

福島県農業総合センター果樹研究所（福島市）

山梨県果樹試験場（山梨市）

長野県果樹試験場（須坂市）

静岡県農林技術研究所果樹研究センター（静岡市）

和歌山県果樹試験場かき・もも研究所（紀の川市）・うめ研究所（みなべ町）

香川県農業試験場小豆オリーブ研究所（小豆島町）

愛媛県農林水産研究所果樹研究センターみかん研究所（宇和島市）

高知県農業技術センター果樹試験場（高知市）

佐賀県果樹試験場（小城市）

鹿児島県果樹試験場（垂水市）

付録5　果物名の入った都道府県・市町村条例の例

〔消費、普及〕

青森県弘前市	りんごを食べる日を定める条例
青森県板柳町	りんご生産における安全性確保と生産者情報管理によるりんごの普及促進条例（りんごまるかじり条例）
山梨県甲州市	勝沼ぶどうの丘施設設置管理条例
山梨県甲州市	ぶどうの丘事業設置条例
山梨県甲州市	ぶどうの国文化館設置管理条例
愛知県南知多町	もぎたてみかん酒及び知多産の日本酒で乾杯推進条例
和歌山県みなべ町	紀州南高梅使用のおにぎり及び梅干しの普及に関する条例
兵庫県宍粟市	原観光りんご園条例
鳥取県湯梨浜町	二十世紀梨を大切にする条例
広島県呉市	みかんメッセージ館条例

〔地域づくり〕

山形県朝日町	日本一りんごのふるさとづくり寄付条例
岐阜県本巣市	富有柿の里条例
愛知県高浜市	いちごプラザ設置管理条例
和歌山県有田市	みかんの里建築条例
鳥取県八頭町	花御所柿の里づくり条例
岡山県和気町	三保高原りんご工房条例
愛媛県八幡浜市	みかんの里宿泊・合宿施設設置管理条例
長崎県西海市	西海みかんドーム設置管理条例
沖縄県本部町	伊豆味みかんの里総合案内所施設設置管理運営条例

〔生産、出荷〕

青森県青森市	りんご貯蔵選果施設条例
青森県南部町	りんご集出荷貯蔵施設条例
埼玉県白岡市	梨選果センター条例
長野県飯田市	りんご並木三連蔵施設条例
和歌山県有田市	みかん営農科学診断施設条例
和歌山県かつらぎ町	桃選果場設置条例
岡山県新見市	ぶどう研修施設条例
徳島県吉野川市	ぶどう総合管理センター条例
鹿児島県	みかん検査条例
鹿児島県さつま町	いちご等共同育苗施設条例

〔病害虫予防〕

青森県	りんご黒星腐病及りんご腐らん病まん延防止条例
埼玉県春日部市	なし赤星病防止条例
埼玉県久喜市	なし赤星病防止条例
千葉県市川市	なし赤星病防止条例
千葉県柏市	なし赤星病防止条例
千葉県鎌ヶ谷市	なし赤星病防止条例
千葉県白井市	なし赤星病防止条例
千葉県船橋市	なし赤星病防止条例
長野県須坂市	りんご腐らん病まん延防止条例
長野県千曲市	りんご腐らん病まん延防止条例
長野県辰野町	りんご腐らん病まん延防止条例
長野県箕輪町	りんご腐らん病まん延防止条例
和歌山県	ウメ輪紋ウイルスの侵入まん延防止条例
大分県由布市	梨赤星病防止条例

付録6　果物名が入った駅

北海道	栗丘	JR・室蘭本線の栗山―栗沢間
北海道	栗沢	JR・室蘭本線の栗丘―志文間
北海道	栗山	JR・室蘭本線の由仁―栗丘間
岩手県	小梨	JR・大船渡線の千厩―矢越間
宮城県	梅ケ沢	JR・東北本線の瀬峰―新田間
山形県	さくらんぼ東根	JR・山形新幹線の天童―村山間
埼玉県	栗橋	JR・東北本線の東鷲宮―古河間
東京都	青梅	JR・青梅線の福生―御嶽間
新潟県	柿崎	JR・信越本線の上下浜―米山間
福井県	柿ケ島	JR・越美北線の下唯野―勝原間
山梨県	勝沼ぶどう郷	JR・中央本線の甲斐大和―塩山間
山梨県	東山梨	JR・中央本線の塩山―山梨市間
山梨県	山梨市	JR・中央本線の東山梨―春日居町間
愛知県	柿平	JR・飯田線の三河槇原―三河川合間
三重県	梅ケ谷	JR・紀勢本線の大内山―紀伊長島間
滋賀県	栗東(りっとう)	JR・東海道本線の守山―草津間
京都府	桃山	JR・奈良線のJR藤森―六地蔵間
大阪府	桃谷	JR・大阪環状線の鶴橋―寺田町間
広島県	梅林	JR・可部線の七軒茶屋―上八木間
山口県	梅ケ峠	JR・山陰本線の吉見―黒井村間
香川県	オレンジタウン	JR・高徳線の志度―造田間
香川県	栗林(りつりん)	JR・高徳線の木太―栗林公園北口間
香川県	栗林公園	高松琴平電気鉄道の瓦町―仏生山間
香川県	栗林公園北口	JR・高徳線の昭和町―栗林間
佐賀県	桃川	JR・筑肥線の肥前長野―金石原間
鹿児島県	栗野	JR・肥薩線の吉松―大隅横川間

付録7　果物の花言葉の例（国によって異なる）

アセビ（犠牲、献身、あなたと二人で旅をしましょう）

アンズ（臆病な愛、乙女のはにかみ、疑い、疑惑）

イチゴ（尊重と愛情、幸福な家庭、先見の明、あなたは私を喜ばせる）

ウメ（高潔、忠実、忍耐）

オリーブ（平和、知恵）

オレンジ（純粋、愛らしさ、結婚式の祝宴）

カリン（豊麗、唯一の恋）

キンカン（思い出、感謝）

ザクロ（円熟した優雅さ）

ナ シ（愛情）

パインアップル（あなたは完全です）

ブルーベリー（実りのある人生、知性）

桃（私はあなたのとりこ、天下無敵、気立ての良さ）

ユ ズ（健康美、けがれなき人、恋のため息）

リンゴ（優先、好み、選択）

レモン（誠実な愛、思慮分別）

● **参考文献** ●

岡本省吾『原色日本樹木図鑑』保育社（1959）
髙嶋四郎『原色日本野菜図鑑』保育社（1982）
日本大辞典刊行会『日本国語大辞典（縮刷版）』第1巻～第10巻（1984～1988）
相賀徹夫『園芸植物大事典1～2』小学館（1988）
相賀徹夫『園芸植物大事典3～5』小学館（1989）
相賀徹夫『園芸植物大事典6』小学館（1990）
廣部千恵子『新聖書植物図鑑』教文館（1999）
土橋豊『熱帯の有用果実』トンボ出版（2000）
日本ブルーベリー協会編『ブルーベリー全書～品種・栽培・利用加工～』創森社（2005）
西谷裕子『たべものことわざ辞典』東京堂出版（2005）
岡田哲編『世界たべもの起源事典』東京堂出版（2005）
前田富祺監修『日本語源大辞典』小学館（2005）
則岡孝子監修『栄養成分の事典』新星出版社（2006）
増井金典『日本語源広辞典』ミネルヴァ書房（2010）
吉田企世子監修『旬の野菜の栄養事典』エクスナレッジ（2011）
NHK出版編『カリンのチカラ』NHK出版（2013）
青葉高『日本の野菜文化史事典』八坂書房（2013）
実教出版編修部編『オールガイド食品成分表2015』実教出版（2014）
エリカ・ジャニク著・甲斐理恵子訳『リンゴの歴史』原書房（2015）
長野県農政部農産物マーケティング室『おいしい信州ふーど（風土）魅力発見ガイド』長野県（2015）
中村丁次監修『栄養の基本がわかる図解事典』成美堂出版（2015）
日本果樹種苗協会・農研機構・国際農林水産業研究センター監修『図説果物の大図鑑』マイナビ出版（2016）
矢野恒太記念会編『世界国勢図会第27版』矢野恒太記念会（2016）
矢野恒太記念会編『日本国勢図会2016/17年版』矢野恒太記念会（2016）
矢野恒太記念会編『データでみる県勢2017年版』矢野恒太記念会（2016）
香川芳子監修『七訂食品成分表2016本表編』女子栄養大学出版部（2016）
香川芳子監修『七訂食品成分表2016資料編』女子栄養大学出版部（2016）

このほか、各都道府県の『果樹農業振興計画』を参考にした。

◆ **参考ウェブ**
・農林水産省のホームページ、フェイスブック
・各気象台のホームページ
・各地方自治体のホームページ

都道府県・市町村索引

あ行

愛西市　　　　　　　　169
藍住町　　　　　　　　235
愛知県　38, 116, 143, 168, 170, 188, 195, 204, 253, 258, 269, 279, 307
会津美里町　　　　　　87
会津若松市　　　　86, 87
愛南町　　　245, 247, 249
青森県　5, 6, 13, 19, 25, 32, 33, 36, 44, 59, 60, 62, 80, 82, 85, 125, 151, 154, 224, 301, 304, 306
青森市　　　60, 61, 63, 306
赤磐市　218, 219, 220, 221
明石市　　　　　　　　195
阿賀野市　　　　　126, 128
阿賀町　　　　126, 127, 128
安芸太田町　　　　　　226
安芸市　　　251, 253, 254
安芸高田市　　　　226, 227
秋田県　18, 33, 65, 74, 75, 80
秋田市　　　　　　74, 75
あきる野市　　　115, 116
阿久比町　　　　　　　302
阿久根市　289, 290, 291, 301
上尾市　　　　　　105, 106
赤穂市　　　　　　　　194
浅口市　　　　　　　　219
朝倉市　　　　　　257, 258
朝来市　　　　　　193, 195
旭川市　　　　　　　　58
旭市　　　　　　109, 110

朝日町　　　43, 80, 81, 305
足利市　　　　　　94, 97
鰺ヶ沢町　　　　　　　61
芦北町　　　272, 273, 274
明日香村　　198, 199, 200
安曇野市　　　　　153, 155
阿蘇市　　　　　　273, 275
足立区　　　　　　　　117
熱海市　　　　　　163, 164
厚木市　　　　　　121, 123
厚真町　　　　　　55, 57
穴水町　　　135, 137, 138
阿南市　234, 235, 236, 237, 301
阿武町　　　　　　229, 231
天城町　　　　　　289, 290
天草市　　272, 273, 274, 275
海士町　　　　　　　　214
奄美市　288, 289, 290, 291, 292, 293
阿見町　　　　　　89, 90
綾川町　　　　　　241, 242
綾町　　　　　　　283, 284
綾部市　　　　　　183, 184
荒尾市　　　273, 274, 302
有田川町　　　202, 204, 205
有田市　202, 204, 205, 207, 302, 304, 305, 306
阿波市　　　235, 236, 237
淡路市　192, 193, 194, 195
あわら市　　141, 142, 143, 144
安城市　　　　　168, 169, 170
安堵町　　　　　　　　198
安中市　　　　　　99, 102
安八町　　　　　　160, 162

飯島町　　　　　　　　155
飯田市　153, 155, 156, 300, 301, 306
飯塚市　　　　　　257, 258
飯綱町　　　　　　　　156
飯南町　　　　214, 215, 217
飯山市　　　　　　　　154
伊賀市　　　　　　174, 175
伊方町　245, 246, 248, 249, 250
斑鳩町　　　　　　198, 199
壱岐市　　　　　　　　270
伊佐市　　　　　　291, 292
諫早市　　　267, 268, 269, 270
石岡市　　　　　　89, 90, 91
石垣市　　　　　　295, 296
石川県　6, 116, 131, 135, 136, 138, 161, 166, 180, 181, 220
石巻市　　　　　　69, 71, 72
伊豆市　　　　　　165, 166
伊豆の国市　　　　164, 165
いすみ市　　　　　　　110
和泉市　　　　　　188, 189
出水市　289, 290, 291, 292, 293
出雲市　　　213, 214, 215, 216
伊勢崎市　　　　　　　102
伊勢市　　　　　　　　174
伊勢原市　　　120, 121, 123
板野町　　　　　　236, 237
板柳町　　　　　　　　305
市川市　　　　　　108, 306
いちき串木野市　289, 293
一関市　　　　　64, 66, 67
一戸町　　　　　　　　66
市原市　　　　　　　　109

井手町 186	牛久市 90	247, 249, 259, 273, 274, 277, 279, 280, 303
伊東市 163, 164	宇治市 184	
糸島市 24, 256, 258, 259, 260	宇治田原町 184	大分市 277, 278, 279, 280
	臼杵市 13, 277, 278, 279, 281, 282, 301	おおい町 141
糸満市 295, 296		大井町 120, 122
田舎館村 61	宇陀市 200	大江町 80, 81
猪名川町 193	内子町 247, 248, 250	大垣市 160
稲城市 114, 115, 302	内灘町 135	大潟村 76
稲沢市 169	宇都宮市 94, 95, 96, 97	大川市 256
稲敷市 91	宇土市 274	大河原町 70, 71
伊奈町 105	宇部市 230	大宜味村 295, 303
印南町 203, 205	馬路村 251	大熊町 302
猪苗代町 87	浦臼町 56	大阪狭山市 187
犬山市 170	浦幌町 56	大阪市 190
いの町 255	うるま市 297	大阪府 15, 36, 128, 187, 189, 215, 232, 297, 302, 307
茨城県 29, 36, 44, 81, 89, 95, 115, 158, 175, 193, 198, 226, 253, 273, 301	嬉野市 263	
	宇和島市 244, 245, 246, 247, 248, 249	
		大崎上島町 223, 224, 225, 226, 227, 301
	雲仙市 268, 269, 270	
茨城町 89, 91, 301	雲南市 213, 215, 216	大崎市 70, 71, 72, 290
井原市 220		大崎町 289, 290, 293
指宿市 288, 290, 291, 293	永平寺町 142, 143, 302	大郷町 69
今治市 244, 245, 246, 247, 248, 249	江田島市 223, 224, 225, 227	大島町 116
		大洲市 245, 247, 248, 249
伊万里市 263, 264	越前市 142, 143, 144	大多喜町 110
射水市 130, 131, 133	恵那市 158, 159, 160	太田市 100, 101, 102
伊予市 245, 246, 247, 248	海老名市 123	大田市 213, 214, 215, 216, 301
いわき市 85, 86, 87	えびの市 283, 285	
岩国市 229, 232	愛媛県 5, 14, 26, 27, 28, 31, 36, 39, 40, 42, 44, 80, 115, 119, 158, 163, 204, 224, 227, 235, 244, 245, 248, 249, 251, 252, 256, 259, 264, 275, 280, 302	大館市 74, 75
磐田市 164, 165		大田原市 95, 96, 97
岩手県 6, 30, 32, 64, 67, 68, 80, 84, 180, 226, 307		大月町 252
		大津市 179, 180
		大豊町 251, 252
岩出市 204		邑南町 214, 215
岩手町 66		大野市 142
岩内町 57		大野町 157
	王寺町 301	大府市 169
上峰町 264	奥州市 64, 65, 66, 68	大牟田市 258
魚津市 130, 131, 132, 133	近江八幡市 179	大村市 268, 269
魚沼市 125	青梅市 113, 115, 116, 302	大淀町 199, 302
宇城市 272, 273, 274, 275	大石田町 81	岡垣町 257, 258
うきは市 256, 257, 258, 259, 301	大磯町 120	岡崎市 169
	大分県 12, 13, 37, 174, 185, 210, 214, 215, 235,	小笠原村 113, 114, 116
羽後町 77, 78		男鹿市 75, 76
宇佐市 277, 278, 279, 280		

都道府県・市町村索引 311

小鹿野町 105, 107	各務原市 160	金沢市 135, 136, 137, 138, 301
岡山県 6, 30, 138, 218, 219, 221, 226, 302	香川県 12, 86, 110, 184, 193, 199, 210, 237, 239, 240, 241, 242, 273, 275, 277, 281, 303, 307	河南町 188
岡山市 146, 218, 219, 220, 221, 222		鹿沼市 95, 96
小城市 263, 264, 265, 304		鹿屋市 291, 294
沖縄県 7, 9, 12, 13, 16, 17, 72, 113, 211, 220, 274, 284, 288, 289, 290, 295, 296, 297, 298	角田市 69, 70, 71, 72	かほく市 135, 136, 137
	掛川市 164, 165, 167	河北町 79, 81
	加古川市 195, 196	鎌ヶ谷市 108, 302, 306
	鹿児島県 6, 14, 16, 20, 26, 27, 28, 31, 41, 77, 109, 113, 116, 239, 247, 260, 274, 280, 288, 289, 290, 292, 293, 296, 306, 307	蒲郡市 168, 169, 171, 172
沖縄市 297		嘉麻市 261
隠岐の島町 214		上天草市 275, 276
奥尻町 57		上板町 235, 236, 237
桶川市 106		上勝町 234, 237
越生町 106, 301	鹿児島市 289, 290, 291, 292	神河町 193
小樽市 56		神川町 105
小田原市 119, 120, 121, 122, 123, 302	加西市 193, 195	上里町 105, 106
	笠岡市 220, 221	香美市 251, 252
越知町 252, 253	笠間市 89, 90, 93	上島町 246, 247, 249
小千谷市 125	鹿嶋市 89	上関町 231
鬼北町 247	鹿島市 262, 263, 265	香美町 192
小野市 192, 194, 195	柏崎市 126, 127, 128	上富田町 203
尾道市 223, 224, 225, 226, 227	柏市 112, 306	上山市 79, 80, 81, 83
	柏原市 187	神山町 234, 236, 237, 302
尾花沢市 81	春日井市 169, 170, 171	亀岡市 183
小浜市 141, 143	春日部市 306	鴨川市 110, 111
小布施町 155, 301, 302	かすみがうら市 89, 90, 91	加茂市 125, 126
御前崎市 164		唐津市 41, 262, 263, 264, 265
小美玉市 90, 91	加須市 104, 105, 106	
小矢部市 130, 134	潟上市 75, 76	刈羽村 126, 127, 302
小山市 95, 96	交野市 187, 188, 189, 190	川北町 136, 137
尾鷲市 173	勝浦市 110	川越市 105
恩納村 296	勝浦町 234, 235, 236, 237, 301	川崎市 121, 122, 300
		川崎町 72
か 行	鹿角市 74, 75, 76, 77	川島町 105, 106
	勝山市 141, 142	河内長野市 187, 188, 189
甲斐市 146	かつらぎ町 203, 204, 205, 206, 306	河内町 91
貝塚市 188, 189		河津町 166
海津市 159, 160, 161, 302	加東市 194	川西市 192, 193, 194
海南市 202, 203, 204, 205, 302	門川町 284	川場村 100
	香取市 109, 110	川南町 285, 286
海陽町 234	神奈川県 12, 17, 111, 119, 120, 121, 123, 180, 185, 199, 214, 246, 254, 258, 259, 280	川本町 214
加賀市 136, 138		香春町 302
鏡石町 87		観音寺市 241, 242
		上牧町 198

312

甘楽町	101, 102	
喜界町	288, 292	
菊川市	164, 165	
菊池市	273, 275	
木更津市	110	
木島平村	154	
木城町	286	
岸和田市	188, 189	
北秋田市	76	
北川村	251	
北九州市	258, 259	
北広島町	226	
北本市	106	
北山村	205	
木津川市	184	
杵築市	278, 279, 280, 281, 301	
紀の川市	202, 203, 204, 205, 304	
吉備中央町	220	
岐阜県	86, 116, 131, 157, 158, 159, 160, 166, 193, 210, 275	
岐阜市	157, 159, 160, 161, 162	
紀宝町	174, 176	
紀北町	173	
君津市	109, 110, 111	
紀美野町	204, 206	
肝付町	289, 291, 292, 293	
基山町	263	
行田市	106	
京丹後市	184, 185, 186	
京丹波町	183, 184	
京都市	183, 184, 186	
京都府	183, 184, 193, 195, 199, 210, 214, 232, 275, 307	
玉東町	273, 275, 302	
清瀬市	117	
鋸南町	109, 110	
霧島市	289, 291, 292, 293	
桐生市	101	
久喜市	104, 105, 306
草津市	178, 179
久慈市	65, 68
串間市	283, 284, 287
串本町	206
釧路市	56
葛巻町	65
下松市	232
九度山町	301
国頭村	296, 297
国東市	273, 277, 278, 279, 280
国立市	302
国富町	285
国見町	84, 85, 86, 302
九戸村	66
熊谷市	104
久万高原町	248
熊取町	301
熊野市	173, 174, 175, 177
熊野町	303
熊本県	6, 12, 14, 18, 22, 24, 28, 29, 36, 38, 39, 41, 81, 109, 125, 158, 164, 193, 210, 224, 226, 252, 272, 274, 289, 304
熊本市	272, 273, 274, 275, 276
久御山町	184
久米島町	296
久米南町	220
倉敷市	218, 219, 220, 221, 222
倉吉市	7, 208, 209, 211, 212
栗原市	69, 70, 71, 72
久留米市	256, 257, 259
呉市	223, 224, 225, 226, 227, 305
黒石市	304
黒木町	257
黒潮町	252, 253, 254
群馬県	90, 99, 100, 101, 102, 103, 114
芸西村	253
---	---
気仙沼市	69, 70, 71
下呂市	157, 158
剣淵町	56
甲賀市	179, 180
上毛町	258
甲佐町	273
合志市	272, 274
甲州市	146, 147, 148, 149, 150, 301, 305
幸田町	169, 170, 171
高知県	21, 26, 39, 116, 122, 133, 193, 210, 234, 247, 251, 253, 262, 275, 289, 302
高知市	239, 251, 253, 254, 304
神津島村	114
香南市	252, 253, 254, 255, 302
甲府市	146, 149, 150
江府町	210
神戸市	192, 193, 194
甲良町	179
桑折町	34, 84, 85, 302
郡山市	86, 87
古賀市	257, 259, 260
小金井市	115
国分寺市	113, 114, 116
九重町	277, 280
湖西市	163
小坂町	76
五條市	197, 198, 199, 200, 201
五城目町	76
五所川原市	33, 60
御所市	197
五泉市	126, 127, 128
小平市	113, 114, 116
御殿場市	165
琴浦町	208, 209, 210, 211
五戸町	61
小林市	283, 284, 285, 286

御坊市　205	佐野市　95, 97, 98	下田市　165, 166
小牧市　169, 170	鯖江市　141, 144	下妻市　90
小松市　135, 138, 139, 302	狭山市　104	下関市　230, 231, 232
小松島市　235, 236, 237	三郷町　201	周南市　232
小諸市　154, 301	三条市　125, 126, 127	上越市　127, 128, 129
	三田市　194	常総市　90

さ　行

西海市　267, 268, 269, 305
佐伯市　278, 279, 280, 281
西条市　245, 246, 247, 248, 249
埼玉県　89, 104, 105, 108, 138, 193, 210, 275, 307
さいたま市　104, 105, 107
西都市　283, 284, 285
蔵王町　69, 70, 71, 302
坂井市　141, 142, 143, 144
堺市　188
坂出市　240, 241, 242
寒河江市　79, 80, 81, 82, 83, 301, 304
坂城町　303
佐賀県　10, 28, 38, 166, 199, 226, 252, 262, 263, 269, 279, 307
佐賀市　262, 263, 264, 265
酒田市　79, 81, 82
坂町　301
相模原市　122, 123
佐川町　253, 254
佐久市　152, 153, 154
桜井市　198, 199, 200
桜川市　90, 92, 300
さくら市　96, 97
篠山市　192, 193, 195
佐世保市　267, 268, 269, 270
薩摩川内市　289, 290, 291
さつま町　291, 292
佐渡市　36, 125, 126, 127, 128
佐那河内村　234, 237, 301
さぬき市　241, 242

三戸町　60, 61
山武市　109

椎葉村　285
塩尻市　152, 155
滋賀県　26, 67, 138, 178, 198, 199, 205, 307
志賀町　135, 136, 137, 139, 140
色麻町　69, 72
四国中央市　248
宍粟市　305
静岡県　6, 9, 10, 12, 16, 22, 25, 28, 29, 36, 38, 39, 71, 116, 119, 161, 163, 164, 166, 167, 204, 215, 247, 264, 304
静岡市　163, 164, 165, 166, 304
七ヶ宿町　70, 71
七戸町　60
新発田市　127, 128
柴田町　71
芝山町　109
渋川市　99, 100, 102, 103
志布志市　289, 291, 293
士幌町　55
志摩市　174
島田市　163, 164, 165
志摩町　259
島根県　122, 128, 166, 185, 189, 193, 210, 213, 275, 280
島原市　268, 269, 270, 302
四万十市　252, 253
四万十町　252, 254, 255
下市町　197, 198
下北山村　200

小豆島町　239, 241, 243, 303, 304
庄原市　226
城陽市　184
城陽市　185
昭和村　100
昭和村　103
白石町　263
白岡市　104, 105, 302, 306
白河市　302
白鷹町　81
白井市　108, 110, 111, 306
白石市　69, 70, 71, 72
紫波町　65, 66, 67
新温泉町　194
新宮市　175, 176, 206, 257, 258, 259, 260, 302
信州新町　155
新庄市　79, 82
新城市　169, 171
神石高原町　226
新地町　86
榛東村　99, 101
新得町　56
新富町　286
新富町　301

周防大島町　230, 232, 301, 302, 303
須賀川市　85, 86
杉並区　113
宿毛市　251, 252, 255
須坂市　151, 152, 154, 155, 304, 306
須崎市　251, 252, 253
鈴鹿市　175
珠洲市　135, 136, 138, 139
洲本市　192, 193, 194, 195,

196	高山市 157, 159, 160, 161	銚子市 109, 110
諏訪市 153	高山村 102	調布市 115
	宝塚市 193	
精華町 186	滝沢市 67	月形町 43
西予市 244, 245, 246, 247, 248, 249	多気町 174	つくば市 90, 92
聖籠町 125, 126, 127	多久市 263, 264, 265, 302	津久見市 278, 279, 280, 281
関ケ原町 302	武雄市 264	
関川村 126	竹田市 277	津市 173, 174, 175
関市 160	竹原市 302	対馬市 270
瀬戸内市 219, 220, 221	太宰府市 302	土浦市 90
瀬戸内町 288	立川市 113, 115, 116	津奈木町 273
世羅町 226	たつの市 194, 301	都農町 285, 286
仙台市 69	辰野町 306	津幡町 135
善通寺市 41, 240	伊達市 55, 84, 85, 86, 87	燕市 126, 127, 128
泉南市 302	館林市 100, 102	津山市 219, 220, 221, 222
仙北市 76, 77	館山市 109, 110, 111	鶴岡市 80, 81, 82, 83
	立山町 131, 132, 133	敦賀市 141, 143, 145
総社市 219	多度津町 239, 241	つるぎ町 235, 236
壮瞥町 57	棚倉町 87	都留市 302
相馬市 87, 88	田辺市 203, 204, 205, 302	鶴田町 60, 301
曽於市 290	田原市 41, 168, 170	津和野町 215
袖ヶ浦市 109	田布施町 232	
	玉川村 86, 87	弟子屈町 56
た 行	玉城町 174, 176	天童市 79, 80, 81, 82, 83
	玉名市 273, 274, 275	天理市 197, 198, 302
大子町 91	田村市 86	天龍村 155
太子町 187, 188, 192, 193	太良町 262, 263, 265, 302	
大仙市 76	垂水市 288, 290, 293, 304	東員町 301
大山町 208, 209, 210, 211	丹波市 192, 193, 194	東温市 249
胎内市 127		東海市 168, 171
高岡市 130, 133	筑後市 256, 258	東海村 92
高崎市 99, 101, 102	築上町 302	東金市 110
高砂市 195	筑西市 90, 300, 302	東京都 92, 102, 108, 113, 116, 119, 161, 166, 185, 199, 248, 253, 270, 275, 292, 307
高島市 179, 180	千曲市 154, 306	
高千穂町 283	知多市 301	
高槻市 189, 190	秩父市 104, 105, 107	
高根沢町 95	千歳市 55, 58	
高梁市 218, 220	茅野市 153	東峰村 257, 258
高畠町 80	千葉県 18, 25, 29, 81, 89, 90, 95, 108, 109, 111, 125, 143, 171, 208, 240, 290, 110, 111	当麻町 56
高浜市 305		東御市 152, 154
高松市 239, 240, 241, 242		東洋町 252
田上町 126		遠野市 66
高森町 153, 155, 276	千早赤阪村 188	ときがわ町 106
	中央市 148, 149	時津町 269, 270
		徳島県 18, 30, 37, 44, 234,

都道府県・市町村索引　315

235, 237, 247, 251, 252, 262, 265, 279, 301, 302
徳島市　234, 235, 237
徳之島町　　　289, 290
常滑市　　　　168, 171
所沢市　　　　　　104
土佐市 251, 252, 253, 254
土佐清水市　28, 252, 253, 254
土佐町　　　　253, 254
十島村　　　　　　288
鳥栖市　　　　　　263
栃木県　10, 22, 36, 38, 39, 94, 95, 96, 164, 273
栃木市　　　　　95, 96
十津川村　　　　　200
鳥取県　6, 18, 36, 77, 133, 138, 184, 193, 195, 208, 209, 275, 297, 302
鳥取市　208, 209, 210, 211
砺波市　　　131, 132, 133
土庄町　　　239, 240, 241
鳥羽市　　　　　　176
砥部町　　　246, 248, 302
富岡市　　　　　　100
豊見城市　295, 296, 297
富里市　　　　　　109
富谷市　　　　　　　70
登米市　69, 70, 71, 72, 73
富山県　130, 133, 134, 138, 149, 211, 254
富山市　130, 131, 132, 133
豊浦町　　　　　　301
豊岡市　　　193, 194, 195
豊丘村　　　　153, 155
豊川市　　　168, 169, 170
豊田市 168, 169, 170, 171
豊中市　　　　　　188
豊根市　　　　　　171
豊能市　　　　188, 189
豊橋市　　　　169, 170
十和田市　　　　60, 61
富田林市　　　188, 190

な 行

中井町　　　　　　120
長岡市　　126, 127, 128
那珂川町　　　　97, 259
中城村　　　　　　296
長久手市　　　　　171
長崎県　27, 36, 38, 109, 114, 171, 194, 195, 204, 262, 264, 265, 267, 268, 269, 270, 290
長崎市　25, 267, 268, 269, 270
長島町 288, 289, 290, 291, 292
那賀町　　　　　　234
中津川市　158, 159, 161
中津市　　　278, 279, 280
長門市　21, 229, 230, 231, 232
中泊町　　　　　　　61
長瀞町　　　　　　105
長沼町　　　　　　　57
長野県　5, 6, 7, 9, 16, 19, 22, 26, 27, 28, 33, 36, 36, 80, 81, 82, 86, 113, 148, 151, 152, 154, 155, 205, 218, 224
中野市　151, 152, 154, 301
長野市　85, 151, 152, 154, 155, 302
中能登町　　　　　136
長野原町　　　　　102
長浜市　　　　　　179
中山町　　　　79, 80, 81
長与町 267, 268, 270, 271, 303
今帰仁村　　　　　298
奈義町　　　　　　302
名護市　　　295, 296, 297
名古屋市　　　171, 172
那須烏山市　　　95, 97
那須塩原市　　　95, 97
那須町　　　　　95, 97
那智勝浦町　　　　206
七飯町　　　　56, 301
七尾市　　　　136, 139
名張市　　　　175, 176
奈半利町　　　　　254
行方市　　　　　　　90
滑川市　　　　133, 134
奈良県　12, 18, 39, 157, 169, 180, 185, 188, 197, 198, 200, 205, 226, 241, 198, 200, 201
成田市　　　110, 111, 301
鳴沢村　　　　　　149
鳴門市　　　235, 236, 238
南国市　　　　253, 254
南城市　　　　296, 297
南丹市　　　　　　183
南砺市　　　131, 132, 133
南部町　60, 61, 63, 149, 209, 211, 306
南陽市　　　　79, 80, 83
新潟県　9, 18, 19, 21, 125, 127, 154, 189, 215, 232, 307
新潟市　125, 126, 127, 128
新居浜市　　　　　248
新見市 218, 220, 221, 306
にかほ市　　　　　　76
仁木町　　　　　56, 57
西粟倉村　　　　　220
西尾市　　　　168, 169
西川町　　　　　　　82
錦町　　　　　　　274
西東京市　　　116, 117
西原村　　　　　　275
西米良村　　　　　284
西脇市　　　　194, 195
日南市　　　283, 284, 285
日向市　　　　　　211
日光市　　　　　　　95
二戸市　　　43, 64, 65, 66
二宮町　　　　121, 124

入善町 43, 132	日置市 290, 291, 302	258
韮崎市 146, 147, 149	東伊豆町 164, 166	弘前市 32, 34, 59, 60, 61, 63, 300, 301, 304, 305
沼田市 100, 101, 102, 103	東浦町 169	広島県 9, 23, 67, 192, 198, 204, 213, 219, 223, 227, 228, 235, 246, 247, 275, 307
沼津市 163	東近江市 179, 180, 182	
練馬区 113, 114, 115	東大阪市 302	
	東かがわ市 241	
能代市 74, 75	東串良町 293	
能勢町 188, 189, 190	東久留米市 114	笛吹市 146, 147, 148, 149, 150, 300, 301
野田村 65, 67	東村 295	
能登町 135, 136, 138, 139	東通村 61	深谷市 106
野々市市 138	東根市 79, 80, 81, 83, 302	福井県 141, 142, 143, 149, 171, 193, 198, 210, 214, 275, 307
延岡市 285	東広島市 225, 226, 227	
能美市 138	東松島市 72	
	東松山市 104	福井市 43, 142, 143, 144
は 行	東村山市 114, 115, 116	福岡県 6, 10, 38, 39, 42, 44, 60, 94, 119, 157, 164, 168, 169, 198, 204, 256, 257, 260, 262, 273, 292, 302
	光市 232, 302	
南風原町 296, 297	斐川町 216	
芳賀町 95, 302	氷川町 273, 274, 275, 301	
萩市 229, 230, 231, 232, 233	彦根市 180	
	日出町 278, 279, 280, 281	福岡市 258, 259, 260
羽咋市 135, 138	備前市 220	福島県 7, 19, 22, 30, 39, 84, 85, 89, 91, 148, 154, 205, 224
白山市 135, 136, 139	日高川町 204, 205	
函館市 58	日高市 104	
羽島市 160	日高町 205	
橋本市 203, 206	日田市 278, 279	福島市 84, 85, 86, 87, 88, 302, 304
蓮田市 104, 105, 106	飛騨市 159	
秦野市 119, 122, 123	常陸太田市 91	福知山市 183, 184
八王子市 113, 114, 115, 116	常陸大宮市 91, 92	福津市 258, 259
	人吉市 276, 302	福山市 224, 225, 226, 228
八丈町 114	日之影町 283, 284, 285	袋井市 164
八戸市 59, 61	日野市 113, 114	藤井寺市 188, 301
八幡平市 65	美唄市 55, 57	藤枝市 163, 165
廿日市市 227	氷見市 36, 130, 131, 132, 133	藤岡市 100, 101
八峰町 75		富士河口湖町 149
花巻市 64, 65, 66	姫路市 193	富士川町 149, 150
塙町 86, 87	日向市 283, 284, 285, 304	富士五湖町 150
羽曳野市 187, 188, 302	兵庫県 10, 21, 171, 185, 192, 193, 194, 210, 269, 275, 280	藤崎町 63
浜田市 213, 214, 215, 216		藤沢市 123
浜松市 163, 164, 165, 166, 302		富士市 163, 164, 165
	枚方市 187, 189	富士宮市 165
	平川市 61, 63, 301	豊前市 259, 260
	平塚市 123	府中市 114
日吉津村 211	広川町 204, 205, 256, 257,	富津市 110, 111
		船橋市 108, 306

都道府県・市町村索引　317

富良野市 304	松本市 151, 152, 153, 155	南さつま市 289, 291
文京区 245	松山市 7, 11, 244, 245, 246, 247, 248, 249	南三陸町 71
豊後大野市 277, 279		南島原市 20, 267, 268, 269, 270
豊後高田市 273, 277, 278, 301	真鶴町 120	
	真庭市 220, 221	南相馬市 87
	真室川町 303	南知多町 168, 170, 305
碧南市 168	丸亀市 240, 241, 242	南房総市 109, 110, 111
平群町 198, 199	丸森町 70, 71	美祢市 229, 231, 232
別府市 280	まんのう町 240, 241, 242	箕面市 188, 189, 190, 191
		美濃加茂市 158, 160
伯耆町 210	三浦市 120, 122	美濃市 302
宝達志水町 136, 137, 138	三重県 13, 17, 22, 27, 30, 36, 173, 175, 219, 239 307	身延町 149
防府市 230		箕輪町 306
北栄町 209, 210, 211		美浜町 141, 143, 168, 171
北斗市 57	三方町 144	御浜町 27, 173, 174, 175, 176, 302
北杜市 149	三木市 193, 194, 195	
鉾田市 89, 90	三木町 241	三原市 224, 225, 226, 227
北海道 6, 7, 9, 15, 19, 22, 26, 29, 54, 55, 59, 81, 82, 84, 106, 148, 273, 307	三朝町 209	三原村 251
	美郷町 75, 77, 283, 284, 285	三春町 87
		壬生町 95
	美里町 71, 104, 106	美浦村 91
	三島村 292	美馬市 234, 235, 236
ま　行	瑞穂市 157, 158, 160	南魚沼市 125, 126
	瑞穂町 115	宮城県 30, 39, 69, 70, 71 307
舞鶴市 185	三鷹市 114, 115, 116	
米原市 179, 180	三種町 76	三宅町 198
前橋市 99, 100, 101, 102	見附市 301	三宅村 114, 116
牧之原市 163, 164, 165	水戸市 90, 93, 301	宮古市 64, 65
枕崎市 291, 292	三豊市 239, 240, 241, 242	宮古島市 295, 296, 297, 298
益城町 272, 301	みどり市 101, 102	
増毛町 57	みなかみ町 100, 102, 103	都城市 285
益子町 96	みなべ町 203, 207, 302, 304, 305	みやこ町 258, 259
益田市 213, 214, 215, 216		宮崎県 6, 18, 21, 22, 24, 27, 36, 38, 39, 40, 180, 189, 195, 199, 205, 214, 215, 247, 252, 274, 283, 284, 286, 288, 289, 290, 296
増穂町 149	水俣市 273, 274	
町田市 113, 114, 116, 122	南足柄市 119, 120, 122, 123	
松浦市 269, 270		
松江市 214, 215	南阿蘇村 275	
松川町 154, 155, 302	南アルプス市 42, 146, 147, 148, 149, 150	
松阪市 174, 175		宮崎 39, 283, 284, 285, 286
松崎町 165	南あわじ市 192, 193, 194, 195	
松茂町 235		宮田村 302
松田町 120	南伊勢町 173, 174	宮津市 184, 185, 186
松戸市 21, 301	南越前町 141	みやま市 256, 257, 258, 260
松野町 247, 248	南大隅町 288, 292, 293	

みよし市	169, 170	
三次市	225, 226	
三好市	234, 235, 236, 300	
三芳町	107	
むかわ町	55	
武蔵村山市	115	
宗像市	257, 258, 259, 260	
村上市	126	
村山市	79, 81, 82	
室戸市	253, 254	
明和町	101	
真岡市	95, 97	
最上町	301	
茂木町	97	
本巣市	157, 158, 159, 160, 162, 301, 305	
本部町	295, 296, 297, 299, 305	
本宮市	87	
本山町	255	
盛岡市	64, 65, 66	
森町	164, 165	
守山市	2, 178, 179	
毛呂山町	106	

や 行

矢板市	96
焼津市	163, 165
屋久島町	288, 289, 292
泰阜村	155
安来市	213, 214, 215, 216
野洲市	178, 179
八頭町	208, 209, 210, 301, 305
八街市	109
八千代市	111
八千代町	89, 90
八代市	273, 274, 275
柳井市	230, 232, 233, 257
弥彦村	126, 127, 129
山江村	273
山鹿市	272, 273, 275
山形県	5, 8, 9, 16, 18, 19, 40, 41, 44, 79, 80, 81, 86, 125, 148, 154, 218, 301, 307
山形市	79, 80, 81, 83, 158, 159, 301
山形村	155
山北町	119, 120, 122
山口県	11, 20, 21, 36, 102, 127, 128, 185, 189, 215, 229, 230, 231, 302, 307
山口市	229, 230, 232
矢祭町	87
大和郡山市	198
大和市	122
大和村	291
山都町	273, 275
山梨県	6, 7, 36, 39, 44, 80, 81, 119, 141, 146, 147, 148, 149, 152, 154, 204, 205, 210, 218, 304, 307
山梨市	146, 147, 149, 150, 304
山ノ内町	154, 302
山辺町	79, 81
山元町	69, 71, 73
八女市	256, 258, 259, 260
八幡市	184
八幡浜市	42, 244, 245, 246, 247, 248, 249, 301, 305
湯浅町	204
湯浅町	205
湯浅町	206
結城市	91
湯河原町	122, 123, 302
行橋市	257, 258
遊佐町	81
湯沢市	74, 75, 76, 77
由布市	278, 279, 280, 306
湯梨浜町	208, 209, 211, 301, 305
由利本荘市	74
余市町	55, 56, 57
養父市	193, 194, 195
横芝光町	111
横須賀市	122
横瀬町	105
横手市	74, 75, 76, 77, 78, 304
横浜市	121, 122, 123
与謝野町	184
吉岡町	101
吉賀町	215
吉田町	304
吉野川市	236, 306
吉野町	199
吉見町	105, 107
四日市市	174
米子市	211
米沢市	79
読谷村	298
寄居町	106
与論町	288, 289, 290

ら 行

嵐山町	301
栗東市	179
利府町	71, 301
竜王町	179, 180
苓北町	274, 275

わ 行

若狭町	141, 143, 145
和歌山県	5, 6, 11, 17, 20, 24, 28, 36, 38, 81, 90, 99, 119, 157, 163, 169, 174, 180, 188, 197, 199, 202, 203, 204, 224, 235,

	244, 247, 252, 278, 302, 304, 306	涌谷町	69, 72	度会町	175
		和気町	220, 222, 305	亘理町	69, 72, 73
和歌山市	204, 205	輪島市	136, 137, 138	輪之内町	161, 301

品種・ブランド索引（タンゴールを含む）

あ 行

アーリースチューベン 179
アーリーリバー 26, 56
アールスセイヌ 185
アールスナイト 128
アールスフェボリット 54
アールスメロン 29, 89, 110, 136, 141, 142, 160, 164, 170, 209, 215, 237, 254, 270, 273, 286
愛甘水 136, 170
相島スイカ 231
愛知白桃 170
会津身不知柿 85
あいとうメロン 179
アイベリー 109, 268
青江早生 225
青島温州 28, 120, 168, 258
あおり24 59
赤～いりんご 60
あかぎ 100
赤崎いちご 139
あかつき 30, 60, 75, 81, 84, 102, 126, 132, 154, 232
赤土スイカ 135
あかね 32
安芸クイーン 25, 133, 232
秋しずく 74
秋田甘えんぼ 76
秋田美人メロン 76

秋田紅あかり 74
秋田紅ほっぺ 74
あきたりんご4姉妹 74
あきづき 71, 90, 95, 108, 114, 121, 126, 136, 242, 278
秋映 96, 150, 152
秋栄 208, 209
秋姫 81, 154
章姫 87, 109, 164, 169, 180, 190, 211, 221
秋星 136
あきみどり 128
あけみず 121
赤穂みかん 194
朝倉山椒 216
朝日すいか 132
浅間白桃 147
足柄ナシ 121
味きらら 142
足守メロン 219
あすかルビー 198
あその小雪 41
愛宕 42, 126, 170, 215, 220
厚保くり 229
アップル 119
あづましずく 86
穴門ミカン 11
阿部白桃 226
網干メロン 195
あまおう 10, 38, 42, 256
アマカ 9, 249
アマクサ 9, 27, 245, 259, 265, 280, 297
雨乞のユズ 71
あまつぶ星 100

甘ひびき 170
阿見グリーンメロン 89
アムススーパー40 77
アムスメロン 29, 76, 77, 110, 136, 178, 209, 215, 237, 270
荒尾のジャンボ梨 274
あら川桃 205
アリスメロン 136
有田みかん 202
有馬山椒 192
アレキサンドリア 146
アレンユーレカ 241
阿波おど梨 235
淡路びわ 193
淡雪 41
アンコール 9, 19, 20, 24, 34, 246, 259, 280, 292
安城梨 170
アンデスメロン 29, 81, 89, 128, 141, 273
あんぽ柿 85, 105, 214, 236
あんみつ姫 262

イエローキング 128
居倉御所 158
石垣イチゴ 164
石川1号 139
石川温州 163
石鎚 90, 138
伊自良大実柿 158
市川のなし 108
市川の梨 108
市田柿 153
稲城 114
稲城の梨 114

稲積梅	133	大浦みかん	185	夏秋いちご	153
いばらキッス	90	大崎すいか	135	片浦イエロー	119
伊吹	138	オータムキュート	154	片浦レモン	122
今村温州	24	大長みかん	224, 225	月山錦	17, 55
伊万里梨	264	大長レモン	223	甲子柿	66
伊予カン	5, 7, 11, 42, 204, 224, 230, 240, 245, 253, 265, 278, 290		おおつぶ星	100	かづの北限の桃	7, 75
		大津4号	28, 120, 230, 262	加積りんご	130
祝島びわ	231	大錦	263	桂木ユズ	106
岩崎早生	267	大野ぶどう	187	金沢スイカ	135
いわて純情プレミアム冬恋	65	大房	109	金沢梨	136
		大美濃柿	184	金屋ゆず	132
印度	33, 34	大山の柿	236	カナリアンメロン	77
		大夢	64, 65	がぶりこすいか	209
ウィルキング	20	オーロラ	19, 55	果宝柿	158
ウエイマウス	57	男鹿ナシ	75	かほり	75
上田温州	18, 290	岡山白桃	219	蒲郡みかん	168
上野早生	28, 258, 262	興津早生	20, 28, 258, 262, 292	唐グルミ	66
牛久河童西瓜	90			刈屋梨	82
ウズベキスタンメロン	43, 142	奥久慈りんご	91	川中島白桃	30, 60, 75, 81, 84, 126, 147, 154, 159, 170, 232
		晩三吉	184, 215		
うり坊	268	おけさ柿	126		
		おさ二十世紀	208	川根柚子	227
越後姫	128	押水イチジク	136	歓月	170
越後ロマン	128	おぜの紅	100	神崎の柚子	193
越前柿	143	オトメメロン	29, 89, 97	完熟金柑たまたま	283
越前ぎんなん	143	オニグルミ	66	勘助白桃	170
江戸	39	オパール	56	岸根栗	229
恵那栗	159	小山田の桃	188	カンペイ	14, 248
エメラルドメロン	136, 209, 254	おりひめ	95	漢方巨峰	257
		織姫	99		
				きおう	32, 64
おいCベリー	190	**か 行**		祇園坊	226
黄香	64			菊水	121
黄金桃	75, 219	甲斐路	146, 147	黄小玉H	126
黄金の雫	105	甲斐のくろまる	147	紀州梅干	203
奥州ロマン	65	かおり野	190	紀州みなべの南高梅	203
王林	32, 33, 34, 59, 60, 64, 74, 80, 85, 130, 152, 214, 259	加賀梨	136	北浦梨	71
		カクメロ	42	きたえくぼ	57
		加西ゴールデンベリーA	193	きたかみ	32
大阿太高原梨	199			きたのさち	57
大石早生	19, 57, 81, 85, 102, 148, 154, 220	カシオペアブルー	43, 66	黄玉	16, 79
				木頭ユズ	234
		カシグルミ	152	紀南みかん	203
おおいた早生	279			吉備路	218

322

キャンベル・アーリー 60, 66, 76, 96
貴陽 19, 42, 102, 148, 154
京たんご梨 183, 184
恐竜のたまご 43, 142
玉英 120, 171
巨峰 6, 25, 51, 75, 76, 80, 86, 91, 96, 101, 105, 127, 133, 136, 146, 147, 152, 166, 169, 170, 187, 199, 210, 211, 232, 257, 264, 269, 275, 279, 291
清見 5, 15, 17, 19, 20, 22, 24, 27, 34, 204, 230, 245, 259, 274, 278, 291, 292
キングデラ 147
キンショーメロン 29, 122
金星 34
金平 143
銀寄 15, 189, 193, 273

クイーンニーナ 25
クインシーメロン 29, 81, 89, 97, 273
草津メロン 178
久寿 131
くずまきワイン 65
国光 34
雲然柿 76
蔵出ししもつみかん 203
鞍月 136
グランド・チャンピオン 55
グレースメロン 77
クレオパトラメロン 170
紅の夢 41
呉羽梨 131
くろしおいちご 206
ぐんま名月 96, 100

恵水 90
気仙沼いちご 70

月世界 242
剣先 141
けんたろう 57

香夏錦 75
紅玉 32, 33, 80, 152
高原イチゴさがほのか 285
甲州 26, 146, 147, 187
甲州最小 215, 242
甲州百目 39, 40, 101, 149
幸水 21, 61, 71, 75, 85, 90, 95, 101, 105, 108, 109, 114, 121, 126, 131, 136, 143, 160, 165, 170, 180, 184, 199, 209, 215, 226, 231, 242, 258, 263, 264, 269, 274, 278, 292
香粋 241
紅大 90
こうたろう 130
こうとく 91
高根みかん 224, 225
香緑 240, 241
昴林 33
香麗 121
小枝柿 66
ゴールデンデリシャス 32, 33, 34, 64, 65
ゴールデンピーチ 170
ゴールド二十世紀 184
コールマン 218
五ケ所小梅 173
五ヶ所みかん 174
極実すいか 7, 209
御所 12
御所ガキ 197
御所川原 60
ゴジラのたまご 43
越王おけさ柿 126
こづち 214
古都華 198
琴引メロン 185
枯露柿 137, 149

さ 行

彩香 32
彩玉 105
西郷栗 285
最勝 137
西条 12, 137, 209, 210, 214, 219, 232
在来イチジク 40
さが美人 262
さがほのか 10, 41, 57, 186, 221, 263, 273
酒寄みかん 92
崎久保早生 173
崎山いちご 139
砂丘スイカ 135
砂丘パロディ 186
砂丘ぶどう 211
さくらももいちご 237
させぼ温州 267, 268
幸茜 147
さちのか 10, 67, 69, 87, 164, 206, 221, 232, 268
佐藤錦 16, 61, 66, 75, 79, 86, 103, 127, 148
サニードルチェ 147
サニールージュ 285
さぬきゴールド 241
さぬき姫 241
サマーエンジェル 148
サマーオレンジ 40, 142
サマーキッズ 126
サマーキュート 154
サマービュート 148
サマーフレッシュ 173
サワールージュ 69
澤井ゆず 115
サンキューメロン 77
サンクイーン 278
さんさ 64, 74, 127, 130
三社柿 131
サンデーレッドメロン 77

サンふじ	34, 59, 85, 152	
サンプルーン	26, 56	
讃緑	241	
ジェトロ	43	
しおやもも	161	
紫苑	218	
紫玉	56	
志士庫栗	90	
静岡温室メロン	164	
シナサルナシ	14	
シナノグルミ	152	
信濃小梅	242	
シナノゴールド	6, 33, 64, 65, 150, 152	
シナノスイート	96, 150, 152	
シナノピッコロ	150	
シナノレッド	65	
島田ビワ	174	
島レモン	114	
清水白桃	219	
下妻産甘熟幸水梨	90	
下妻産貯蔵梨	90	
しもつみかん	203	
シャインマスカット	6, 25, 66, 75, 86, 91, 96, 115, 133, 146, 147, 152, 187, 210, 213, 218, 232, 241, 279	
秀玉	114	
秋泉	75	
秋芳梨	231	
十郎	120	
ジュエルマスカット	147	
寿太郎温州	164	
寿太郎ミカン	163	
少核系日向夏	284	
庄川ゆず	132	
晶光	148	
城州白	185	
小豆島オリーブオイル	239	
庄内柿	81	
湘南の輝き	120	
昭和白桃	159	
ジョナゴールド	32, 34, 59, 64, 65, 80, 85, 96	
白岡美人	105	
白加賀	99, 106, 120	
白川白鳳	147	
不知火	4, 5, 11, 17, 24, 171, 174, 189, 204, 224, 241, 246, 253, 259, 265, 268, 272, 279, 290, 296	
白根白桃	126	
白柳ネーブル	164	
しらやま西瓜	142	
シルバーベル	19, 219	
しろいの梨	108	
次郎	12, 115, 121, 165, 169, 174	
新甘泉	6, 208, 209	
新興	126, 136, 184	
信州伊那栗	155	
信州大実	9	
新水	121, 126, 131, 136, 226	
新星	126	
新清豊	126	
新雪	184	
瑞光	235	
水郷イチジク	109	
水郷梨	108	
水晶ブンタン	251	
翠峰	241	
水蜜桃	30	
スカイベリー	38, 95	
須金ブドウ	232	
菅野中生	154	
涼風	267	
スターキング・デリシャス	33, 65	
スチューベン	60, 75, 133	
砂姫メロン	186	
スパイシーカンタロープ	54	
スリムレッド	100	
セイヨウクルミ	152	
世界一	33	
関根柿	81	
ゼスプリゴールド	263	
節田	62	
セトカ	4, 19, 245, 252, 260, 265, 269, 281, 291	
瀬戸ジャイアンツ	211, 218	
セトミ	20, 230	
ゼネラル・レクラーク	19, 55, 60, 65, 70	
せらナシ	226	
ゼリーオレンジ・サンセレブ	280	
禅寺丸柿	121	
千秋	32, 33, 74, 214, 259	
仙台いちご	70	
センチュリーメロン	178	
早秋	158	
祖父江ぎんなん	169	
ソルダム	19, 57, 81, 102, 148, 154, 220	

た行

大栄西瓜	209
太子いちじく	193
太秋	12, 42, 101, 158
太天	42
ダイナマイトスイカ	43
大将季	290
太陽	81, 102, 148, 154
太陽のタマゴ	284
太陽のめぐみサンマロン	90
高尾	115
高倉びわ	258, 259
高砂	16, 75, 103, 127, 148, 149
高千穂ひのかげくり	285

高野1号	65	つるし柿	197	**な　行**	
高松ぶどう	136	TBC 99	126		
タカミメロン	29, 77, 89, 97, 110, 122, 170, 178, 209, 237	ティフブルー	113	ナイアガラ	66, 76
		テウチグルミ	66	長崎甘香	267
		出島の華	268	長崎ビワ	267
タカミレッド	110	デラウェア	25, 51, 66, 80, 101, 127, 136, 146, 161, 169, 170, 187, 199, 210, 211, 213, 225, 236, 257, 279	長崎早生	174, 225, 267
多伎いちじく	214			長沢白鳳	126, 185
滝沢スイカ	67			長門ゆずきち	230
田中	25, 109, 174, 190, 240, 258			長瀞のぶどう	105
				ナガノパープル	152
タノブラック	127	デリシャス	33, 34	中山栗	247
多摩	61	天使の実	41	灘浦みかん	132
玉うさぎ	75	でんすけすいか	56	なつあかり	67
多摩川ナシ	121			なつおとめ	240
たまたまエクセレント	283	土肥白ビワ	166	なつしずく	278
		東京ゴールド	115	なつじろう	57
タマミ	246	東京御所	114	なつたより	267
タンカン	20, 292, 296	東京紅	114	なつっこ	126, 147, 154
丹沢	15, 138	藤九郎ぎんなん	160	夏の天使	142
丹波くり	183	藤五郎	128	なつひめ	208, 209
だんらん	126	堂上蜂屋	12, 71	なつみず	121
		堂上蜂屋柿	158	夏緑	32
チーバベリー	109	東伯がぶりこ	209	7-3-1	198
筑水	121, 208	ドーフィン	10	ナポレオン	16, 66, 75, 79, 103, 127
秩父いちご	105	とき	33		
秩父かぼす	107	土佐ブンタン	251	南柑20号	28
ちちぶ山ルビー	105	年とり柿	184	南柑4号	230
チャンドラー	43, 66	とちおとめ	10, 38, 69, 90, 94, 95, 105, 109, 169	南高	99, 171, 198, 203, 242, 285
チューアン	56				
銚子メロン	110	栃の峰	38	南水	22, 136, 143, 155, 231
長十郎	61, 71, 121	とちひとみ	95		
貯蔵みかん	160, 235	刀根早生	12, 39, 81, 101, 126, 131, 143, 197, 203, 264	南濃みかん	160
ちよひめ	147			南陽	55, 61
珍宝柿	169				
		富里スイカ	109	新潟大実	9, 61
塚平白鳳	185	富房	109	新高	21, 71, 85, 90, 96, 101, 105, 108, 114, 121, 126, 131, 136, 143, 170, 215, 220, 242, 253, 258, 264, 269, 274, 278, 292
つがる	32, 34, 59, 64, 65, 80, 85, 91, 96, 100, 127, 130, 150, 152, 214	とむり	101		
		富山干柿	131		
		とよのか	38, 128, 186, 211, 232, 263, 268		
津軽の桃	60				
筑波	15, 90, 138, 155, 273				
つぐも	258	とよみつひめ	257	西宇和みかん	244, 245
ツノカガヤキ	20, 264, 292			西岐波みかん	230
				二十世紀	21, 71, 85, 101,

品種・ブランド索引（タンゴールを含む）　　325

126, 136, 143, 155, 184, 194, 199, 208, 209, 215, 231, 242, 269, 278	蜂屋　　　39, 101, 105	日の出　　　　　126
	はつあき　　32, 64, 74	ヒノユタカ　　24, 274
	ハックナイン　　　56	氷見栗　　　　　133
ニシノカオリ　　　14	初恋の香り　　　　41	ヒムロッド　　　105
西布施ぶどう　　133	はつひめ　　　　　84	ひめかみ　　　　　56
西村早生　　　　101	華かがり　　　　159	ヒメグルミ　　　　66
日南1号　　　　　28	花御所　　　209, 210	媛まどんな　　　　27
にっこり　　22, 95, 96	はなよめ　　　　147	ビューティー　　　57
日本イチジク　　　40	ハニービーナス 211, 285	比良すいか　　　179
ニホンタチバナ　175	ハニーブラック　　66	平核無　　12, 39, 71, 81,
入善ジャンボ西瓜　43, 132	バファロー　　　　56	101, 126, 143, 197, 203
	浜ナシ　　　　　121	ひろさきふじ　　　33
ニューピオーネ　218	ハミウリ　　　　　43	広島はっさく　　224
女峰　　38, 95, 105, 128	はやばや星　　　100	広島みかん　　224, 225
	原口早生　　　　267	広島レモン　　　223
寧波　　　　　　265	はるか　　　　　　65	ピンカートン　　　7
ネオマスカット 127, 187, 211	春のだんらん　　142	
	ハルミ　　4, 24, 77, 171,	福井梅　　　　　141
濃姫　　　　　　159	246, 253, 260, 265, 281,	福井スイカ　　　142
野花豊後　　　　211	292	福岡S6号　　　256
能登栗　　　　　138	ハレヒメ　4, 24, 246, 252,	福賀すいか　　　231
能登志賀ころ柿　137	260, 265	福賀のナシ　　　231
能登すいか　　　135	バンビーメロン　178	福羽　　　　　　　10
		福原早生　　　　267
は　行	ビアレス　　　　105	ふくはる香　　　　87
	ピオーネ　25, 80, 86, 96,	ふく福柿　　　　131
バートレット　19, 55, 60,	101, 146, 147, 152, 166,	福みかん　　　　106
65, 75, 159	187, 193, 210, 213, 218,	福来みかん　　92, 106
パープルアイ　26, 56	225, 232, 257, 279, 291	袋掛け富有柿　　158
パール柑　　　　275	日川　　　　　　126	ふじ　　6, 33, 34, 39, 59,
パール小梅　　　173	日川城鳳　　　　170	64, 65, 74, 80, 91, 96,
梅郷　　　　　　　99	日川白鳳　　　　268	100, 127, 130, 136, 150,
ハイブッシュ　96, 138	彦根梨　　　　　180	159, 214, 259
白山のブルーベリー 175	彦根りんご　　　180	富士　　　　　　　39
白桃　　　30, 102, 219	日田梨　　　　　278	富士あかね　　16, 149
白鳳　　30, 81, 102, 126,	飛騨メロン　　　160	富士柿　　　　　　40
138, 147, 154, 159, 170,	飛騨桃　　　　　160	富士梨　　　　　165
219	飛騨りんご　　　159	富士光TR　　　126
薗グルミ　　　　　66	ひとりじめ　　　268	藤稔　25, 101, 146, 147,
パスクラサン　　219	ひとりじめ7　　126	193
八丈フルーツレモン 114	ひとりじめボンボン 142	普通温州　　　　160
八助　　　　　　　61	肥のあかり　　　273	筆柿　　　　　　169
八幡白鳳　　　　185	肥のさきがけ　　273	船橋のなし　　　108
	ひのしずく　　39, 273	富有　12, 39, 91, 101, 115,

326

121, 131, 157, 158, 169, 197, 203, 209, 210, 214, 236, 242, 257, 264
ブラックボンバー 132
ブランデーワイン 19, 55
プリンスメロン 29, 89, 97, 110, 136, 142, 209, 270, 273
プレコース 60
プレジデント 26, 56
フレミッシュ・ビューティ 60
豊後 62

ベイラー 26
平和 9
ヘイワード 101, 115, 119, 127, 138, 149, 164, 170, 231, 240, 256, 263
紅伊豆 25, 66
紅いわて 65
紅柿 81
紅きらり 16, 79
紅映 141
紅サシ 211
紅さやか 75, 79
紅秀峰 16, 61, 66, 75, 79, 103
紅将軍 33
紅ハッサク 240
紅ほっぺ 10, 39, 69, 109, 164, 180, 190, 198, 211, 221
紅まどんな 27, 248
紅りょうぜん 154
紅ロマン 65
ベビーパーシモン 158
ベルルージュ 128
ベルメロン 142

宝交早生 57, 139
房州びわ 109
豊水 71, 75, 85, 90, 95, 96, 101, 105, 108, 109, 114, 121, 126, 136, 143, 160, 165, 170, 180, 184, 199, 215, 226, 231, 242, 253, 258, 264, 269, 274, 278, 292
蓬莱柿 10, 40, 214, 257
豊里 278
ポートランド 56
ボーナス2号 185
ホームランメロン 29, 170
北摂栗 193
北斗 33
星きらら 135
北光 55
ほのか 33
ぽろたん 6, 158, 159
ぼんぼりゆず 115

ま 行

マーコット 19, 24, 34, 264, 269, 297
真穴みかん 244
前川次郎 174
マクワウリ 29, 160
まさひめ 126
桝井ドーフィン 10, 106, 116, 143, 188, 192, 257, 268
マスカット 166, 218
マスカット・アレキサンドリア 187, 218
マスカット・ベリーA 26, 179, 187, 193, 225
マスクメロン 29, 164, 254
マダーボール 132
まちだシルクメロン 117
松本早生富有 12, 101, 257, 264
祭ばやし 135
祭ばやし777 126
まどか 60, 84

マリアージュ 142
まりひめ 206
マリヒメ 27, 249
マルゲリット・マリーラ 19, 55, 60
マルセイユメロン 136, 142
マルチ日南1号 285
マンザニロ 239

みえ紀南1号 173
みえの一番星 173
未希ライフ 32
美娘 280
水島柿 131
三角みかん 273
三ケ日みかん 163
ミッション 239
南浜すいか 126
南飛騨富士柿 158
ミネラルすいか 231
美濃娘 159
美旗メロン 176
みはらゆず 251
御牧いちご 154
御牧ケ原1号 153
宮川早生 15, 24, 28, 115, 120, 143, 168, 169, 230, 258, 262, 267
宮口小梅 171
みやざき完熟マンゴー 284
みやざきなつはるか 285
みやざきびっ栗 284
宮本早生 143
三次ピオーネ 225
みらさかピオーネ 225

陸奥 33, 59

メク10 32
メスレー 241
めろめろメロン 286

品種・ブランド索引（タンゴールを含む） 327

もういっこ	69, 70
茂木	25, 174, 225, 240, 258, 263, 267
モナミレッド	128
ももいちご	237
森口	235
モリヤマメロン	178
紋平	137

や 行

鴨梨	221
八色スイカ	126
八郷富有柿	91
矢沢梅	82
やたか	33
山形おきたま産デラウェア	80
山形3号	9
大和柿	236
大和スイカ	199
山根白桃	126, 185
やよいひめ	100
八幡	126
ゆうぞら	84
夕張キング	54
夕張メロン	29, 54, 55
誘惑のひとみ	90
湯川	258
雪うさぎ	41
ゆめあかり	74
夢しずく	148
ゆめのか	169
ゆめほっぺ	230
夢みずき	148
由良みかん	185
ゆら早生	203
陽光	96, 100, 130
横瀬のいちご	105
横瀬の葡萄	105
与謝ころ柿	184
吉浦ポンカン	21, 230
よしひめ	232
四ツ溝	165

ら 行

ラビットアイ	96, 138
ラ・フランス	19, 60, 65, 70, 75, 80, 131, 154, 159
ランコカス	57
リザマート	105
利府梨	71
利平ぐり	158, 159
竜峡小梅	155, 171
龍はっさく	240
竜宝	133
涼香の季節	33
ルビースイート	41
ルビーロマン	6, 136
ル・レクチェ	19, 125, 154
レイコウ	34, 264
黎明	148
レインボーレッド	149, 164
レノンメロン	76
蓮台寺	174
ローズパール	41
ロザリオ	86
ロザリオ・ビアンコ	25, 66, 91, 127, 146
ロマン	65

わ 行

若猪野メロン	142
若狭イチジク	143
早生甲斐路	127
早生ふじ	33, 59
和田初こい	41
わらびりんご	106

47都道府県・くだもの百科

平成29年5月30日　発　行

著作者　　井　上　　　繁

発行者　　池　田　和　博

発行所　　丸善出版株式会社
　　　　　〒101-0051　東京都千代田区神田神保町二丁目17番
　　　　　編　集：電　話(03)3512-3264／FAX(03)3512-3272
　　　　　営　業：電　話(03)3512-3256／FAX(03)3512-3270
　　　　　http://pub.maruzen.co.jp/

Ⓒ Shigeru Inoue, 2017
組版印刷・富士美術印刷株式会社／製本・株式会社 星共社
ISBN 978-4-621-30167-8　C 0525　　　　　Printed in Japan

JCOPY 〈(社)出版者著作権管理機構　委託出版物〉
本書の無断複写は著作権法上での例外を除き禁じられています。複写される場合は、そのつど事前に、(社)出版者著作権管理機構(電話03-3513-6969, FAX 03-3513-6979, e-mail：info@jcopy.or.jp)の許諾を得てください。

【好評関連書】

ISBN 978-4-621-08065-8
定価（本体3,800円＋税）

ISBN 978-4-621-08204-1
定価（本体3,800円＋税）

ISBN 978-4-621-08406-9
定価（本体3,800円＋税）

ISBN 978-4-621-08543-1
定価（本体3,800円＋税）

ISBN 978-4-621-08553-0
定価（本体3,800円＋税）

ISBN 978-4-621-08681-0
定価（本体3,800円＋税）

ISBN 978-4-621-08801-2
定価（本体3,800円＋税）

ISBN 978-4-621-08761-9
定価（本体3,800円＋税）

ISBN 978-4-621-08826-5
定価（本体3,800円＋税）

ISBN 978-4-621-08947-7
定価（本体3,800円＋税）

ISBN 978-4-621-08996-5
定価（本体3,800円＋税）

ISBN 978-4-621-08975-0
定価（本体3,800円＋税）

ISBN 978-4-621-30122-7
定価（本体3,800円＋税）

ISBN 978-4-621-30047-3
定価（本体3,800円＋税）